साँस के रहस्य

साँस के रहस्य

जो चाहें, सो पाएँ

राजीव सक्सेना

प्रभात
प्रकाशन

प्रकाशक
प्रभात प्रकाशन प्रा. लि.
4/19 आसफ अली रोड, नई दिल्ली–110002
फोन : 23289777 • हेल्पलाइन नं. : 7827007777
इ–मेल : prabhatbooks@gmail.com ❖ वेब ठिकाना : www.prabhatbooks.com

संस्करण
2026

पेपरबैक मूल्य
तीन सौ पचास रुपए

मुद्रक
श्री साई प्रिंटर्स, साहिबाबाद

———— ★ ————

SAANS KE RAHASYA
by Shri Rajeev Saxena

Published by **PRABHAT PRAKASHAN PVT. LTD.**
4/19 Asaf Ali Road, New Delhi-110002

ISBN 978-93-5521-249-8

₹ 350.00 (PB)

समर्पित

यह पुस्तक मैं 'अपने बाबा' के चरणों में समर्पित करता हूँ, जिनकी प्रेरणा से इसे लिखने का विचार आया। इसकी शुरुआत के कुछ अध्यायों में प्राचीन ग्रंथ 'शिव स्वरोदय' के कुछ श्लोकों को संदर्भ के रूप में लेकर आज के दौर के हिसाब से उनकी सरल शब्दों में व्याख्या की है। उद्देश्य यही है कि ज्यादा-से-ज्यादा लोग, खासकर युवा, साँस से जुड़े उन रहस्यों को जान सकें...जिन्हें जानकर जीवन में भौतिक कामों को सफल बनाने से लेकर आध्यात्मिक उन्नति तक प्राप्त की जा सकती है। सैकड़ों साल पुराने संस्कृत के उपर्युक्त ग्रंथ के सभी रचयिताओं को मेरा शत-शत नमन! लेकिन पता नहीं क्यों, इस ग्रंथ में मन के विषय में कुछ नहीं कहा गया है। निस्संदेह हमारे जीवन में सबसे महत्त्वपूर्ण साँस होती है, पर मन को शामिल किए बगैर साँस की बात अधूरी है; क्योंकि साँसें हमारे मन का ही स्थूल रूप होती हैं। मन की हर अवस्था का हमारी साँस से अटूट संबंध होता है। इसे ध्यान में रखते हुए इस पुस्तक में हमारी साँस और मन से संबंधित तमाम पहलुओं और उससे जुड़ी यथासंभव हर जानकारी को आपके सम्मुख रखने का पूरा प्रयास किया गया है।

मैं साँस हूँ तुम्हारी

मैं हूँ तभी तक तू है, मुझसे ही तेरा जीवन,
फिर भी न मेरी कद्र है, न हूँ मैं तेरी प्यारी।

फिर लौट कर न आऊँगी, गर एक बार निकली,
तब तड़प कर जानेगा, मैं जान थी तुम्हारी।

तू देर क्यों है करता, पहले ही कर चुका है,
तू जानता न मुझको, मैं हूँ सभी पे भारी।

क्यों कोसता है किस्मत, क्यों सोचता है इतना,
आ मैं तुझे सब दूँगी, चल माँग बारी-बारी।

बस जान ले तू मुझको, फिर देख अपनी ताकत,
सब राज छिपे मुझमें, मैं साँस हूँ तुम्हारी!

—राजीव सक्सेना

आमुख

भूतपूर्व

1. *प्रोफेसर एंड एच.ओ.डी., नेशनल काउंसिल ऑफ एजुकेशनल रिसर्च एंड ट्रेनिंग (एन.सी.ई.आर.टी.), नई दिल्ली।*
2. *करिकुलम कंसलटेंट टू वर्ल्ड बैंक, वाशिंगटन, यू.एस.ए.।*
3. *करिकुलम एडवाइजर टू यूनेस्को फॉर बांग्लादेश, ढाका।*
4. *करिकुलम कंसलटेंट टू यूनिसेफ, बांग्लादेश एंड नेपाल।*
5. *कंसलटेंट (फीमेल एजुकेशन) रॉकेफेलर फाउंडेशन, न्यूयॉर्क, यू.एस.ए.।*

पुस्तक के बारे में दो शब्द

इस पुस्तक के प्रकाशन से पहले मैंने इसे बहुत गौर से पढ़ा है। साँस के विषय में मुझे कुछ जानकारी पहले भी थी, लेकिन इस पुस्तक में साँस के पीछे छिपे ऐसे-ऐसे रहस्यों को उजागर किया गया है कि पढ़ने से पहले उसकी कल्पना भी नहीं की जा सकती। मुझे तो हैरानी होती है कि हमारी साँस के पीछे इतने रहस्य छिपे होते हैं और हमको उसकी जरा भी जानकारी नहीं होती! रोजमर्रा की जिंदगी से लेकर अध्यात्म की चरम ऊँचाई तक हर कार्य में साँस की इतनी महत्त्वपूर्ण भूमिका होती है! यह सच में किसी को भी हिला देनेवाली जानकारियाँ हैं। आत्म-अन्वेषण से जुड़े प्रश्नों के लिए भी यह पुस्तक शानदार संग्रह है।

आखिर कितने लोगों को पता होगा कि सूरज और चंद्रमा का बिल्कुल सीधा संबंध हमारी हर साँस से होता है? कितनों को पता होगा कि जीवन में जो कुछ भी घटित होता है, हर चीज के पीछे हमारी साँस होती है? कितनों को पता होगा कि उनकी साँस के कारण उनका कोई काम सफल या विफल हो जाता है? इस पुस्तक

को पढ़कर समझा जा सकता है कि हमारे जीवन में ऐसा कोई भी काम नहीं है, जिसके पीछे हमारी साँसों की कोई भूमिका न हो। हमारी साँसों के पीछे कितना कुछ चलता रहता है और हमें उन रहस्यों का पता ही नहीं होता!

ऐसी तमाम जानकारियों को पाठकों तक पहुँचाने के लिए जिस तरह बहुत सरल और रोचक बनाकर इस पुस्तक में लिखा गया है, मैंने ऐसा किसी और पुस्तक में अभी तक नहीं देखा। मुझे यह पुस्तक शानदार और मौलिक लगी। इसकी भाषा और शैली तो कमाल की है। इसे 14 साल के बच्चे से लेकर युवा और बड़े-बूढ़े, सभी बड़ी आसानी से समझ सकते हैं। इस पुस्तक में दी गई जानकारियाँ बहुत प्राचीन और दुर्लभ शास्त्र 'स्वरज्ञान' पर आधारित हैं, जो विज्ञान की तरह हमारी साँसों के बीच बड़े सूक्ष्म रूप से हमेशा अपना काम करती रहती हैं।

पहला अध्याय ही इतना सुंदर और प्रभावशाली है कि वह पाठक को भीतर, और भीतर खींचता लिये जाता है। पाठक के मन में आगे पढ़ने की जिज्ञासा बनाए रखने में यह पुस्तक पूरी तरह सफल है। पुस्तक को बातचीत की शैली में इतने असरदार ढंग से लिखा गया है कि पाठक से सीधा संवाद स्थापित हो जाता है। अनुभव पर आधारित शैली होने के कारण यह इस हद तक पाठक को विलीन करने में पूरी तरह समर्थ है कि जब तक कि कोई अध्याय पूरा न हो जाए, उसे छोड़ा नहीं जाता। पूरी पुस्तक पाठक को पकड़े रखती है। इसे पढ़ते समय हम पुस्तक के अंत की ओर बहते चले जाते हैं। यह मेरा व्यक्तिगत अनुभव है।

'कैसे करें कार्य सफल?' अध्याय बहुत सरल है। इसे आसानी से अभ्यास में लाकर जीवन में उसका लाभ उठाया जा सकता है। 'कैसे पहचानें नाड़ी?' अध्याय वाकई इतना सुगम है कि हर कोई इसे आसानी से अनुभव कर सकता है। 'साँस की लंबाई के रहस्य' को जानकर जीवन में उसका उपयोग किया जा सकता है। 'तत्त्वों का प्रवाह और उसकी पहचान' इस अध्याय को समझने के लिए पाठक को थोड़े अभ्यास की जरूरत पड़ेगी। लेकिन 'ज्योतिष में नाड़ी का प्रभाव' यह अध्याय तो ऐसा है कि जो ज्योतिष में विश्वास करते हैं, वे भी और जो विश्वास नहीं करते, वे भी, यानी हर कोई इसे पढ़ते समय चौंकेगा जरूर। बात को जिस वैज्ञानिक तरीके से रखा गया है, उसका प्रभाव सब पर पड़ेगा।

आगे के अध्यायों में 'साँस से साधना' बहुत ही महत्त्वपूर्ण है। साधना की एकदम सटीक जानकारी दी गई है। इसे पढ़कर बहुत से संदेह दूर हो जाते हैं। 'मन की मुट्ठी में है सारी दुनिया' अध्याय की हर लाइन को पढ़ते वक्त एक पाठक के रूप में मुझे लगता रहा कि यह बात तो सही है...यह बात भी सही है...और जब

अध्याय खत्म होता है तो अपने भीतर सवाल उठता है कि जब सब सही है तो आखिर हम पहले यह क्यों नहीं समझ पाए कि हमारा मन कितना शक्तिशाली होता है? इस सवाल का जवाब आगे के अध्याय 'चंचल मन और बेहोशी' पढ़ने से स्पष्ट हो जाता है। 'मन के 7 स्तर' में दुर्लभ जानकारी दी गई है। यह जानकारी अध्यात्म के चरम की ओर ले जानेवाली है। आखिरी अध्याय 'चक्र-साधना' में बहुत अच्छी तरह से और इतनी सरलता से कि जैसे बातों-बातों में ही मूलाधार चक्र से लेकर सहस्त्रार चक्र तक पहुँचने की प्रक्रिया की जानकारी प्राप्त हो जाती है।

मैंने अपने जीवन में विभिन्न विषयों पर हिंदी-अंग्रेजी की कितनी पुस्तकें पढ़ीं, उसकी गिनती मुझे याद नहीं। लेकिन इस पुस्तक के विषय में अंत में बस यही कहूँगी कि यह कोई ऐसी पुस्तक नहीं कि जिसे एक बार पढ़कर बुक शेल्फ में रख दिया जाए। इसे एक बार पढ़नेवाले लोग अगर इसमें दी गई दुर्लभ जानकारियों को जीवन में उतारने के लिए उसका अभ्यास करेंगे तो इस पुस्तक के पन्ने पलटकर वह अपने अभ्यास को सरल बना सकते हैं। पुस्तक में बताई बातों पर अभ्यास करने से किसी के भी जीवन में 360 डिग्री का परिवर्तन आ सकता है।

राजीवजी को मेरी बहुत सी शुभकामनाएँ।

—श्रीमती आदर्श खन्ना

अनुक्रम

अध्याय-1

मेरे बाबा और बाबूजी

मैंने अपने जीवन के तीन दशक से अधिक सक्रिय पत्रकारिता में गुजारे हैं। पत्रकारिता जैसे पेशे में, जहाँ रोजाना किसी नई खबर के पीछे भागना होता है, वहाँ अध्यात्म जैसे विषयों में रुचि की संभावना बहुत कम ही होती है। अगर मैं खुद को 20 साल पीछे मुड़कर देखूँ तो खुद मेरे लिए और मुझे जानने का दावा करनेवाले लोगों के लिए तो यही बात किसी चमत्कार से कम नहीं कि मेरी रुचि अध्यात्म में हुई!

ऐसा मैं इसलिए कह रहा हूँ कि अपनी रिपोर्टिंग के शुरुआती दिनों से ही मैं ऐसे कई बाबाओं की पोल खोलनेवाली खबरें छापता रहा, जो धर्म की आड़ में अपना धंधा चमकाते थे। तब टी.वी. चैनल नहीं हुआ करते थे। सिर्फ अखबार और समाचार पत्रिका होती थीं। ऐसी खबर छपने का तब अपना असर होता था। इसलिए किसी को गुरु-वुरु बनाना तो बहुत दूर की बात थी, उस वक्त मेरी सोच थी कि ज्यादातर बाबा लोग ऐसे ही होते हैं। लगता था, जो सही मायने में संत होगा, उसका लोगों के बीच रहने का क्या काम? वे तो कहीं एकांत में या हिमालय पर साधना करते होंगे।

यह मेरी धारणा थी और आज मैं दावे के साथ कह सकता हूँ कि सुनी-सुनाई बातों पर बनी धारणाएँ अकसर गलत ही साबित होती हैं। सच तो यह है कि मेरा इन बातों की तरफ कभी ध्यान ही नहीं जाता था। इन चीजों के लिए फुरसत ही नहीं थी। उस वक्त मुझे सपने में भी गुमान नहीं था कि आनेवाले समय में अध्यात्म ही एकमात्र ऐसा विषय होगा, जो मेरी रुचि का केंद्रबिंदु बन जाएगा, जैसाकि पिछले 15-16 सालों से है। यह और बात है कि अपने बेहद करीबी कुछ चंद लोगों के सिवा मैंने अपनी आध्यात्मिक रुचि का, साधना का किसी से जिक्र नहीं किया। उसका ढिंढोरा नहीं पीटा।

सन् 2000 में एक मित्र मुझे रामकृष्ण मिशन के एक सेंटर में मेडिटेशन के लिए ले गए। उसके बाद कुछ दिन तक आँख बंद करके बैठा रहता था। उस दौरान दूसरे विचारों के साथ यह विचार बार-बार आता था कि कहीं आँख बंद किए बैठकर टाइम वेस्ट तो नहीं कर रहा! लेकिन मेरे भीतर जबरदस्त बदलाव एक घटना के बाद हुआ। यह सन् 2003 की बात है। मुंबई में मैरीयट होटल शुरू ही हुआ था। मैं अपने एक मित्र के साथ वहाँ ठहरा था।

उस मित्र ने कहा, "भाईसाहब, एक आदमी है, उसके पास पूना में बहुत बड़ी जमीन है। वह उस जमीन का मालिक है। आजकल किसी मुसीबत में है और उसे कुछ पैसों की जरूरत है। लेकिन वह अजीब बात करता है, अगर आप उससे मिल लें और समझ लें कि आदमी सही है तो उसको कुछ पैसों की मदद की जा सकती है।"

"भाईसाहब" (अपन) उस वक्त तक इसी गलतफहमी में जीते थे कि हम तो एक नजर में इनसान पहचान लेते हैं। मैंने कहा, "यह कौन सी बड़ी बात है! बुला लो उनको।"

थोड़ी देर में 6 फीट लंबे, हट्टे-कट्टे, स्वस्थ, क्लीन शेव, साधारण सा, किंतु साफ-सुथरा हाफ स्लीव का सफेद कुरता-पायजामा पहने वे शख्स मेरे सामने सोफे पर बैठे थे। मैंने उनके लिए चाय मँगवाई और सीधे पूछा, "अगर आप इतनी बड़ी जमीन के मालिक हैं तो उसे बेच क्यों नहीं देते या बैंक से लोन ले लीजिए?"

मेरी बात सुनकर वे कुछ देर मौन रहे। उनकी चमकीली आँखें मेरी आँखों में झाँकती रहीं, फिर बेहद धीमी आवाज में उन्होंने उत्तर दिया, "अब वह जमीन मेरी नहीं रही। मैं उसको अपने गुरु महाराज को दान कर चुका हूँ।"

यह उत्तर सुनकर मेरा माथा ठनका। मुझे लगा कि एक और आदमी टकराया, जो किसी बाबा के चक्कर में फँस गया! लेकिन उनका चेहरा बिल्कुल शांत था। मैंने पूछा, "जब आपके अपने पास पैसे नहीं तो अपनी जमीन अपने गुरु के नाम रजिस्टरी क्यों कर दी आपने?" मेरे भीतर के पत्रकार को लगा कि अब असली कहानी निकलकर सामने आएगी।

उनका उत्तर बड़ा अजीब था। वे बोले, "मैंने कब कहा कि मैंने जमीन की रजिस्टरी कर दी? मैंने कहा कि मैंने उन्हें दे दी।"

इस तरह के टेढ़े जवाब की मुझे उम्मीद नहीं थी तो थोड़ा सा गुस्सा आने लगा था, जिससे मेरा लहजा भी थोड़ा बदल गया। मैंने कहा, "अगर लिखा-पढ़ी नहीं की तो आपने दे कैसे दी जमीन?"

वे बोले, "गुरु की आज्ञा हुई तो मैंने उसका पालन किया और उनको दे दी जमीन।"

उनके इस उत्तर के बाद मेरी झल्लाहट बाहर निकल पड़ी, "अरे भैया! दी कैसे? क्या पूजा के थाल में रखकर दी जमीन? जब लिखा-पढ़ी नहीं हुई तो जमीन अपने आप चली गई आपके गुरु के पास?" यह बोलते वक्त मैं फैसला कर चुका था कि यह मेरा उनसे आखिरी सवाल है। इसके बाद नमस्कार करके उनको विदा करना है।

शायद उनको मेरे मन का यह भाव पता चल गया था। वे खुद ही हाथ जोड़कर खड़े हो गए। जाने से पहले बस इतना ही बोले, "हम गुरु को कुछ नहीं दे सकते। जो देना होता है, वह गुरु ही हमको देता है। हम तो सिर्फ गुरु की आज्ञा का पालन कर सकते हैं। मेरे गुरु महाराज ने कहा कि यह जमीन मुझे दे दो, मैंने कहा, ले लीजिए। मैंने उनको वचन दिया तो अब वह जमीन उनकी ही हुई ना!" वे मुझे देखकर अब मुसकरा रहे थे। उनकी मुसकराहट बड़ी सच्ची थी। उसमें व्यंग्य जैसा कोई भाव नहीं था। पर पता नहीं क्यों, मुझे ऐसा लगा कि जैसे वे मुझे बोल रहे हैं, 'मूर्ख! तू नहीं समझेगा!'

वे चलने लगे। उनके जाते-जाते मैंने पूछा, "यह आपके गुरु मिलेंगे कहाँ?" उन्होंने हाथ ऊपर उठाया और बोले, "तीन दिन पहले ही उन्होंने जीवित अवस्था में ही समाधि ले ली। उनकी उम्र 113 साल की हो चली थी। अब मेरा भी संन्यास शुरू हो चुका है। कुछ उधार चुकाना था, बस इसलिए पैसों की आवश्यकता थी।" इतना कहकर वे चले गए।

मुझे वे बड़े अजीब व्यक्ति लगे। उनके जाने के बाद भी मैं उनकी बातों का विश्लेषण करता रहा। जीवित अवस्था में समाधि? यह तो आत्महत्या जैसी बात थी! फिर अंत में कही गई बात कि 'अब मेरा भी संन्यास शुरू हो चुका है।' संन्यासी तो वे लगते नहीं थे। न दाढ़ी-मूँछें, न भगवा वस्त्र! उस वक्त की मेरी समझ के हिसाब से संन्यासी की दाढ़ी-मूँछें होनी चाहिए थीं। चलो, वह न भी सही, तो कम-से-कम पहनावा तो वैसा होना चाहिए। थोड़ी देर यह सब सोचा, फिर बात आई-गई हो गई।

उसी रात मैं अपने मित्र (जिनके साथ मैं होटल में ठहरा था) के साथ किसी के घर डिनर पर गया। देखा, वहाँ भी वही सज्जन मौजूद हैं। पता चला, वे उन्हीं के घर ठहरे हुए थे। वे अलग एक कुरसी पर बैठे थे। हम दूसरी तरफ एक सोफे पर बैठकर चर्चा करने लगे। पता नहीं कैसे हमारी बातचीत में 'भगवद्गीता' का जिक्र आ गया। सब गीता पर अपना ज्ञान झाड़ने लगे। तभी दूर बैठे-बैठे ही वे

सज्जन बोले, "आप लोग जैसा बोल रहे हैं, वास्तव में गीता में वैसा कुछ नहीं कहा गया है। गीता आदि सभी ग्रंथों में जो कहा गया है, वे प्रतीकात्मक तौर पर कही गई बातें हैं।"

उनकी बात पर मेरे साथ के बाकी लोगों ने कोई खास दिलचस्पी नहीं ली। जबकि उन्हें लेनी चाहिए थी, क्योंकि गीता पर चर्चा उनमें से ही किसी ने शुरू की थी। मैंने नहीं की थी, इसलिए मुझे उसमें दिलचस्पी नहीं होनी चाहिए थी। पर पता नहीं क्या हुआ कि मैं उनसे सवाल करने लगा। वे उत्तर देने लगे। उनकी बात खत्म भी नहीं होती थी कि मेरे मन में नया प्रश्न आ चुका होता था। मैं उनके उत्तर खत्म होने और अपना अगला सवाल करने का इंतजार करता था। ज्यादातर हम सब यही तो करते हैं। हम सामनेवाले की बात ध्यान से कहाँ सुनते हैं! हमें तो उसके चुप होने और अपने बोलने की बारी का इंतजार रहता है, इसलिए हम उसकी बात समझ ही नहीं पाते। पर हमें भ्रम यही होता कि हम समझ गए।

मेरे साथ यह पहली बार हो रहा था कि मैं गीता जैसे धार्मिक विषय में पूरी रुचि ले रहा था। अब मैं उनके नजदीक आकर बैठ चुका था। प्रश्न-उत्तर जारी थे। मेरी जिज्ञासा बढ़ती जा रही थी और मैं उस जिज्ञासा को बढ़ने दे रहा था, जो उस दौर के मेरे स्वभाव से विपरीत बात थी।

उधर बाकी के लोग अब बोर-से होते दिख रहे थे। डाइनिंग टेबल पर डिनर भी लग चुका था। सब मेरा ही इंतजार कर रहे थे। मेरे मित्र ने कहा भी, "भाईसाहब, खाना खा लीजिए, फिर आराम से चर्चा करिएगा।"

लेकिन मुझ पर तो जैसे उस दिन वहीं, उसी वक्त पूरी गीता जानने का कोई भूत सवार हो गया था! मैंने कहा, "आप लोग डिनर करिए। और मुझे डिस्टर्ब मत करिए। मैं इनके (उन सज्जन) साथ बाद में खा लूँगा।" यह बोलते समय मैंने यह भी नहीं सोचा कि ऐसा करके मैं उनको भी उस वक्त खाना न खाने की अपनी मर्जी में लपेट रहा हूँ।

वह दिन भूलनेवाला नहीं है। उस दिन सुबह के 5 बज गए। लोग खाना खाकर सोने भी चले गए। इस बीच हमने भी वहीं बैठे, बात करते-करते कुछ खा लिया। लेकिन मेरे प्रश्न खत्म होने का नाम ही नहीं ले रहे थे। इस दौरान एक विचार हजारों बार मेरे मन में आ चुका था कि मैंने उन सज्जन को समझने में बड़ी भूल की थी। यह भी लग रहा था कि ऐसा करके मैंने गलती की।

वे जब कुछ बोलते थे तो बात सीधे मेरे कपाट में बहुत गहरे जाकर वहाँ पहले से बनी धारणाओं को जैसे खुरचकर बाहर फेंकने जैसा कुछ काम कर रही थी। पता

चला, वे खुद एम.एस-सी. के छात्र रहे थे। उनके शब्दों में गीता को समझना बहुत अच्छा और वैज्ञानिक-सा लग रहा था। उसके पहले जीवन में वैसी अनुभूति कभी नहीं हुई थी। मुझे वे सच में ज्ञानी पुरुष लग रहे थे। ऐसा कोई पहली बार टकराया था, जिसके साथ बात करके जिज्ञासा कम होने के बजाय बढ़ती जा रही थी। वे अपने हर दूसरे वाक्य से पहले एक उपवाक्य जरूर जोड़ देते थे, 'हमारे बाबा की कृपा से', जो वे गुरु के लिए संबोधित करते थे।

आखिर मैंने उनके गुरु का नाम पूछ ही लिया तो वे बोले, "बाबा का कोई नाम नहीं। वे सबकुछ त्याग चुके हैं। लेकिन उनको देखकर लोग बोलने लगे, 'खप्ती आइला' (पागल आया) तो लोग उन्हें 'खप्ती बाबा' ही पुकारने लगे।"

मराठी में 'खप्ती' का अर्थ पागल होता है। यह तो वे पहले ही बता चुके थे कि सिर्फ तीन दिन पहले ही उनके गुरु 113 साल की उम्र में 'जिंदा रहते' ही समाधि ले चुके थे। अपने लिए गड्ढा उन्होंने खुद सामने बैठकर खुदवाया।

वे बाबा के बारे में और बताने लगे, "बाबा बिल्कुल पढ़े-लिखे नहीं थे। वे कभी स्कूल नहीं गए। अमरावती के सुदूर गाँव के बेहद गरीब परिवार में बाबा का जन्म हुआ। बचपन में ही वे अमरावती के जंगल में चले गए। बहुत सालों बाद जब वे जंगल से वापस लौटे तो उनके शरीर पर कोई वस्त्र नहीं था। लंबे उलझे हुए बाल और मिट्टी से सने कंकाल जैसे शरीर को देख लोग डरकर भागने लगे। वे किसी को अपने पास नहीं आने देते थे, इसलिए लोगों ने उन्हें 'खप्ती' यानी 'पागल' नाम दे दिया।"

उनकी बातें सुनकर मेरे मन में एक सवाल उठने लगा कि आजकल जिधर देखो, उधर कोई-न-कोई बाबा अपना धंधा जमाए बैठे नजर आते हैं। भक्तिभाव, अंधविश्वास और अपनी मुराद के लालच में लाखों लोग उनके भक्त बन जाते हैं। कोई हाथ से भभूत निकालता है तो कोई सोने की चेन निकालकर भक्तों को देता है। भक्त इसे चमत्कार समझने की भूल करने लगते हैं। ऐसे में कोई इनसान भला ऐसे बाबाओं और सच्चे संत के बीच फर्क कैसे करे?

मैंने उनसे पूछ ही लिया, "हमें कैसे पता चलता है कि असली संत या बाबा कौन है? हम कैसे पहचान करें?"

उनका जवाब बड़ा तर्कपूर्ण था, "अगर कोई सच्चे संत की पहचान करने में सक्षम है तो वह तो उससे भी बड़ा संत खुद हो गया...वह परीक्षक हो गया तो उसे किसी संत की क्या जरूरत है?" फिर उन्होंने अपनी बात और स्पष्ट की, "हम संत की परीक्षा नहीं कर सकते। लेकिन जो सही मायने में संत होते हैं, वे किसी जादूगर

जैसे चमत्कार नहीं दिखाते। वे आपको अपनी अनुभूति करवा देते हैं और उनके चाहने पर ही ऐसा होता है।" फिर उन्होंने मेरी आँखों में देखते हुए पूछा, "आपको अभी तक नहीं हुई बाबा की अनुभूति ?"

उनका यह प्रश्न इतना अचानक था कि पहले तो मुझे कोई जवाब ही नहीं सूझा। सोचा, अगर सीधे बोलूँगा कि नहीं, तो यह कहीं किसी सिद्ध पुरुष का अपमान न हो ?"

मैं ऐसा सोच ही रहा था कि वे बोल पड़े, "सच्चा संत मान-अपमान से बहुत ऊपर होता है। वह इन चीजों की परवाह नहीं करता।"

मैं चौंका, इनको कैसे पता चला कि मेरे मन में क्या चल रहा है ? फिर मुझे लगा, यह महज एक संयोग होगा। तो मैंने जवाब दिया, "मैं तो बाबा से कभी मिला नहीं और आप बोल रहे हैं कि वे समाधि ले चुके हैं तो शायद मेरी किस्मत में उनके दर्शन नहीं थे, इसलिए मैं किसी अनुभूति से चूक गया।"

वे रहस्यमयी मुसकान से बोले, "समाधि का अर्थ यह नहीं कि बाबा अब नहीं रहे। उनका शरीर बूढ़ा हो गया था। इसलिए उन्होंने शरीर छोड़ दिया, लेकिन बाबा इस वक्त भी हमारे साथ ही हैं। वे 'मुक्त आत्मा' हैं। उनकी कृपा हुई तो वे आपको जल्द ही अनुभूति भी करा देंगे।"

बाबा के विषय में चर्चा शुरू ही हुई थी कि सूरज निकल आया। पूरी रात गुजर चुकी थी। मुझे क्या हुआ था, मुझे खुद पता नहीं था। मेरे मित्र अब खीजने लगे थे। मुझे नींद भी आ रही थी, पर और बात करने का मन भी हो रहा था। लेकिन अब चलना जरूरी था। हमें उसी दोपहर की फ्लाइट से दिल्ली आना था, इसलिए मैं उठ खड़ा हुआ।

चलने से पहले मैंने उनके पैर छूने चाहे तो वे पीछे हटते हुए बोले, "अरे-अरे, आप यह क्या कर रहे हैं ?" इसके बाद उन्होंने बाबा का एक छोटा सा फोटो मुझे देते हुए कहा, "अगर आप इसे अपने पास रखना चाहें तो रख लें।"

मैंने वह फोटो अपने वॉलेट में रख लिया और वापस मैरीयट होटल आ गया।

बिस्तर पर लेटकर कुछ देर सोने की कोशिश की, लेकिन दिमाग में वही सब बातें घूम रही थीं। सोचने लगा कि एक अच्छे-भले एम.एस-सी. पढ़े व्यक्ति, जिसे गीता जैसे ग्रंथ का इतना अच्छा ज्ञान है, उसने किसी बिल्कुल अनपढ़ बाबा को अपना गुरु कैसे बना लिया ? खासतौर पर तब, जबकि उनकी बातचीत से वे अंधविश्वास में यकीन करनेवाले रत्ती भर भी नहीं लगे थे ! लेकिन तभी खयाल आया कि कबीर आदि भी तो अनपढ़ ही थे, जिनकी जीवनी याद करके हमने हाई स्कूल

पास किया था। तो क्या वास्तविक ज्ञान का स्कूली शिक्षा से कोई लेना-देना नहीं? बगैर पढ़े कोई इतना ज्ञान कैसे हासिल कर लेता है कि दुनिया भर के पढ़े-लिखे लोग उसके आगे बौने हो जाते हैं? उस दिन यह समझना मेरे वश की बात बिल्कुल भी नहीं थी।

होटल से चेक-आउट करके एयरपोर्ट के लिए निकले। लेकिन रास्ते भर ऐसा लगता रहा, जैसे कुछ अधूरा रह गया हो। मन में बस यही आ रहा था कि उनसे फिर मिलूँ और बातें करूँ! उन दिनों मेरे दिल्ली-मुंबई के महीने में कई चक्कर लगते थे। मन को कई बार समझाने की कोशिश की कि अगली बार सही; लेकिन एयरपोर्ट पहुँचते-पहुँचते मेरी बेचैनी बढ़ गई। यह भी अनूठा अनुभव था। आखिरकार मैंने दिल्ली वापस जाने का फैसला बदल दिया।

मेरे साथ गए मित्र को एयरपोर्ट ड्रॉप करके मैं दूसरे होटल में चला गया, जो समुद्र से सटा हुआ था। मैंने अपने एक अन्य दोस्त को फोन किया और उन्हें उस होटल में आने को कहा। वे मुंबई से ही थे। मेरा इरादा अपने दोस्त के साथ जाकर फिर उन सज्जन से मिलने का था, जिनके लिए मैंने दिल्ली लौटना कैंसिल किया था। लेकिन उस वक्त वे टाउन साइड थे, जहाँ से जुहू यानी मेरे पास आने में उन्हें 2 घंटे लगने थे। मेरे पास उनके इंतजार के सिवा कोई दूसरा काम नहीं था।

दोपहर का वक्त था। मैं होटल के बीच साइड (समुद्र किनारे) ओपन एयर रेस्टोरेंट में जाकर बैठ गया। उस वक्त वहाँ वेटर के अलावा एक-दो लोग ही और थे। अपने लिए मैंने सैंडविच और चाय ऑर्डर की। फिर मैंने अपने वॉलेट से बाबा की तसवीर निकाली और उस तसवीर को गौर से देखने लगा।

तसवीर में वे एक शेर या चीते की खाल पर बैठे थे। छोटी सी दाढ़ी जरूर थी, लेकिन उस तसवीर में वे साधारण से किसी ग्रामीण जैसे दिख रहे थे। उन्होंने लाल रंग का शॉल ओढ़ रखा था। मुझे वे कोई बाबा जैसे तो बिल्कुल भी नहीं लग रहे थे।

उसके बाद जो हुआ, वो किसी को भी डराने के लिए काफी है। अगर उस वक्त के अपने होश की बात करूँ तो बस इतना याद आता है कि तसवीर देखने के बाद मैं नजर उठाकर सामने समुद्र देखने लगा था। फिर मेरी आँखें शून्य में कहीं खो गईं। इसके बाद मुझे जो अनुभव हुआ, वह बिल्कुल सपने जैसी अवस्था में हुआ। मैं बहुत सारी चिताओं को जलता देख रहा था। उनमें मेरे अपने लोग जलते दिख रहे थे। फिर मुझे अपने जीवन में अतीत के कुछ दृश्य दिखने लगे। न जाने मैं क्या-क्या देखता रहा! मुझे अपना होश नहीं था।

यह सब कितनी देर चला, इसका अंदाजा भी मुझे बाद में हुआ। मुझे वहाँ बैठे कोई ढाई घंटे गुज़र चुके थे। मेरे सामने वेटर खड़ा, मुझे ही बोल रहा था, "सर··· सर···सर··· !" अचानक मेरी जैसे नींद खुली हो।

मैंने कहा, "यस!"

वह बोला, "सर, बहुत देर से आपका फोन बज रहा है।"

मैंने देखा कि मेज पर रखा मेरा मोबाइल बज रहा है। मेरे दोस्त होटल पहुँचकर मुझे फोन कर रहे थे। वेटर मुझे घूर रहा था।

"ओह! सॉरी, मैं शायद सो गया था।" मैंने उसको बोला।

तो वह कहने लगा, "लेकिन सर, मैं काफी देर से आपके सामने खड़ा होकर आपको बुला रहा था। आपकी आँखें खुली थीं, पर आप मुझे रिस्पांड नहीं कर रहे थे! आपने चाय और सैंडविच ऑर्डर किया, लेकिन वह भी नहीं लिया?"

उसे कोई जवाब दिए बगैर मैंने पेमेंट किया और अपने दोस्त की कार में आकर बैठ गया। मैं थोड़ा नहीं, अंदर से काफी डर गया था। मैंने अपने दोस्त को पूरी बात बताई। उसने कहा कि मैं रात में ठीक से नहीं सोया, इसलिए मुझे झपकी लग गई होगी। पर मुझे यह बात इसलिए सही नहीं लग रही थी कि क्योंकि मैं कभी भी बैठकर सो ही नहीं सकता। फिर वेटर की बात भी याद आती थी कि मेरी आँखें तो खुली थीं।

मैं उन सज्जन से मिलने पहुँचा तो मैंने उनको भी अपना विचित्र अनुभव बताया। उस वक्त उन्होंने भी मुझे यही कहकर टाल दिया कि नींद पूरी न होने के कारण मेरी आँख लग गई होगी। लेकिन मैं अंदर से इस बात से संतुष्ट नहीं था। मेरे मन में एक प्रकार की भययुक्त जिज्ञासा थी कि मुझे जो हुआ, वह क्या था? उसे नींद मानने को मैं तैयार नहीं था। मुझे लग रहा था कि मुझे जो अनुभव हुआ, उसे मैं ठीक से व्यक्त नहीं कर पा रहा हूँ, इसलिए सब यह समझ रहे हैं कि नींद में ऐसा हुआ होगा।

अब वह विषय तो टल ही गया, जिसके लिए मैं रुका था। उन्होंने मुझे दो पुस्तकें; एक, 'विवेक चूड़ामणि' और दूसरी, 'पंचादशी' पढ़ने का सुझाव दिया। बहरहाल, उसके बाद मैं दिल्ली आ गया। कुछ दिन वह सब याद आता रहा, फिर काम में व्यस्त होकर मैं उस घटना को भूल-सा गया।

दिल्ली में वे दोनों पुस्तकें मैंने मँगवा ली थीं। उनमें कुछ उपनिषदों की व्याख्या थी। उसे कई बार पढ़ने की कोशिश की, लेकिन उस वक्त वे पुस्तकें मेरे पल्ले नहीं पड़ीं। जब भी पढ़ता तो दो-तीन पृष्ठ के बाद फिर से पुराने पन्ने पढ़ने पड़ते थे, लेकिन उसकी बातें फिर भी सिर के ऊपर से चली जाती थीं।

कोई 6 माह बाद उनसे फिर मुलाकात हुई। वे कांदीवली में थे। इस बार उन्होंने मुझे एक चाय की छोटी सी दुकान पर बुलाया। मैंने उनसे कहा, "आप मुझे अपना शिष्य बना लीजिए।"

मेरी बात सुनकर वे हँसने लगे और बोले, "किसी को गुरु मान लेना आसान है, पर शिष्य बनाना बहुत कठिन काम है। और फिर मैं तो कोई गुरु भी नहीं। मैं तो खुद बाबा का ही शिष्य हूँ।"

फिर उन्होंने पूछा, "आपने वे पुस्तकें पढ़ीं?"

मैंने उन्हें सही बात बोल दी कि कोशिश की, पर मेरी समझ में कुछ आया नहीं। मेरी बात सुनकर वे बोले, "अरे, आप इतने बड़े अखबार के संपादक हैं, आप समझदार हैं। उस पुस्तक में ऐसा क्या है, जो आपकी समझ में नहीं आया?"

मैंने कहा, "बाबूजी", हाँ, यही मेरा पहला संबोधन था उनको, "मुझे वाकई उन पुस्तकों में कुछ समझ नहीं आ रहा।"

वे फिर हँसने लगे और बोले, "अच्छा, एक बार और ट्राई करिए। शायद इस बार आप समझ लेंगे।"

मैंने उनसे कहा कि मुझे 'खप्ती बाबा' के विषय में कुछ और बताइए तो मैं उसे अखबार में छाप दूँगा। उन्होंने मुझे ऐसे देखा, जैसे हम किसी बच्चे के मासूम सवाल पर उसे देखते हैं।

फिर बोले, "बाबा अपना प्रचार नहीं करने देते। कोई ऐसी बात बोले तो वे माँ-बहन की गालियाँ देने लगते हैं।"

"ऐसी गालियाँ!" मेरे फिर से चौंकने की बारी थी, "लेकिन बाबूजी (उनके लिए फिर मेरा हमेशा यही संबोधन रहा) क्या संत लोग गाली दे सकते हैं?"

वे बोले, "मुझे नहीं पता, लेकिन मैंने अपने जीवन में कई संत देखे, पर बाबा जैसा सिद्ध संत नहीं देखा और मैं खुद उनसे 20 साल से गालियाँ सुनता रहा हूँ। मैंने इतनी गालियाँ सुनी हैं कि अब वे मुझे प्रसाद जैसी लगती हैं।" इतना कहकर बाबूजी जोर से ठहाका लगाकर हँसने लगे।

फिर उन्होंने मुझे बाबा की गालियों और उनकी विचित्र हरकतों के कई किस्से सुनाए। इसमें सूरत के एक डायमंड व्यापारी का किस्सा बड़ा मजेदार है। वह हीरों का बड़ा व्यापारी था। उसकी इकलौती बेटी थी, जिसके लिए उसने घर-जमाई लड़का चुन लिया था। हुआ यह कि उस लड़के के पूरे शरीर को लकवा मार गया। पूरा शरीर पैरालाइज्ड होने के कारण वह चलने-फिरने, उठने-बैठने में पूरी तरह असमर्थ था। देश-विदेश हर जगह इलाज करवा लिया, लेकिन कोई उसे बिस्तर से

उठने लायक नहीं बना पाया। फिर उस व्यापारी को किसी ने 'खप्ती बाबा' के बारे में बताया। वह अपने दामाद को बिस्तर सहित एक बस में डालकर परिवार के कुछ अन्य लोगों के साथ बाबा से मिलने पहुँचा।

बाबा का कोई आश्रम तो था नहीं। वे तो फक्कड़ की तरह यहाँ-वहाँ घूमा करते थे। किसी ने उस व्यापारी को यमतमाल में जंगल के किनारे किसी गाँव जैसी जगह पर स्थित एक चाय की गुमटी का पता दिया। कहा कि उसी चायवाले से पूछ लेना कि बाबा किधर हैं?

जैसे-तैसे वह व्यापारी उस चाय की दुकान तक पहुँचा। वह अभी बस में ही था कि उसने देखा, चाय की दुकान से उठकर एक बूढ़ा व्यक्ति जमीन पर लाठी टिकाते हुए वहीं सामने मौजूद जंगल की ओर जा रहा है।

वह बड़ा व्यापारी था। बस से उतरने से पहले कपड़े ठीक किए, फिर बस से उतरा और उस चायवाले से बाबा के विषय में पूछा तो चायवाले ने बताया, "अभी तो बाबा उधर (जंगल की तरफ) गए हैं। आपकी जब बस रुकी, तब। आपने देखा नहीं?"

वह बेचारा सूरत से बहुत लंबी यात्रा करके वहाँ पहुँचा था और बाबा जंगल में चले गए! अब जंगल में उन्हें कहाँ ढूँढ़े? यह सोचकर निराश स्वर में उसने पूछा, "अब कब आएँगे बाबा?"

"यह तो किसी को नहीं पता होता। जब बाबा की मर्जी होती है, तभी आते हैं।" चायवाले ने बताया।

व्यापारी परेशान हो गया। शाम हो चुकी थी। वहाँ ठहरने का कोई ठिकाना नहीं था। गाँव था, वह भी थोड़ा अंदर जाकर था। अब वह क्या करे? बात परेशानी की ही थी। इतनी दूर से आया, क्या बाबा से बगैर मिले लौट जाए? लौट भी जाता तो उसे रात में सुनसान रास्ता तय करना पड़ता।

कोई उपाय न देख उसने मजबूरी में वहीं जंगल किनारे रात गुजारने का फैसला किया। बीमार दामाद को बस से उतारकर उसको चारपाई पर लिटा दिया। बाकी लोगों में कोई वहीं घास पर लेट गया तो कोई बस में लेट गया।

थोड़ी देर में अँधेरा होने लगा। अब चायवाला भी दुकान बंद करके जाने लगा। व्यापारी ने उसे सारी रात दुकान खोले रहने को कहा। पैसों का लालच भी दिया। लेकिन चायवाला रुका नहीं।

उस सुनसान इलाके में व्यापारी और उसके साथ गए चार-पाँच लोगों के सिवा कोई नहीं था। उन लोगों ने वहाँ कैसे रात काटी होगी, इसका अंदाजा कोई भी लगा सकता है। अब उन्हें बाबा का नहीं, बल्कि सुबह होने का इंतजार था।

सूरज निकलने से पहले जैसा धुँधलका होता है, वह हो चुका था। वे लोग निकलने की तैयारी कर रहे थे। कुछ लोग आसपास झाड़ियों के बीच पेट साफ करने की कोशिश में थे।

व्यापारी का दामाद अपनी चारपाई पर अकेला पड़ा था। तभी उन लोगों ने जोर से उसके चीखने की आवाज सुनी। वह बहुत जोर से चिल्लाकर बोल रहा था, "अरे, मैं मर गया। अरे बाप रे! अरे, कोई मुझे बचाओ।"

उसकी आवाज सुनकर लोगों का ध्यान उसकी तरफ गया। सबने देखा कि पता नहीं कब, किधर से बाबा वहाँ पहुँच गए थे और उसको लाठी मार रहे थे। लोग उसे बचाने दौड़े।

ब्रह्मऋषि खप्तीनाथ महाराज

तभी कुछ ऐसा घटित हुआ, जिसके बारे में कोई सोच भी नहीं सकता था। बाबा उसको जोर-जोर से डंडे मार रहे थे। अचानक वह युवक चारपाई से कूदा और 'बचाओ-बचाओ' करके दौड़ने लगा। वह बस में घुस गया।

कुछ पल तो किसी की समझ में ही नहीं आया कि हुआ क्या? सबने बस उसकी चीखें सुनीं और बाबा को उसे मारते हुए देखा तो सबके दिमाग में बस उसे बचाने का ही खयाल आया। लेकिन फिर सबकी समझ यह देखकर चकरघिन्नी बन गई कि जो इनसान बिस्तर से उठ नहीं सकता था, वह दौड़ रहा है!

यह बात सबको एक साथ ही समझ आई। वे सब बाबा के पैर पकड़ने के लिए 'खप्ती महाराज की जय' बोलते हुए उनकी तरफ बढ़े।

लेकिन यह क्या! अब बाबा लाठी लेकर उन्हीं लोगों के पीछे दौड़ पड़े। वे गंदी गालियाँ देते हुए बोल रहे थे, "सालो, तुमको सुबह होने का ही इंतजार था। हो गई सुबह! अब भागो यहाँ से।"

इससे पहले मैंने सिर्फ उन बाबाओं को जाना था, जो लोगों से चढ़ावे के तौर पर लाखों रुपए ऐंठ लेते हैं। और अब एक ऐसे बाबा के बारे में सुन रहा था, जो कुछ लेना तो दूर, किसी पर उपकार करके उसे 'थैंक यू' बोलने का भी मौका नहीं देते थे।

तो फिर उन्होंने बाबूजी से उनकी जमीन क्यों ले ली?

इसके बारे में पूछा तो बाबूजी ने बताया कि बाबा कुछ भी माँग लेते थे। फिर उसे वहीं, वैसा ही छोड़ देते थे। उन्होंने वह जमीन भी वैसे ही छोड़ दी। पहले वहाँ एकाध फसल हो जाती थी। लेकिन जब से बाबा ने बाबूजी से जमीन ली, उसके बाद वहाँ जंगल हो गया। वहाँ गाय-भैंस चारा चरने जाती थीं। बाबा कभी उस जमीन की तरफ गए ही नहीं। यानी बाबा अपने लिए कुछ नहीं माँगते थे। कई-कई दिन तो वे भोजन तक नहीं करते थे। ऐसे शख्स को किसी चीज की क्या जरूरत होगी?

बाबा ने एक सड़ा-गला ट्रक भी 50 हजार रुपयों में बाबूजी को खरीदवा दिया, जो सालों से कबाड़ जैसा एक स्थान पर खड़ा था। खरीदने के बाद भी ट्रक वहीं पड़ा सड़ता रहा। बाद में पता चला कि उन पैसों से उस ट्रक के मालिक ने, जो बरबाद हो चुका था, अपनी तीन बेटियों की शादी की।

बाबा के ऐसे अनेक किस्से हैं। एक बार मशहूर राजनेता लालू प्रसाद यादव भी बाबा के पास चले गए। उनके साथ पूरा ताम-झाम था, जैसा नेताओं के साथ होता है। लालू बोले, "बाबा, कृपा कीजिए। आपके दर्शन को आया हूँ।"

बाबा ने मराठी में कहा, "दर्शन घ्यायला आला कि द्यायला आला (दर्शन करने आया है या दर्शन देने आया है)?" और बाबा उठकर चले गए।

बाबूजी के मुँह से बाबा के यह किस्से सुनकर मुझे फिर से वह अनुभव ताजा हो उठा, जो कुछ समय पहले उस रेस्टोरेंट में हुआ था। लेकिन इस बार मेरे मन में डर नहीं था, बल्कि बाबा के लिए श्रद्धा जैसा भाव था। लेकिन मैंने उस विषय पर कोई बात नहीं की। जब मैं लौटने लगा तो बाबूजी ने मुझे याद दिलाते हुए कहा, "आज उस पुस्तक को पढ़िएगा।"

उस रात मैंने वह पुस्तक पढ़ने की कोशिश की। मैंने गौर किया कि उसमें एक शब्द 'प्रकृति' ऐसा है, जो मुझे आगे के वाक्य का मतलब समझने में अड़चन पैदा

कर रहा था। उदाहरण के लिए, अगर हम कहीं पढ़ें, 'प्रकृति भोजन के बाद इधर-उधर दौड़ने लगती है' तो हमें क्या समझ आएगा ? मैं प्रकृति का अर्थ जलवायु, पेड़, पौधे, पहाड़ आदि से ले रहा था। इस वजह से उसके आगे जो लिखा था, उससे कोई कनेक्शन फिट नहीं बैठता था।

अचानक मेरे भीतर विचार उठा कि अगर 'प्रकृति' की जगह उसे 'मन' शब्द मानकर पढ़ें तो ? मैंने पेन से प्रकृति शब्द काटकर वहाँ मन लिख दिया। बस, इतना करते ही कठिन और बोरिंग लगनेवाली वह पुस्तक आसान और रुचिकर बन चुकी थी। उसी रात मैंने वह पूरी पुस्तक पढ़ डाली। बात समझ में आने लगी थी। यह भी समझ में आ चुका था कि एक विचार इनसान से क्या करवा सकता है!

संक्षेप में कहें तो इसके बाद मेरे जीवन ने यू टर्न लेना शुरू कर दिया। अब फिल्मी पार्टियाँ या किसी राजनेता के साथ बैठने और दुनिया-जहान की चर्चा में मेरी दिलचस्पी कम होने लगी थी। लेकिन अपना काम ही ऐसा था कि उसे करने के लिए उसी क्षेत्र के लोगों से मिलना तो पड़ता ही था।

इसके बाद मैं बाबूजी से पूछ-पूछकर वे पुस्तकें पढ़ता रहा, जिन्हें हम शास्त्र कहते हैं। गीता, कठोपनिषद्, मुंडक उपनिषद्, छांदोग्य उपनिषद् और न जाने क्या-क्या! मुझे सभी पुस्तकें एक जैसी लगती थीं।

लगता था कि एक ही बात है, जिसे अलग-अलग तरह से समझाया जा रहा है। मुझे लगने लगा कि पहले मैं बहुत बड़ा अज्ञानी था, जिसे पॉलिटिकल और बाकी विषयों की तो थोड़ी-बहुत जानकारी थी, लेकिन असली ज्ञान की बातों से दूर था। जिसे भी ऐसा लगता है, वह बोलता नहीं और मानता भी नहीं, लेकिन वह खुद को ज्ञानी समझने लगता है।

जबकि खुद को ज्ञानी समझना ही सबसे बड़ा अज्ञान होता है। यह बात सुनी और पढ़ी जरूर थी, लेकिन यह हम पर कैसे लागू होती है, इसका अंदाजा मुझे बहुत सालों बाद हुआ। 'शिवसूत्र' में यूँ ही नहीं कहा गया, 'ज्ञानं बंधः कला शरीरम्', यानी ज्ञान ही मनुष्य का सबसे बड़ा बंधन होता है।

बहरहाल, मैं बाबूजी से मिलता रहा। हर बार उन्हें बोलता था कि मुझे अपना शिष्य बना लें। पर वे टाल जाते थे। जब भी मैं अकेला होता था, मैं बाबा की उसी तसवीर को देखकर अपने मन की हर बात भाव से उन्हें बोलता था। मेरी हर जायज प्रार्थना को बाबा पूरा कर देते थे। बाबा से बात करते समय मुझे यह लगता ही नहीं था कि मैं किसी महात्मा से बात कर रहा हूँ। मुझे वे अपने दादाजी जैसे लगते थे।

वक्त गुजर रहा था। कई माह तक बाबूजी से मिलना नहीं हुआ था। एक दिन अचानक उनका फोन आया और बोले, "मैं दिल्ली आ रहा हूँ।"

मैं खुश हो गया। उन्हें एयरपोर्ट से सीधे अपने घर ले आया। उन्होंने मुझे एक नारियल और अपने लिए एक अँगोछा लाने को बोला। मैं अँगोछे के साथ कुरते-पाजामे का कपड़ा भी ले आया।

उन्होंने एकांत में मुझे सिद्धासन में बैठना सिखाया। फिर गले से साँस की ध्वनि (आवाज नहीं, बल्कि एक विशेष प्रक्रिया) से 'सोहम्' करना सिखाया। एक मंत्र बताया, जिसे आजन्म गुप्त रखने को कहा। मुझे साँस पर ध्यान की विधि सिखाई।

उन्होंने कहा कि मुझे रोजाना यही अभ्यास करते रहना है। इसके सिवा कुछ और साधना नहीं करनी। बाबूजी बोले, "आप मेरे पहले शिष्य हैं। अब आपका दायित्व मुझ पर है।" मैं वाकई उनका पहला और उस वक्त तक इकलौता शिष्य था।

इस तरह बाबूजी द्वारा बताए तरीके से साँस पर ध्यान की मेरी साधना शुरू हुई। 3-3 घंटे आँख बंद किए धैर्य से बैठा रहता था। पूरी श्रद्धा और समर्पित भाव से बाबूजी ने जैसा बताया, वैसा कर रहा था। मैंने एक दिन भी अभ्यास नहीं छोड़ा। मुझे लगता था कि शायद अब कोई अनुभव होगा, शायद अब हो! दो साल गुजर गए, लेकिन कुछ नहीं हुआ।

इस विषय में बाबूजी से जब भी कुछ पूछता, वे एक ही जवाब देते, "आपको जो बताया है, बस वही करते रहिए।" मैं 'जी बाबूजी' बोलकर चुप हो जाता। यह क्रम जारी रहा।

मैंने साधना नहीं छोड़ी। ध्यान के लिए बैठने से और कुछ तो नहीं हुआ, उलटे एक परेशानी जरूर खड़ी हो गई। मेरे मन में अब अध्यात्म की अंदरूनी यात्रा से संबंधित हजारों प्रश्न उठने लगे। इतने सारे सवाल कि मुझे लगता था कि उन्हें याद रखना ही मुश्किल काम है। सो, मैं उन सारे सवालों को लिख लेता था। किसी पुस्तक में उसके उत्तर नहीं मिलते थे। वे अनुत्तरित प्रश्न मेरे भीतर बेचैनी पैदा करते थे। मेरी कोशिश होती थी कि जल्द-से-जल्द मैं किसी तरह बाबूजी से मिलकर अपने सवालों के उत्तर जानूँ!

और बाबूजी? उनके विषय में यह बात तो मैं खुद उनको कई बार बोल चुका हूँ, उन्होंने मेरे उन हजारों सवालों के जवाब कभी नहीं दिए। मुझे हमेशा निराश किया।

होता यह था कि उनसे मिलने जाने-आने में मेरे 40-50 हजार रुपए हवाई टिकट, टैक्सी और होटल आदि में खर्च हो जाते थे। मेरा मकसद उन सवालों के उत्तर जानना होता था। मुझे आया देखकर वह खुश तो इतने हो जाते थे, जैसे मेरी माँ मुझे देखकर होती थीं। लेकिन जब भी मैं उनसे वह प्रश्न पूछने की कोशिश करता, वे भोजन आदि की बात करने लगते थे। उन्हें खाना बनाने का बहुत शौक था। वे स्वादिष्ट भोजन बनाते थे।

वे मुझे अपने पास बैठाते। हाल-चाल लेते। फिर मुझसे खाने-पीने की बातें करने लगते। नाश्ता खत्म होता तो पूछने लगते, "लंच में क्या खाया जाए?" लंच खत्म होता तो पूछते, "डिनर के लिए कोई चीज बताइए। दाल तड़का के अलावा?"

सारी सब्जियाँ और फल वहीं पैदा होती थीं, अमरावती में, जहाँ वे रहने लगे थे। मुझे खेत में ले जाते। कोई फल तोड़कर दे देते। बोलते, "खाइए-खाइए, ऐसा स्वाद आपको दिल्ली या मुंबई में नहीं मिलेगा।"

मैं मन-ही-मन कभी-कभी खीज उठता था—'क्या मैं सिर्फ खाना खाने के लिए ऑफिस का सारा काम छोड़कर इतनी दूर आया हूँ?' यह विचार जब मन में घूमनेवाली जिज्ञासाओं में 'तड़का' लगाता था तो उसकी 'छौंक' से मैं परेशान हो जाता था। लेकिन उनके सम्मान की वजह से कभी मुँह नहीं खोला।

कभी-कभी रात में डिनर खत्म होने के बाद वे मुझे पास बैठाकर मेरे एक-दो सवालों के जवाब दे देते थे तो मैं कृतज्ञ भाव से भर जाता था, लेकिन वे हमेशा बात अधूरी छोड़ देते थे।

पूछने के आग्रह पर तकिया कलाम जैसे वे एक ही बात बोलते थे, "यह हम आपको फिर कभी विस्तार से बताएँगे।"

वह 'फिर कभी', कभी आया ही नहीं। मुझे लगता था कि उनको मेरी जिज्ञासाओं का अंदाजा था, लेकिन फिर भी वे उसे टाल देते थे। इस चक्कर में अपने प्रश्नों पर पर्याप्त चर्चा के बगैर ही मेरी वापसी का दिन आ जाता था। और हर बार यही होता था।

फिर कुछ समय ऐसा भी आया कि दो-तीन माह तक बाबूजी से संपर्क नहीं हो पाया। जब भी उनका फोन ट्राई करो, वह नॉट रीचेबल होता था।

इसी बीच कुछ और घटित हुआ। मुझे बाबूजी द्वारा बताई विधि से ध्यान करते कोई 4-5 साल गुजर चुके थे। अब मन में उठनेवाले सवाल थोड़े कम हो गए थे, लेकिन कुछ जिज्ञासाएँ तो फिर भी बाकी थीं।

मेरी एक दोस्त ने मुझे बताया कि उनकी भाभी भी पिछले 10–12 साल से ध्यान–साधना करती हैं। मुझे जानकारी मिली कि वे साधना में काफी ऊपर के स्तर तक पहुँच चुकी हैं।

बाबूजी से संपर्क हो नहीं पा रहा था। मेरे मन में सवाल तो पहले से ही थे। मुझे लगा कि शायद उनसे कोई जानकारी मिल जाए। यह भी लालच जैसा ही था। मैं उनसे मिला। उनके पूरे परिवार से मेरे पारिवारिक संबंध थे। उनकी शादी हो चुकी थी और वे मुंबई में अलग रहती थीं तो उनके बारे में सुना तो था, पर मिला नहीं था। पहली ही मुलाकात में उनको दिल से बहन मानकर उन्हें 'बहना' पुकारने लगा। वह मुझे 'भैया' बोलती थीं।

अध्यात्म में मोटेतौर पर 4 मार्ग होते हैं—ज्ञान मार्ग, योग मार्ग, भक्ति मार्ग और तंत्र (जादू–टोनेवाला न समझें, वास्तविक तंत्र अलग आध्यात्मिक मार्ग है) मार्ग। बाबा और बाबूजी ज्ञान और योग मार्ग से थे। ज्ञान मार्ग को 'सांख्य' भी कहते हैं। इसमें चित्त शुद्धि कर बुद्धि के विकास से ही शुद्ध चैतन्य तक पहुँचा जा सकता है। योग मार्ग में शरीर, साँस व इंद्रियों पर नियंत्रण कर परम लक्ष्य की प्राप्ति की जा सकती है। जबकि बहना ने बताया कि वे अघोर पंथ से हैं।

'अघोर' के विषय में भी लोगों को कम ही जानकारी होती है। 'अघोर' का मतलब लोग खुद को औघड़ बोलनेवाले ऐसे बाबाओं से ले लेते हैं, जो श्मशान में रहते हैं और कुछ भी, यहाँ तक कि अपना मल भी खा लेते हैं। लोग उनसे डरते हैं। लेकिन उनको वास्तविक 'अघोर' शब्द का अर्थ भी नहीं पता होता।

अघोर, तंत्र मार्ग से ही संबंधित मार्ग है। मुझे जब पता चला कि बहना उस मार्ग से हैं तो मेरी उत्सुकता और बढ़ गई। मुझे लगा, कुछ नई जानकारी मिलेगी। बहना के साथ अच्छी बात मुझे यह लगी कि वह बाबूजी की तरह मेरे सवाल पर यह नहीं बोलती थीं, 'यह हम आपको फिर कभी विस्तार से बताएँगे।' हालाँकि बाबूजी ऐसा क्यों बोलते थे, वह एक रहस्य था, जिसे आप आगे जानेंगे।

बहना के साथ मेरा अपना–सा रिश्ता बन गया था। उनके साथ आध्यात्मिक चर्चा में कई–कई घंटे यूँ ही गुजर जाते थे। मैंने देखा कि वह ध्यान के लिए लाल कंबल और उस पर लाल कपड़ा बिछाकर बैठती थीं। और ध्यान से पहले रुद्राक्ष की एक माला लेकर जप करती थीं।

जबकि बाबूजी ने तो मुझे कोई माला या लाल कंबल पर बैठने को नहीं बोला था! मुझे लगा कि शायद इसलिए मेरे ध्यान में मुझे कोई खास अनुभव नहीं हो पा रहे होंगे।

मैंने पूछा, "बहना, क्या मुझे भी लाल कंबल यूज करना चाहिए?" तो उन्होंने कहा कि यह आपको अपने गुरु (बाबूजी) से पूछना चाहिए।

मैंने उन्हें बताया कि उनका बहुत दिनों से फोन नहीं लग रहा। फिर मेरे आग्रह पर बहना ने मुझे लाल कंबल, माला आदि का प्रयोग करने के अलावा साधना में जोड़ने के लिए कुछ और तरीके भी बता दिए।

मुझे अब बढ़िया लगने लगा था। लाल कंबल, लाल कपड़ा, माला! मुझे लगा कि शायद असली ध्यान-साधना अब शुरू हुई है। करीब दो महीने मैं बाबूजी की बताई ध्यान-विधि के साथ बहना के बताए तरीकों की खिचड़ी बनाकर ध्यान करता रहा।

बहना मुझे लगभग रोजाना फोन करके मुझसे मेरे ध्यान के अनुभव पूछतीं। मैं उन्हें बताता। तो वह आगे के लिए सलाह देतीं। सब अच्छा चल रहा था। मैं बीच-बीच में बाबूजी का फोन भी ट्राई करता रहता था। सोचता था कि जब बाबूजी को बताऊँगा तो वे खुश हो जाएँगे।

फिर एक दिन बाबूजी का ही फोन आ गया। उन्होंने बताया कि वे मुझसे मिलने दिल्ली आ रहे हैं।

मेरे लिए यह खुशी की बात थी। मैंने उन्हें बहना के बारे में बताने के अलावा लाल कंबल के आसन की बात भी बता दी। लेकिन बाबूजी ने उस वक्त कोई प्रतिक्रिया नहीं दी। सिर्फ इतना ही कहा, "आपसे मिलकर बात करते हैं।"

वे दिल्ली आए। बाबूजी को गुस्सा करते मैंने कभी नहीं देखा। लेकिन उस दिन उनका लहजा थोड़ा सख्त-सा था। कुछ दुःखी स्वर में बोले, "मैं आपको बगुले की भाँति आकाश से डायरेक्ट पेड़ पर उतरकर सीधे फल खाना सिखा रहा था और आप गिलहरी जैसे नीचे से पेड़ पर चढ़ने लगे!"

मैं समझ गया कि उनका इशारा कहाँ है! वे बहना की बात कर रहे थे। मैंने सफाई देने की कोशिश करते हुए कहा, "आपसे काफी समय से संपर्क नहीं हो पा रहा था। मुझे लगा कि सभी मार्ग जाते तो एक ही मंजिल पर हैं, तो मैं जिज्ञासावश बहना से उनका मार्ग जानने का प्रयास कर रहा था।" मैंने आगे जोड़ा, "लेकिन बाबूजी, मैंने आपकी बताई विधि से साधना नहीं छोड़ी है। वह मैं अब भी रोज करता हूँ।"

अब वे थोड़ा शांत हो गए थे। समझानेवाले लहजे में वे बोले, "अगर आपको तेज प्यास लगी हो और थोड़ी देर पानी न मिले तो क्या कैरोसिन पिया जा सकता है?"

मुझे अपनी गलती का अहसास हो चुका था। मैंने मार्ग भटकने जैसी भूल की थी। मेरी भूल को बाबूजी ने यह कहकर और स्पष्ट किया, "मार्ग कोई भी अच्छा या बुरा नहीं होता। पर हम कहीं जाने के लिए जो मार्ग चुनते हैं, उसे बार-बार बदलने से मंजिल दूर हो जाती है। इसलिए साधना के लिए जो मार्ग चुनें, उसी पर फोकस करके अभ्यास करते रहना चाहिए।"

इसके बाद मैंने ऐसी गलती दोबारा नहीं की। जैसा बाबूजी ने बोला, बस वही करता गया। मेरे लिए ध्यान पर बैठना फिर वैसा ही हो गया, जैसे हम नहाते हैं या अन्य काम करते हैं।

काफी समय और गुजरा। पर अब कोई कौतूहल नहीं था। बस इसी के बाद मेरे साथ ध्यान घटित होने लगा। सही पढ़ा आपने। ध्यान कोई ऐसी क्रिया नहीं होती, जिसे हम खुद कर सकें। हम जब कुछ भी करना बंद कर देते हैं, तब मन पूरी तरह शांत होने लगता है। मन शांत होने पर ही ध्यान घटित होता है।

उसके बाद अगले कुछ समय में एक और बात हुई। मेरे वे हजारों सवाल, जिनके उत्तर मुझे किसी ने नहीं दिए, मुझे ध्यान की अवस्था में स्वयं ही अपने भीतर से वे सारे उत्तर मिलने लगे। और जो उत्तर मुझे मिलते थे, उनके सही या गलत होने की कोई दुविधा भी मेरे भीतर नहीं होती थी। यह तभी होता है, जब हम उत्तर से पूरी तरह संतुष्ट हों। तब सारी शंकाएँ समाप्त हो जाती हैं।

अब कोई सवाल नहीं बचा था। बस यही खुद में सवाल था कि बगैर किसी से उत्तर जाने, मुझे मेरे सारे सवालों के जवाब कैसे मिल गए? अगली बार जब बाबूजी से मिला तो मैंने उनसे बस इतना ही पूछा कि 'यह कैसे संभव हुआ?'

बाबूजी ने बताया, "गुरु का अपने शिष्य से सदैव संबंध जुड़ा होता है। वह पहले शिष्य को तराशता है, परखता है, फिर सही समय आने पर उसे वह सब दे देता है, जिसका वह पात्र है। इसके लिए बोलकर प्रश्नों के उत्तर देने की जरूरत नहीं होती। अगर मैं आपको कुछ बताता हूँ तो वह मेरी बात होगी। वह आपका अपना अनुभव नहीं होगा। और गुरु तो वही है, जो अपने शिष्य को उसके अपने पैरों पर खड़ा कर दे।"

मेरे आँसू बहने लगे। मैंने उनके पाँव पकड़ लिये। मैंने उनसे पूछा, "मुझे आदेश कीजिए कि मुझे अब आगे क्या करना है?" बाबूजी बोले, "आपको कुछ नहीं करना, जो बाबा करवाना चाहेंगे, आपसे करवा लेंगे।"

मेरी ध्यान की साधना जारी रही। अब महीनों गुजर जाते हैं, मेरी बाबूजी से बात ही नहीं होती। बात या मुलाकात तो उनसे की जाती है, जो दूर होते हैं। मुझे तो

अब लगता ही नहीं कि बाबा या बाबूजी एक पल को भी मुझसे अलग होते हों या मैं उनसे अलग होता हूँ! वे सदैव मेरे साथ ही होते हैं। 15–16 साल गुजर चुके हैं।

जैसे–जैसे मैं साँस पर ध्यान गहरा करता गया, मुझे साँस के दौरान घटित होनेवाली सूक्ष्म क्रियाओं का अनुभव होता गया। बाबूजी ने तो बस इतना ही कहा था कि सिर्फ साँस पर ध्यान केंद्रित करना है और कुछ भी नहीं करना। ध्यान हुआ तो साँस में ही सबकुछ छिपा पाया। एक के बाद एक रहस्य खुलने लगे।

एक संत और मिले, जिन्होंने मुझे साँसों के विज्ञान की जानकारी दी। मैंने उसका भी अभ्यास किया। साँस में छिपे रहस्यों और हमारे मन के विषय में जितनी भी जानकारी मुझे हुई, जिस माध्यम से भी हुई, उसे अपने बाबा 'खप्ती महाराज' और बाबूजी के चरणों में समर्पित करते हुए, इस पुस्तक के माध्यम से आपको प्रस्तुत कर रहा हूँ। इस पुस्तक में 'शिव स्वरोदय' शास्त्र के कुछ संस्कृत के श्लोकों का शास्त्र की प्रामाणिकता के लिए संदर्भ के रूप में प्रयोग किया गया है। शास्त्र के रचयिताओं को भी नमन!

संक्षिप्त पुनरावलोकन (Recap)

√ कोई बाबा हाथ से भभूत निकालता है तो कोई सोने की चेन निकालकर भक्तों को देता है। लोग इसे चमत्कार समझने की भूल करने लगते हैं, जबकि यह काम तो जादूगर और बढ़िया कर लेता है। ऐसे बाबाओं और सच्चे संत के बीच फर्क कैसे करें? हम कैसे पहचानें?

√ सच्चे गुरु की पहचान हम कर ही नहीं सकते। सोचिए, अगर कोई सच्चे संत की पहचान करने में सक्षम है तो वह तो उससे भी बड़ा संत खुद हो गया``वह परीक्षक हो गया तो उसे किसी संत की क्या जरूरत है?

√ हम संत की परीक्षा नहीं कर सकते। जो सही मायने में संत होते हैं, वे आपको अपनी अनुभूति करवा देते हैं।

√ पढ़ाई-लिखाई या भाषा आदि का असली ज्ञान से कोई वास्ता नहीं होता। कबीर अनपढ़ थे, लेकिन अध्यात्म के चरम सत्य को जिस सादगी से कबीर ने कह दिया, उसे पढ़कर लोग पी-एच.डी. करते हैं।

√ रूप-रंग, वस्त्र, वेशभूषा से भी सच्चे गुरु का कोई लेना-देना नहीं होता। यह सब तो बाहरी चीजें हैं। साधु जैसे कपड़े पहनकर कोई संत नहीं बन जाता।

√ किसी शास्त्र को रटकर उसकी बातों को सुनाने से भी कोई सच्चा गुरु नहीं हो जाता। रटने का काम तो तोते भी कर लेते हैं।

√ गुरु का अपने शिष्य से सदैव संबंध जुड़ा होता है। वह पहले शिष्य को तराशता है, परखता है, फिर सही समय आने पर उसे वह सब दे देता है, जिसका वह पात्र है।

□

अध्याय-2

साँस के गूढ़ रहस्य

हमारे जीवन में सबसे महत्त्वपूर्ण क्या है—पैसा? शोहरत? परिवार? यह सब महत्त्वपूर्ण है, पर इससे भी ज्यादा···बहुत ज्यादा महत्त्वपूर्ण हैं, हमारी साँसें। सोचकर देखिए, अगर हम 30 सेकंड भी साँस न लें तो क्या होगा? लेकिन विडंबना है कि हमारे जीवन में जो सबसे महत्त्वपूर्ण है, उसी के बारे में हमको सबसे कम जानकारी होती है। है न विचित्र बात?

आप सोच सकते हैं कि आखिर साँस में ऐसा होता ही क्या है, जिसके बारे में जाना जाए? साँस आती है, जाती है। हमें महसूस होता है कि हम साँस ले रहे हैं। आखिर और क्या है साँस में? जबकि वास्तविकता यह है कि हमारे जीवन में होनेवाली छोटी-से-छोटी प्रत्येक क्रियाओं और घटनाओं का हमारी साँस से बिल्कुल सीधा संबंध होता है।

जी हाँ! आपकी साँसों में ही छिपा होता है वह सब, जो आपको प्रभावित कर रहा होता है, आपकी जिंदगी पर अच्छे-बुरे असर डाल रहा होता है। यही है साँस का विज्ञान। जानिए क्या है यह विज्ञान और यह कैसे काम करता है?

हम क्यों नहीं जानते कि साँस क्या है?

आखिर हम साँस के बारे में कुछ क्यों नहीं जानते? क्योंकि यही एक काम है, जिसे करने के लिए हमें सोचना नहीं पड़ता। हम दिमाग का इस्तेमाल किए बगैर साँस लेते हैं। ईश्वर ने साँस चलाने की जिम्मेदारी हमें नहीं दी। अगर साँस लेने का काम भी हमको ही करना होता तो आजकल की 'बिजी लाइफ स्टाइल' में शायद हम यह भी कहते पाए जाते, 'यार, मैं काम में इतना बिजी था कि साँस लेना ही भूल गया।' या दूसरों से कहते, 'मैं बिजी हूँ, तुम मेरे लिए साँस लेते रहो।' इस काम के लिए लोग नौकर भी रख लेते। आप बाकी का हर काम दिमाग की मदद से करते

हैं। और जो काम दिमाग की मदद से किया जा सकता है, उसके बारे में जानकर, समझकर उसे बेहतर भी बनाया जा सकता है। हम बोलना सीखते हैं और उसमें सुधार कर सकते हैं। इसी तरह, चलना, दौड़ना, खाना-पीना हम सीखते हैं और उसमें सुधार कर लेते हैं। चूँकि साँस लेने के लिए हमें कुछ सोचना नहीं पड़ता··· इसके लिए दिमाग का इस्तेमाल नहीं करना पड़ता···यह काम अपने आप होता रहता है···इसलिए साँस की तरफ हमारा ध्यान ही नहीं जाता।

अगर जरा सा भी ध्यान दें तो पता चलेगा कि आपकी साँस में लगातार बदलाव हो रहा होता है। उस बदलाव के पीछे गूढ़ रहस्य छिपे हैं। लेकिन हमारे सारे काम तो साँस चलने भर से चल जाते हैं तो फालतू का झंझट कौन पाले? यह और बात है कि अगर आप इस 'फालतू के झंझट' को भी वैसे ही जान लें, सीख लें, जैसे आपने बाकी काम जाने और सीखे तो आप बड़ी आसानी से अपनी जिंदगी के तमाम झंझटों को पैदा होने से पहले ही रोक सकते हैं।

हमारे वेदों के समय से साँसों के विज्ञान, उसके प्रयोग की कला के शास्त्र और जानकार रहे हैं। लेकिन हजारों सालों के अंतराल, तत्कालीन संस्कृत भाषा की जटिलता और किसी दूसरे को न बताने के स्वार्थ के चलते यह विज्ञान लुप्त-सा हो गया है। इसलिए साँस के विज्ञान से 99.99 प्रतिशत लोग अनजान ही रह जाते हैं। इस विषय के आज जो शास्त्र बचे भी हैं, वह किसी बुलंद इमारत के खँडहर के समान हैं, जो या तो आधे-अधूरे हैं, जिन्हें पूरा करने के लिए मिलावट कर दी गई है या उनमें वर्णित बातें वक्त के बदलाव के साथ अर्थहीन लगती हैं।

इसके बावजूद इस विज्ञान की इतनी धरोहर आज भी बची है, जिसे अगर हम आज के दौर के हिसाब से भी जान लें तो वह किसी अनमोल खजाने से कम नहीं। विज्ञान कभी एक जगह नहीं रुकता। विज्ञान आज जो खोज करता है, कल उसी को पुरानी बात कहकर आगे निकल जाता है। लेकिन विज्ञान के बुनियादी सिद्धांत वही रहते हैं। चूँकि हम साँस के विज्ञान की बात कर रहे हैं तो सिर्फ उन्हीं बातों का उल्लेख करेंगे, जो कई हजार साल गुजरने के बाद भी आज भी उतनी ही प्रासंगिक और प्रामाणिक हैं।

हमारे जीवन में चाहे स्वास्थ्य हो या बिजनेस, रिश्ते हों या शत्रुता, मान-सम्मान हो या अपमान, प्रेम-संबंध हो या कलह, सबका सीधा संबंध हमारी और सामनेवाले की साँसों से जुड़ा होता है। हमें इसकी जरा भी खबर नहीं होती। अगर आपको पता हो जाए तो आप अपने जीवन में घटनेवाला बहुत-कुछ खुद बदल सकते हैं। हमारे जीवन में जो कुछ भी घट चुका है, जो घट रहा है या जो भविष्य में घटेगा, वह सब हमारी साँसों से ही संचालित होता है। इसे ज्योतिष जैसा न समझें, बल्कि यह वैज्ञानिक तरीके से काम करता है। हमारी साँसों के भीतर सूक्ष्म क्रियाएँ होती हैं, उनको सरलता से जाना जा सकता है।

यह सब न्यूटन के सिद्धांत जितना ही साइंटिफिक है। आप जो कुछ भी करते हैं, उस कार्य की गुणवत्ता और उसके परिणाम इस बात पर निर्भर करते हैं कि उस कार्य को करते समय आपकी साँस उस कार्य के लिए कितनी अनुकूल थी! उदाहरण के लिए, आप साँस की गति बहुत धीमी करके किसी पर क्रोध करके देखिए! आप कर ही नहीं सकते। क्रोध के लिए साँस की गति का तेज होना आवश्यक है। हमारे शरीर से संचालित होनेवाली हर क्रिया के पीछे सिर्फ और सिर्फ साँस का रोल होता है। अगर हम साँसों के रहस्य को जान लें और उसका अभ्यास कर लें तो हम अपने हर कार्य की गुणवत्ता को बेहतर बना सकते हैं।

यह अति प्राचीन ऋषि-मुनियों के ज्ञान और अनुभव से निकली विद्या है।

ऋषियों और आजकल के कर्मकांडी पुरोहितों में बहुत अंतर है। ऋषि–मुनि पहले रिसर्च करते थे, फिर उस पर स्वयं प्रयोग करते थे। प्रयोग सफल होने पर जो सार्थक होता था, उसे कहानी, किस्सों और काव्य के माध्यम से आमजन तक पहुँचाते थे। आजकल के ज्यादातर पंडितों–पुरोहितों की तरह वह अपनी बात किसी के ऊपर थोपते नहीं थे। हम सबकी बात नहीं कर रहे, पर आजकल ज्यादातर पंडित–पुरोहित शास्त्र को पढ़कर उसे याद कर लेने में महारत रखते हैं। उसे ज्ञान नहीं, रटी हुई जानकारी समझिए; क्योंकि वे कोई प्रयोग नहीं करते। इसलिए वे यह जानने में अकसर विफल रहते हैं कि शास्त्रों में जो लिखा है, उसके पीछे क्या संदेश छिपा है ?

यही कारण है कि पिछले कई सौ सालों में पहले जैसा कोई नया शास्त्र नहीं बन सका। आज हमारे पास सुनाने के लिए कुछ नया नहीं है। जो है, हमारे पूर्वजों की ही देन है। आज के ज्यादातर पुरोहित कथा तो सुना सकते हैं, पर उस कथा में छिपे गूढ़ रहस्यों को नहीं जानते। अगर कोई सवाल करे तो नाराज होकर उसे नास्तिक बता देते हैं। ऐसा वे अपने अज्ञान पर परदा डालने के लिए करते हैं। वे वही बता सकते हैं, जो लिखा गया था। उन्होंने लिखे को ही कंठस्थ किया होता है। चूँकि शास्त्रों में गूढ़ बातों को क्षेपक के तौर पर लिखा गया है। क्षेपक यानी छिपा कर दिया गया कोई संदेश।

ऐसे संदेशों को समझने के लिए स्वयं साधना और प्रयोग करके ही जाना जा सकता है। स्वर–शास्त्र भी ऐसा ही शास्त्र है, जिसमें बताए प्रयोगों को किए बगैर यह पल्ले नहीं पड़ता। शायद इसलिए वक्त बदलने के साथ यह ज्ञान उन पुरोहित टाइप के लोगों की पहुँच से दूर रहा, जो किसी शास्त्र को रटने और उसे सुनाने को ही 'पांडित्य' समझ लेते हैं। सही अर्थ में पांडित्य प्राप्त करने के लिए कठिन परिश्रम और साधना की जरूरत होती है, जो स्वर–शास्त्र के ज्ञाताओं ने इसे लिखने से पहले किया होगा। इसलिए जब हम उनके बताए तरीके पर प्रयोग करके देखते हैं तो इसके परिणाम आज भी वैसे ही दिखते हैं, जैसे हजारों साल पहले रहे होंगे, जब इस शास्त्र की रचना की गई।

दुर्लभ है 'साइंस ऑफ ब्रेथ' की यह विद्या

इस ज्ञान को आज के दौर में हम 'साइंस ऑफ ब्रेथ', यानी साँसों का विज्ञान कह सकते हैं। सबसे पहले भगवान् शिव ने पार्वती को इस विद्या का ज्ञान दिया था। यह विश्व के सबसे प्राचीन शास्त्रों में से एक है। चूँकि हम लगातार साँस को

'विज्ञान' शब्द के साथ जोड़कर बात कर रहे हैं तो हर बात तार्किक कसौटी पर की जानी जरूरी है। विज्ञान तर्क की भाषा ही समझता है।

ऐसे में कुछ लोग सवाल कर सकते हैं कि भगवान् शिव ने जब पार्वती को यह प्राचीन शास्त्र समझाया तो क्या इस शास्त्र का लेखक भी वहीं बैठकर उनकी बातें सुन रहा था? ऐसे सवालों को स्पष्ट करना जरूरी इसलिए भी है, ताकि ऐसी बातों में उलझकर मूल बात ही अप्रामाणिक न लगने लगे। पहले जो कुछ भी लिखा जाता था, वह दो लोगों के बीच संवाद की शैली में लिखा गया था। उस वक्त यही चलन था। हमारे कुछ उपनिषद् भी इसी तरह नारद और सनत ऋषि के बीच संवाद की शैली में लिखे गए हैं। इस शैली में एक पात्र जिज्ञासु होकर प्रश्न करता है और दूसरा उस प्रश्न का उत्तर देता है।

उस वक्त ज्ञान को दूसरों तक पहुँचाने के लिए लिखने की ऐसी ही शैली का प्रयोग किया गया था। चूँकि उस वक्त के हमारे ऋषि-मुनि अपने नाम की 'बाई लाइन' जैसे यश के भूखे नहीं थे। उनके भीतर तो सिर्फ करुणा और जनकल्याण की भावना होती थी। इसलिए वे ज्ञान को देवी-देवताओं को, उन्हीं के नाम पर समर्पित करके आगे की पीढ़ी के लिए शास्त्र के तौर पर लिखकर छोड़ जाते थे।

इसे दुर्भाग्य ही कहेंगे कि इतनी प्राचीन यह विद्या आज लुप्त-सी हो गई। एक तो इसके जानकार ही बेहद सीमित लोग बचे, जो बचे, उनमें भी बहुत से लोगों ने स्वार्थवश इसको अपनी जानकारी तक सीमित रखा। जिन्होंने इसको शेयर करके शिष्यों को दिया भी, तो उन शिष्यों में भी गिने-चुने लोगों ने ही इसका अभ्यास किया। इसे शुरू से ही गुप्त रखा गया। इसका अंदाजा इसके शुरुआती श्लोक से ही लगा सकते हैं, जिसमें भगवान् शिव स्वरज्ञान के महत्त्व के बारे में पार्वती से कहते हैं—

स्वरज्ञानात्परं गुह्यम् स्वरज्ञनात्परं धनम्।
स्वरज्ञानत्परं ज्ञानं नवा दृष्टं नवा श्रुतम्॥

स्वर (साँस में होती सूक्ष्म क्रिया) के ज्ञान से बढ़कर कोई गोपनीय ज्ञान, स्वरज्ञान से बढ़कर कोई धन और स्वरज्ञान से बड़ा कोई दूसरा ज्ञान न देखा गया और न ही सुना गया है।

इस गोपनीयता के कारण मूल ग्रंथ के मूल रहस्य दुर्लभ होते चले गए। यह शास्त्र ही लुप्त होता चला गया। लुप्त न भी होता तो भी जैसाकि हम पहले भी बता चुके हैं कि किसी पुस्तक को पढ़ने या रटने से ज्ञान नहीं मिलता। उसको जानने के लिए उसमें बताई बातों पर अमल और उसका अभ्यास ही एकमात्र जरिया है।

अगर किसी ग्रंथ को पढ़ने या कंठस्थ करने मात्र से किसी को ज्ञान या ईश्वर

की प्राप्ति हो जाती तो गीता, बाइबल, कुरान आदि को रट मारनेवाले सभी को प्राप्ति हो चुकी होती। अगर किसी को स्वीमिंग सीखनी हो और वह स्वीमिंग के संबंध में दुनिया की सारी पुस्तकें रट डाले तो क्या वह स्वीमिंग सीख सकता है? इसके लिए उसे स्वीमिंग पूल या किसी नदी-तालाब में ही उतरना होगा और अभ्यास करना होगा, वह भी किसी स्वीमिंग जाननेवाले के साथ, अन्यथा नुकसान का जोखिम है।

गुरु बिन ज्ञान नहीं! जितनी सच यह बात है, उतना ही सच यह भी है कि आजकल जिधर देखो, उधर फ्रॉड टाइप के गुरुओं की भीड़ देखने को मिल जाती है। तो फिर गुरु मिले कैसे? आध्यात्मिक गुरु के विषय में भी गुरुगीता में बहुत स्पष्ट बताया गया है कि आपको गुरु की खोज नहीं करनी। सच्चा गुरु अपने लिए सच्चा शिष्य खोज ही लेता है। वैसे भी हम गुरु खोज कैसे सकते हैं? अगर हमको इतनी समझ हो कि हम गुरु की पहचान करने में समर्थ हो जाएँ, तो गुरु से ज्यादा समझदार तो हम खुद ही हो जाते! अगर किसी में इतनी सामर्थ्य होती तो हमें गुरु की आवश्यकता ही क्या थी?

मैथ, साइंस या किसी विषय को सीखने का इच्छुक छात्र उस विषय के शिक्षक का आकलन कैसे कर सकता है? हाँ, वह दूसरों के मुँह से सुनकर या कहीं पढ़कर यह जान सकता है कि वह वाला शिक्षक बहुत अच्छा है या बेकार है! लेकिन याद रहे, दूसरों से सुनी बातों या दूसरों के लिखे को पढ़कर जो जाना जाता है, उसे हम अपना ज्ञान नहीं कह सकते। वह तो बस उधार की जानकारी भर है, जो सही भी हो सकती है और गलत भी। हममें से ज्यादातर लोग जानकारी को ही ज्ञान समझने की भूल करते हैं। शिक्षक वह है, जो अपने अनुभव से आपको भी अनुभव करा दे। और अगर किसी विषय को आप एक बार अनुभव कर लेते हैं तो उसे आप उस विषय का ज्ञान कह सकते हैं। यानी सिर्फ पुस्तक में पढ़ने या किसी से सुनने से आपको अनुभव नहीं हो जाता।

अनहोनी को होनी कर दे

साँस ही वह साधन है, वह सीढ़ी है, जिसके द्वारा आध्यात्मिक चरम पर जाया जाता है। भगवान् शिव ने जिस स्वरज्ञान को सर्वोत्तम, सर्वश्रेष्ठ बताया है, वह भी उसी परिप्रेक्ष्य में है। लेकिन आज कितने ऐसे लोग हैं, जो जीवन का परम लक्ष्य ध्यान और समाधि मानते हैं? ऐसे लोग बहुत कम ही होते हैं। ज्यादातर तो वही लोग हैं, जो रोटी, कपड़ा और मकान जैसी जीवन की बुनियादी जरूरत में ही उलझे हैं। जीवन को बेहतर बनाने में दिन-रात परिश्रम करते हैं। तो क्या साँस का रहस्य

जानकर हम भौतिक जगत् में भी कुछ हासिल कर सकते हैं? क्या हमारे रोजमर्रा के जीवन में भी साँस कोई असर दिखा सकती है?

निश्चित तौर पर साँसों के सही प्रयोग से हम अपने जीवन के हर क्षेत्र को पहले से, अभी से और बेहतर बना सकते हैं, जिसे आप स्वयं अनुभव करके जान लेंगे। खाना, पीना, सोना, चलना, बात करना, आराम, व्यायाम, काम, क्रोध, प्रेम, घृणा, करुणा और ईर्ष्या आदि हम जो कुछ भी करते हैं, उसे करते समय हमारी साँस में बदलाव आ जाता है। साँस में हुआ बदलाव अगर अनुकूल हुआ तो उस कार्य पर अच्छा असर पड़ता है और प्रतिकूल हुआ तो उसी कार्य पर उसका बुरा असर होना निश्चित है। अगर हमको इसका ज्ञान हो तो हम प्रतिकूल परिणामों से बच सकते हैं। कोई नहीं चाहेगा कि वह जो कर रहा है, उसका वैसा परिणाम न आए, जैसा वह चाहता है।

साँस का सीधा संबंध हमारे मस्तिष्क से होता है। मस्तिष्क से ही पहले हमें विचार के रूप में कुछ करने या न करने की प्रेरणा मिलती है। हम उस कार्य को करने या न करने के लिए बुद्धि का सहारा लेते हैं। बुद्धि का संचालन भी साँस से ही हो रहा होता है, बस पल भर में एक विचार आता है। बुद्धि कहती है, कर इसे! हम अपने हाथ, पैर, मुँह, आँख, नाक और कान आदि अपनी इंद्रियों से उस काम को करने लगते हैं। इसे 'कर्म' कहते हैं। और कर्म के होते ही उसका फल आना निश्चित है। हर कोई मनवांछित फल प्राप्त करना चाहता है। बगैर जाने कि कर्म के मूल में छिपी उस वक्त की साँस भी अपना काम कर रही है, जिसका सीधा संबंध कर्म के परिणाम से जुड़ा होता है।

स्वयं अनुभव करके देखें

साँसों के भेद को आसानी से समझा जा सकता है। उसका अनुभव कर उसे जीवन में उतारना बहुत सरल क्रिया है, जिसे कोई भी आसानी से सीख सकता है। साँस लेते और छोड़ते समय हमारी साँसों में एक-एक करके पाँच तत्त्व—पृथ्वी, जल, वायु, अग्नि और आकाश प्रवाहित होते रहते हैं। कब, कौन सा तत्त्व प्रवाहित हो रहा है, इसकी अगर जानकारी रहे तो किसी भी कार्य को अनुकूल बनाया जा सकता है। दूसरे शब्दों गें, प्रतिकूल और नुकसानदायक परिस्थितियों से बचा जा सकता है। यही नहीं, बल्कि कार्य के अनुसार तत्त्व के प्रवाह को बदला भी जा सकता है। ऐसा भी नहीं कि इसको करने के लिए आपको अलग से समय निकालने की जरूरत है। एक बार बुनियादी बातें समझने के लिए निश्चित ही थोड़ा समय

और अभ्यास चाहिए, लेकिन उसके बाद आप अपनी दिनचर्या के सभी कार्य और यह अभ्यास ठीक उसी तरह एक साथ कर सकते हैं, जैसे अभी कोई काम करते हैं और साँस भी लेते हैं। बस फर्क यह होगा कि अभी आप जो काम साँस की गति, उसके तत्त्व को जाने बगैर करते हैं, फिर उसको जानकर करने लगेंगे।

अकसर हम पूरी मेहनत से कोई कर्म करके भी उसके फल से संतुष्ट नहीं होते और किस्मत को दोष देने लगते हैं। जबकि कर्म और उसके फल के बीच उस वक्त साँस में चल रहे तत्त्व की हमें कोई जानकारी ही नहीं होती। तत्त्व ही वह शक्ति है, जिससे संपूर्ण सृष्टि का निर्माण हुआ है, जिससे उसका संचालन हो रहा है। तो भला हम तत्त्व और उसके प्रभाव से कैसे अछूते रह सकते हैं?

उदाहरण के लिए, यदि आपकी साँस में अग्नि तत्त्व चल रहा है और उस वक्त आपको किसी बात पर क्रोध आ जाए तो आप अपना आपा खो देंगे और ऐसा कुछ कर बैठेंगे, जिस पर बाद में आपको ही पछतावा होगा कि उस बात पर उतना क्रोध जरूरी नहीं था। बिल्कुल यही बात यदि तब होती है, जब आपकी साँस में जल तत्त्व चल रहा हो तो आप क्रोध आने पर भी उसे नियंत्रित कर ले जाएँगे।

अगर आपकी साँस में वायु तत्त्व चल रहा है तो लाख कोशिश करके भी आपका मन उस विषय पर नहीं टिक सकता, जहाँ आप उसे टिकाना चाहते हैं। आपकी हालत बेबस जैसी होती है। पुस्तक के एक ही पैरे को बार-बार पढ़कर भी वह आपके पल्ले नहीं पड़ता। ऐसे में आप बोलते हैं कि मन नहीं लग रहा। इसी तरह हमारे सभी कार्यों में हमारी साँस और उसमें चल रहे तत्त्व अपना प्रभाव दिखाते हैं।

साँसों में तत्त्व के साथ ही साँस की गति भी जुड़ी होती है। उदाहरण के लिए, क्रोध और सेक्स के समय साँस की गति का तेज होना जरूरी है। साँस तेज हुए बगैर यह क्रियाएँ संभव ही नहीं। इसी तरह मन शांत होने के लिए साँस का अत्यंत मध्यम और धीमे चलना निश्चित है। जब भी आपका मन शांत हो तो गौर करें, आपकी साँस बहुत धीमी गति से चल रही होगी। मन की हर अवस्था का साँस की गति से सीधा संबंध होता है। जरा सोचिए, अगर मन शांत होने पर साँस का धीमा हो जाना तय है तो क्या साँस को धीमा करके मन को शांत नहीं किया जा सकता?

'लॉ ऑफ अट्रैक्शन' और साँस

आपने 'लॉ ऑफ अट्रैक्शन', यानी आकर्षण के नियम के बारे में तो सुना ही होगा। सृष्टि के इस नियम के बारे में तमाम गुरु बताते रहे हैं। लेकिन इसमें एक

खास बात छूट गई। आकर्षण के नियम के अनुसार, आप अपने विचारों और कर्मों से अपने जीवन में सकारात्मक और नकारात्मक चीजों को अपनी ओर आकर्षित कर सकते हैं।

इसका सिद्धांत यह है कि चूँकि संपूर्ण सृष्टि ऊर्जा से निर्मित है। मनुष्य भी उसी ऊर्जा का हिस्सा भर है। इसलिए जैसी ऊर्जा आप बाहर छोड़ेंगे, वही आपके पास वापस लौटेगी। हम अपने भाव और विचार से ऊर्जा छोड़ते हैं। अर्थात् आप जैसा सोचते हैं, आपके आस-पास वैसा ही घटित होने लगता है।

कई लोगों को लगता होगा कि हम सोचते तो अच्छा ही हैं, लेकिन फिर भी उनके आस-पास तो वैसा घटित नहीं होता। तो क्या यह नियम सही नहीं है? 'लॉ ऑफ अट्रैक्शन' तो बिल्कुल वैसे ही काम करता है, जैसा बताया गया है। हमारे आस-पास वही घटित होने लगता है, जैसे विचार उत्पन्न होते हैं।

फिर गड़बड़ कहाँ होती है? होता यह है कि आप दिन में 10-20 बार तो याद करके वह सोच सकते हैं, जो आप चाहते हैं। लेकिन वह कृत्रिम होगा। उससे 'लॉ ऑफ अट्रैक्शन' काम नहीं करेगा। उसके लिए विचार में प्रबल इच्छाशक्ति का होना जरूरी है, तभी आपके भीतर से लगातार वैसे विचार उठेंगे, जो आप चाहते हैं। अब सवाल है कि आखिर लगातार वैसे विचार कैसे पैदा करें?

बस, यहीं पर एक 'मिसिंग लिंक' है। वह है आपकी साँस। जी हाँ, 'लॉ ऑफ अट्रैक्शन' के पीछे भी साँस के ही रहस्य काम करते हैं। उन रहस्यों को जाने बगैर 'लॉ ऑफ अट्रैक्शन' की बात पूरी तरह समझ नहीं आती।

अब देखिए, 'लॉ ऑफ अट्रैक्शन' का संबंध हमारे सोचने से है। सोचते हम वही हैं, जो हमारे मन में विचार उठते हैं। मन अति सूक्ष्म है, उसका प्रकट रूप, यानी स्थूल रूप साँस है। जैसा मन, वैसी ही साँस होगी। जैसी साँस होगी, वैसी ही मन की स्थिति होगी।

जब साँस की गति बदल कर मन की स्थिति बदली जा सकती है, तो जाहिर सी बात है कि इससे अपने विचारों को भी नियंत्रित किया जा सकता है। अब इसे 'लॉ ऑफ अट्रैक्शन' की दृष्टि से देखें तो अपनी साँस बदलकर आप अपने विचार को भी नियंत्रित कर सकते हैं। यानी आप अपना हर दिन, यहाँ तक कि हर घंटा अपने मुताबिक बना सकते हैं।

यह कुछ साधारण से उदाहरण थे। वास्तव में साँसों के भेद बहुत व्यापक हैं। उन पर विस्तार के साथ आगे चर्चा करेंगे।

बदल सकते हैं अपना जीवन

सिर्फ कुछ घंटों में आप इस विषय में बेसिक बातें जानकर उसे अनुभव भी कर सकते हैं। और केवल 10–15 दिनों के अभ्यास से ही रोजमर्रा के कार्य, घर, दफ्तर और आपके जीवन में उसके आश्चर्यचकित करनेवाले प्रभावों को देख सकते हैं। उसका निरंतर अभ्यास आपको दक्ष बना सकता है। अपना मकसद इस अनमोल प्राचीन धरोहर को आप तक पहुँचाना भर है। इसलिए संस्कृत में लिखे श्लोकों को हमने सरल तरीके से समझाने का प्रयास किया है। अनुभव आप स्वयं करें और आकलन भी कि आपके जीवन के साँस का ज्ञान होना कितना उपयोगी है!

आपने अकसर लोगों को कहते सुना होगा कि हर कोई गिनी हुई साँस लेकर इस दुनिया में आता है, लेकिन हम बगैर किसी हिसाब के साँसों को खत्म करते रहते हैं। ध्यान ही नहीं देते हैं कि कब हम कितनी साँस खर्च कर रहे हैं? हममें से ज्यादातर लोग पूरी साँस ही नहीं लेते। छोटी–छोटी साँस लेते रहते हैं; जबकि सब जानते हैं कि साँस से ही हमें ऑक्सीजन मिलती है। हम ऐसा तभी करते हैं, जब डॉक्टर बोलता है कि पार्क में जाकर गहरी साँस लें। बहुत बार ऐसा होता है कि जो काम हम कम साँस में बेहतर कर सकते थे, हम उसमें बेहिसाब साँसें खर्च कर देते हैं। यह जानते हुए भी कि साँस ही सबकुछ है। इसी से जीवन है। साँस खत्म तो हम भी खत्म! साँस की गति जितनी कम होती है, हमारा जीवन उतना ही लंबा होता है।

लंबी आयु का रहस्य

एक स्वस्थ मनुष्य एक मिनट में 13 साँसें लेता है और उसकी औसत आयु 100 साल मानते हैं। एक खरगोश एक मिनट में 38 बार साँस लेता है, उसकी औसत आयु

8 साल होती है। इसी प्रकार बंदर एक मिनट में 32 साँसें लेता है, उसकी आयु 10 साल होती है। कुत्ता 28 साँसें, आयु 12 साल। साँप 8 साँसें, आयु 300 साल और कछुआ एक मिनट में 6 साँस लेकर 600 साल से भी अधिक जीवित रह लेता है। मनुष्य साधारण कार्य में एक मिनट में 12-13 साँसें लेता है, जबकि दौड़ने-भागने में साँसों की गति 16-18 प्रति मिनट हो जाती है।

सेक्स के दौरान मनुष्य की साँसों की गति 25-30 प्रति मिनट हो जाती है। इसलिए अत्यधिक काम में लिप्त व्यक्ति उम्र से पहले ही कमजोर हो जाता है। लेकिन इसका अर्थ यह बिल्कुल भी नहीं कि बगैर कुछ किए खाली बैठे रहने से आयु बढ़ जाती है, क्योंकि अगर हम शरीर के अंगों का इस्तेमाल नहीं करेंगे तो वे शिथिल पड़कर कमजोर हो जाएँगे। उससे बीमारी पैदा होगी। बीमार होने पर साँसों का वेग बहुत बढ़ जाता है, इसलिए व्यायाम और परिश्रम जरूरी तो है, लेकिन एक सीमा के भीतर ही। उतना ही, जिससे शरीर स्वस्थ रहे।

चीन में 165 साल के एक व्यक्ति से जब उसकी लंबी उम्र का राज पूछा गया तो वह बस दो ही बातें बोला—पहली, कि वह नाभि तक पूरी साँस लेता है और पूरी साँस बाहर छोड़ता है। दूसरी, वह अपनी रीढ़ की हड्डी को हमेशा सीधा रखता है। दरअसल, मामूली लगनेवाली यह दोनों बातें योग और प्राणायाम की दृष्टि से बेहद महत्त्वपूर्ण हैं। भारत में भी ऐसे कई संत हुए हैं, जो 250 साल तक स्वस्थ रहकर जीवित रहे।

देवराहा बाबा इसका उदाहरण हैं। भारत के पहले राष्ट्रपति डॉ. राजेंद्र प्रसाद ने उनके बारे में कहा था कि उन्होंने बचपन में देवराहा बाबा को जैसा देखा, वैसा ही तब भी पाया, जब वे स्वयं वृद्ध हो गए। डॉ. राजेंद्र प्रसाद के बाद कई राष्ट्रपति बने। समय गुजरता गया। फिर प्रधानमंत्री स्वर्गीय राजीव गांधी, विश्वनाथ प्रताप सिंह, चंद्रशेखर और अटल बिहारी बाजपेयीजी भी अपने जीवनकाल में देवराहा बाबा से मिलते रहे और उनका आशीर्वाद प्राप्त करते रहे। इधर कई पीढ़ियाँ जन्म लेकर वृद्ध होती रहीं, लेकिन देवराहा बाबा सैकड़ों साल जैसे-के-तैसे बने रहे। अभी 1990 में ही उन्होंने समाधि ली। यह किसी को भी हैरान करनेवाली बात थी कि भला उनकी इतनी लंबी दीर्घायु के पीछे रहस्य क्या है ?

रहस्य की यही जिज्ञासा लिये मेरे एक पत्रकार मित्र भी उनके पास गए। देवराहा बाबा का इंटरव्यू लेने वे वृंदावन गए थे। बाबा लकड़ी के एक ऊँचे मचान पर बैठे थे। उन पत्रकार का मकसद बस उनकी लंबी उम्र का रहस्य जानना था, जिनकी इतनी लंबी आयु की बात भारत के राष्ट्रपति से लेकर कई प्रधानमंत्री तक

कहते थे। इन पत्रकार ने बाबा से पूछा, "बाबा! आपकी इतनी दीर्घायु का रहस्य क्या है?"

देवराहा बाबा ने मुसकान के साथ जवाब दिया, "बचवा, ई कौनो बड़ी बात नाही··· कुछ और पूछ ले।" लेकिन कुछ और पूछने से तो उनकी स्टोरी नहीं बन पाती, तो उन्होंने इसी प्रश्न का उत्तर जानने के लिए बाबा से फिर आग्रह किया। तब बाबा के कुछ ऐसे शब्द थे, "अरे बचवा! दिन में चलावे चंद्र और रात चलावे सूर्य, सो योगी हुई जावे।"

सिद्ध श्री देवराहा बाबा

बाबा के इस उत्तर से उन पत्रकार के पल्ले कुछ नहीं पड़ा था। बाबा के उत्तर से कोई भी चक्कर में पड़ जाता कि बाबा दिन में चंद्रमा और रात में सूर्य की उलटी बात कर रहे हैं! किसी को लग सकता है कि वे उलटा बोलना चाहते होंगे! भूलवश उनके मुँह से दिन में चंद्र और रात में सूर्य निकल गया होगा! लेकिन वे किस चंद्र और सूर्य की बात कर रहे थे, यह समझ पाना सामान्य जनों के वश की बात नहीं थी। लिहाजा उन पत्रकार महोदय ने समझने की चेष्टा तक नहीं की कि बाबा क्या बोल रहे हैं? उनकी सुई तो बाबा की लंबी उम्र का रहस्य जानने में अटकी थी। जबकि बाबा वही बता रहे थे कि उनकी आयु का रहस्य क्या है? दरअसल, जो कोई भी बाबा से उनकी लंबी उम्र के बारे में पूछता था, वे सभी को वही बोलते थे,

जो उन पत्रकार को बोला। पर वास्तव में देवराहा बाबा क्या बोल रहे थे, इस रहस्य को आप आगे जानेंगे।

यह समझ मुझे भी सालों बाद हुई, जब मेरे गुरु ने मुझे साँस पर ध्यान करने की साधना करने को कहा। कई सालों की साधना के बाद मुझे पता चला कि देवराहा बाबा किस 'सूर्य और चंद्र' को 'चलाने' की बात बोल रहे थे!

दरअसल, सूर्य और चंद्र का हमारी साँसों से इतना अटूट संबंध होता है कि आप घड़ी की सेकंड की सुई से भी उसको मिला सकते हैं। सूर्योदय से लेकर सूर्यास्त तक और चंद्रोदय से लेकर उसके अस्त होने तक उसकी गति के अनुसार ही हमारी साँसों के बीच चल रहे तत्त्वों के प्रवाह में भी बदलाव होता रहता है। बिल्कुल किसी मशीन की तरह एकदम सटीक तरीके से यह क्रम चलता रहता है। लेकिन अज्ञानवश हम अपने समय-बेसमय सोने, जागने, खाने-पीने जैसी क्रियाओं से कुदरत के उस क्रम को बिगाड़ लेते हैं। उसे सही किया जा सकता है।

मैं यहाँ स्पष्ट कर दूँ कि मैं कोई गुरु-वुरु नहीं हूँ। लेकिन मैंने पिछले 15 वर्षों से साधना, ध्यान और साँसों के इस विज्ञान का अभ्यास किया है और उससे होनेवाले प्रभाव को देखा, समझा और अनुभव किया है। उसे साझा करके यदि किसी को जीवन में लाभ मिल सकता है तो मुझे खुशी होगी। इसका किसी भी धर्म विशेष से कोई लेना-देना नहीं, क्योंकि साँस तो हम सभी लेते हैं। मेरी कामना है कि साँसों की इस दुर्लभ विद्या को अधिक-से-अधिक लोग जानें और अपने जीवन में इसका लाभ लें।

संक्षिप्त पुनरावलोकन (Recap)

√ आप जरा सा भी ध्यान दें तो पता चलेगा कि आपकी साँस में लगातार बदलाव हो रहा होता है। उस बदलाव के पीछे गूढ़ रहस्य छिपे हैं, जिन्हें जानकर हम अपने जीवन में मनचाही खुशहाली ला सकते हैं।

√ खाना, पीना, सोना, चलना, बात करना, आराम, व्यायाम, काम, क्रोध, प्रेम, घृणा, करुणा और ईर्ष्या आदि हम जो कुछ भी करते हैं, उसे करते समय हमारी साँस में बदलाव आ जाता है।

√ हमारे जीवन में जो कुछ भी घट चुका है, जो घट रहा है या जो भविष्य में घटेगा, वह सब हमारी साँसों के पीछे छिपे रहस्य से ही संचालित होता है।

√ हमारी साँसों में पाँच तत्त्व—पृथ्वी, जल, वायु, अग्नि और आकाश प्रवाहित होते रहते हैं। कब, कौन सा तत्त्व प्रवाहित हो रहा है, इसको आसानी से जानकर किसी भी कार्य को अनुकूल बनाया जा सकता है।

√ साँस की मदद से सबकुछ प्राप्त किया जा सकता है। दुनियादारी के सभी कामों से लेकर स्त्री-पुरुष संबंध हों या फिर अध्यात्म की चरम ऊँचाई, साँस की हर मामले में मुख्य भूमिका होती है।

√ जो काम हम कम साँस में बेहतर कर सकते हैं, हम उसमें बेहिसाब साँसें खर्च कर देते हैं, यह जानते हुए भी कि साँस ही सबकुछ है। साँस की गति जितनी कम होती है, हमारा जीवन उतना ही लंबा होता है।

□

अध्याय-3

क्या है स्वर विज्ञान?

स्वर विज्ञान को आसानी से समझने के लिए हमें पहले साँस और प्राण जैसे शब्दों के बारे में कुछ भेद समझना जरूरी है। भारत में किसी की मृत्यु होने पर हम कहते हैं—उसने प्राण त्याग दिए या उसके प्राण निकल गए। प्राण का अर्थ जीवन से होता है। इसीलिए साँस चलने को प्राण से जोड़कर समझा जाता है। हालाँकि, आधुनिक विज्ञान फिलहाल नहीं जान पाया है कि साँस में हवा के अतिरिक्त प्राण जैसा भी कुछ होता है। लेकिन कई शोध हुए हैं, जिसमें रहस्यमयी चीज को अनुभव किया गया है।

जर्मन के मशहूर डॉक्टर ऑफ मेडिसिन और मनोवैज्ञानिक विल्हेम रेख (Dr. Wilhelm Reich) के शोध के अनुसार, "हम साँस में सिर्फ हवा ही नहीं लेते। हवा तो साँस का आधार है, लेकिन उसके भीतर एक रहस्यमयी तत्त्व होता है। यह तत्त्व भौतिक (physical) नहीं है, जबकि हवा भौतिक है। लेकिन साँस लेते समय भौतिक हवा के भीतर भी एक और सूक्ष्म तत्त्व होता है।" विल्हेम ने इसे 'ऑर्गन एनर्जी' (Orgone Energy) का नाम दिया है। इसे ही 'वाइटल एनर्जी' कह सकते हैं, जो वस्तुतः प्राण-ऊर्जा ही है।

यानी साँस में हवा के अलावा भी कुछ होता है। भारतीय शास्त्रों में इसी को प्राण कहा गया है। यह हवा के माध्यम से प्रवाहित होनेवाली दिव्य ऊर्जा है। प्राण को सिर्फ हवा मान लेने से उसकी व्यापकता का अनुभव नहीं कर सकते। जबकि इसे अनुभव किया जा सकता है। जब भी आप किसी बीमार इनसान के पास या अस्पताल में जाते हैं, तब अनुभव करें तो पाएँगे कि जैसे आपके भीतर से कुछ कम हो रहा है। आपके भीतर से कुछ चूसा जा रहा है।

ऐसा क्यों अनुभव होता है ? क्योंकि बीमार इनसान को अधिक प्राण-ऊर्जा की आवश्यकता होती है। वह उसे आस-पास के लोगों के हिस्से की प्राण-ऊर्जा से भी

लेता है। इसलिए अस्पताल जैसी जगह पर आप जल्दी थका हुआ अनुभव करते हैं। ऐसे ही हमें भीड़ में भी घुटन महसूस होती है। उसका कारण भी दूसरों द्वारा आपकी ऊर्जा का छीना जाना ही होता है। जब आप एकांत में होते हैं तो आपको वह घुटन नहीं होती, आप सुकून अनुभव करते हैं। इसी प्रकार जब आप किसी ऊर्जावान् व्यक्ति से मिलते हैं तो आपको अपने भीतर भी ऊर्जा का अधिक संचार अनुभव होता है। जो लोग एक–दूसरे को बहुत पसंद करते हैं, खासकर स्त्री–पुरुष, उनके बीच आपस में इसी प्राण–ऊर्जा का आदान–प्रदान होता रहता है। उनकी परस्पर पसंद का मूलतः यही अदृश्य कारण होता है। जबकि अगर किसी व्यक्ति से आपको विपरीत ऊर्जा प्राप्त होती है तो ऐसे लोगों के करीब जाने में भी अकारण ही आप घुटन या चिढ़ महसूस करने लगते हैं।

जापान की मशहूर रेकी जैसी कई विद्या हैं, जिसमें प्राण–शक्ति से दूसरों को ठीक किया जाता है। भारत में तो हजारों वर्ष से प्राण पर प्रयोग किए जाते रहे हैं। प्राणायाम को ही लें, इसका अर्थ ही है—अपने प्राण को दूसरे आयाम से जोड़ना या दूसरे आयामों से प्राण–शक्ति लेना। भारत में माता–पिता, गुरुजन आदि के पैर छूकर आशीर्वाद लिया जाता है। इसके पीछे भी वस्तुतः हम सकारात्मक ऊर्जा ही प्राप्त करते हैं। शरीर में हाथ–पैर की उँगलियों से ऊर्जा का प्रवाह होता है।

जब हम श्रद्धा से अपने हाथ से किसी के पाँव छूते हैं तो ऊर्जा का एक भाग वहाँ से मिलता है, जबकि उसकी ऊर्जा का दूसरा भाग वह व्यक्ति अपना हाथ हमारे सिर पर रख कर दे रहा होता है। इस प्रकार ठीक विद्युत् तरंगों की तरह ऊर्जा का पूरा पथ बन जाता है। इसीलिए पहुँचे हुए सिद्ध पुरुष आसानी से किसी को अपने पाँव नहीं छूने देते। कोई उनके पाँव छुए भी, तो वे अपना हाथ उसके सिर पर नहीं रखते, बल्कि दूर से ही आशीर्वाद देते हैं। इसका कारण यह नहीं कि वे किसी को अपनी ऊर्जा देना नहीं चाहते, बल्कि वास्तविक कारण यह है कि ऐसे सिद्ध जनों के भीतर ऊर्जा की जो गुणवत्ता होती है, वह जितनी मात्रा में होती है, उसे सामान्य जन बरदाश्त तक नहीं कर सकते इसलिए वे दूर से ही आशीर्वाद देते हैं।

शुरू में हमने जिन देवराहा बाबा का उल्लेख किया है, वे तो किसी के भी सिर पर हाथ नहीं रखते थे। वे हमेशा लकड़ी के ऊँचे मचान पर अकेले रहते थे। अगर वे किसी से प्रसन्न होते तो मचान से ही वे अपना पाँव लटकाकर उसके सिर पर रख देते थे। उनका पाँव अपने सिर पर रखवाने की कोशिश तो भारत के कई प्रधानमंत्रियों ने की, लेकिन यह सौभाग्य विरले को ही मिला था। इस सबसे भारत

में माता-पिता और गुरुजनों के चरणों में अपना सिर रखने की परंपरा के पीछे के वास्तविक कारण का अंदाजा लगाया जा सकता है।

भारतीय अध्यात्म, खासकर तंत्र में प्राण-ऊर्जा के ऐसे हजारों प्रयोग हैं। लेकिन प्राण-ऊर्जा के बारे में विज्ञान की खोज अभी भी बाकी है। विज्ञान किसी भी चीज को खोज पूरी हुए बिना नहीं मानता। लेकिन इसका यह अर्थ नहीं कि प्राण हवा से ज्यादा कुछ नहीं होता। इसका अर्थ यह हुआ कि विज्ञान के लिए प्राण की दिशा में डॉ. विल्हेम रेख से आगे की खोज का काम अभी लंबित है।

यह सब लिखने का कारण सबसे पहले यह स्पष्ट करना है कि स्वर-विज्ञान में साँस का अर्थ प्राण-ऊर्जा से है।

हमारे शरीर में यह कैसे काम करता है

जब हम साँस लेते हैं तो हमारी नाक से भीतर जाकर शरीर के जिन-जिन मार्गों से गुजरकर साँस वापस लौट जाती है, उसको 'नाड़ी' कहते हैं। स्वर-शास्त्र के अनुसार हमारे शरीर में 7,200 नाड़ी होती हैं। यह नस या नर्व नहीं होतीं, बल्कि यह हमारे शरीर में प्राणवायु को संचालित करने का मार्ग होती हैं। इसलिए किसी एक्स-रे या एम.आर.आई. जैसे टेस्ट से इनको देखा नहीं जा सकता। क्योंकि वायु दिखाई नहीं देती। 'स्वर-शास्त्र' में भगवान् शिव पार्वती को इन नाड़ियों के बारे में कुछ इस तरह बताते हैं—

देहमध्ये स्थिता नाड्यो बहुरूपाः सुविस्तरात्।
ज्ञातव्याश्च बुधैर्नित्यं स्वदेहज्ञानहेतवे॥

मनुष्य के शरीर में अनेक नाड़ियों का जाल बिछा हुआ है। अपने शरीर को अच्छी तरह जानने के लिए बुद्धिमान लोगों को इनके विषय में अवश्य जानना चाहिए।

(हम अब और संस्कृत के श्लोक नहीं दे रहे। श्लोक और फिर उसका हिंदी भावार्थ लिखा जाए तो पढ़ने में तारतम्यता टूट जाती है। इससे विषय समझने में कठिनाई होगी। जबकि इस पुस्तक को लिखने का उद्देश्य ही यही है कि प्राचीन शास्त्र की जटिल भाषा को सरल ढंग से सभी लोगों, खासकर युवाओं तक पहुँचाया जाए और आप बगैर बोर हुए महत्त्वपूर्ण बातों को जानकर उसका लाभ ले सकें। इसलिए आगे हम श्लोक का प्रयोग तभी करेंगे, जब ऐसा करना आवश्यक हो।)

ये नाड़ियाँ हमारे शरीर के नाभिकेंद्र में अंकुर की तरह निकलकर पूरे शरीर में व्यवस्थित ढंग से फैली हुई हैं। इन नाड़ियों में सर्पाकार कुंडलिनी शक्ति सोई

(निष्क्रिय) हुई होती है। दस नाड़ियाँ नाभि से ऊपर की ओर जाती हैं और दस नीचे की ओर। दो-दो नाड़ियाँ शरीर के दोनों ओर तिरछी गई हैं। इस प्रकार कुल 24 मुख्य नाड़ी हैं। लेकिन इनमें दस नाड़ियाँ और भी महत्त्वपूर्ण हैं, जिनसे होकर दस प्राणवायु (इसके बारे में हम आगे चर्चा करेंगे) हमारे शरीर में निरंतर प्रवाहित होती रहती हैं।

नाभि के ऊपर और नीचे निकलनेवाली ये नाड़ियाँ शरीर में जहाँ आपस में मिलती हैं, वहाँ ये चक्र का आकार बना लेती हैं। चक्र का नियंत्रण भी प्राणशक्ति से ही होता है। इन चौबीस नाड़ियों में दस श्रेष्ठ हैं। इनके नाम हैं—1. इड़ा, 2. पिंगला, 3. सुषुम्ना, 4. गांधारी, 5. हस्तिजिह्वा, 6. पूषा, 7. यशस्विनी, 8. अलंबुषा, 9. कुहू और 10. शंखिनी।

इसमें इड़ा नाड़ी शरीर के बाएँ भाग में, पिंगला दाहिने भाग में, मध्य भाग में सुषुम्ना, बाईं आँख में गांधारी, दाहिनी आँख में हस्तिजिह्वा, दाहिने कान में पूषा, बाएँ कान में यशस्विनी, मुँह में अलंबुषा, जननांग में कुहू और गुदा में शंखिनी नाड़ी स्थित है।

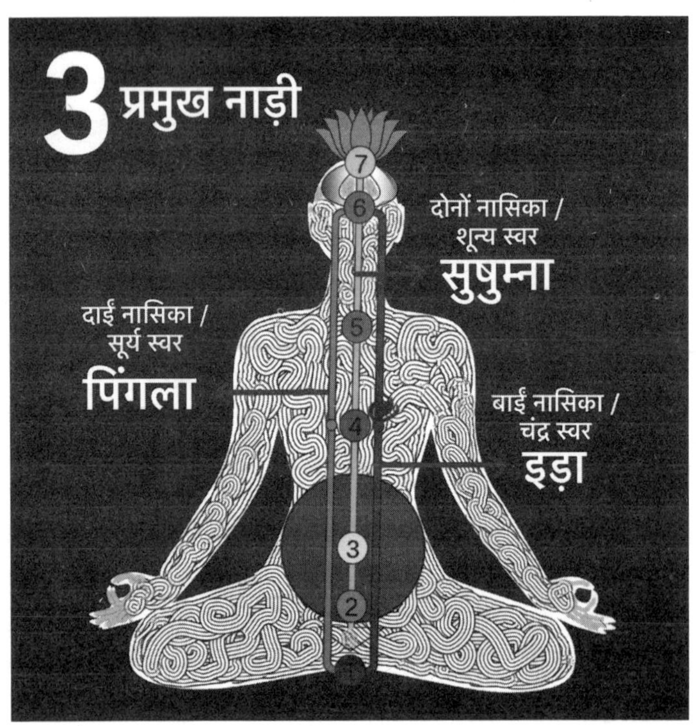

इड़ा, पिंगला और सुषुम्ना ये तीन नाड़ियाँ प्राण मार्ग में स्थित हैं। सबसे महत्त्वपूर्ण यही तीन नाड़ियाँ होती हैं। पूरा स्वर-शास्त्र इन्हीं तीन नाड़ियों पर केंद्रित है। जिसने यह समझ लिया कि यह तीन नाड़ियाँ कैसे काम करती हैं, समझिए उसने पूरा शास्त्र समझ लिया।

सबसे पहले यह जान लें कि इड़ा नाड़ी को चंद्र नाड़ी, चंद्र स्वर या बाईं नाड़ी भी कहा जाता है। इड़ा स्त्री प्रधान है, जबकि पिंगला नाड़ी को सूर्य नाड़ी, सूर्य स्वर या दाईं नाड़ी भी कहते हैं। यह पुरुष प्रधान है, इसलिए आगे की जानकारी में इन नाड़ियों के अलग-अलग नामों से भ्रमित न हों।

इड़ा, पिंगला और सुषुम्ना के रहस्य को जानने से पहले कोई यह कल्पना भी नहीं कर सकता कि इसके द्वारा दुनिया के किसी भी काम को कितने बेहतर ढंग और आसानी से किया जा सकता है। पूरे शिव स्वर-शास्त्र में यही बताया गया है। हमारी सोच ऐसी बन चुकी है, हमारी ऐसी धारणा बनी हुई है कि अगर संस्कृत में कोई श्लोक है तो वह धार्मिक ही होगा। यह सत्य नहीं है, क्योंकि इसी शास्त्र में अन्य बातों के साथ यह भी बड़ी बारीकी से बताया गया है कि स्त्री-पुरुष के संबंधों को भी कैसे बेहतर बनाया जा सकता है! और तो और, यह भी बताया गया है कि कैसे हम मनचाही संतान पैदा कर सकते हैं। और भी बहुत सी काम की बातें हैं, जो हर कोई चाहता है। उदाहरण के लिए यह श्लोक देखिए—

शत्रून्हन्यात् स्वबले तथा मित्र समागमः।
लक्ष्मीप्राप्तिः स्वरबले कीर्तिः स्वरबले सुखम्॥

स्वर की शक्ति से शत्रु पराजित हो जाता है, बिछुड़ा मित्र मिल जाता है। यहाँ तक कि माता लक्ष्मी की कृपा, यश और सुख, सबकुछ मिल जाता है।

कन्याप्राप्ति स्वरबले स्वरतो राजदर्शनम्।
स्वरेण देवतासिद्धिः स्वरेण क्षितिपो वशः॥

स्वरज्ञान द्वारा पत्नी की प्राप्ति, शासक से मुलाकात, देवताओं की सिद्धि मिल जाती है और राजा भी वश में हो जाता है।

इसके आगे के श्लोकों में स्पष्ट किया गया है कि इस परम विद्या का उद्देश्य केवल भौतिक जगत् से संबंधित उपलब्धियों तक सीमित नहीं है, बल्कि आत्म-साक्षात्कार (सेल्फ रियलाइजेशन) के लिए भी इस विद्या को स्वयं सीखना चाहिए और निष्ठापूर्वक इसका अभ्यास करना चाहिए। यानी भौतिक जगत् से लेकर अध्यात्म के चरम तक की सटीक जानकारी इस शास्त्र में दी गई है। आध्यात्मिक स्तर में तो इसे सभी शास्त्रों में सर्वश्रेष्ठ बताया गया है। देखिए यह श्लोक—

सर्वशास्त्रपुराणादि स्मृतिवेदांगपूर्वकम्।
स्वरज्ञानात्परं तत्त्वं नास्ति किंचिद्वरानने॥

भगवान् शिव पार्वती से कहते हैं—हे देवी, सभी शास्त्रों, वेदों, वेदांतों, पुराणों और स्मृतियों में बताया गया कोई ज्ञान या तत्त्व स्वरज्ञान से बढ़कर नहीं है।

इदं स्वरोदयं शास्त्रं सर्वशास्त्रोत्तमोत्तमम्।
आत्मघट प्रकाशार्थं प्रदीपकलिकोपमम्॥

(भगवान् शिव कहते हैं) सभी उत्तम शास्त्रों में स्वर-शास्त्र सर्वोत्तम है, जो हमारे आत्मारूपी घट (घर) को दीपक की ज्योति से आलोकित कर देता है।

आश्चर्य तो इस बात पर होता है कि बेहद वैज्ञानिक होने के बावजूद इतनी प्राचीन और महत्त्वपूर्ण विद्या छिपी क्यों रही? इसके पीछे दो ही वजह समझ में आती हैं। एक, इस विद्या के ज्ञानीजनों को उस काल में, जब इसका जन्म हुआ होगा, लगा होगा कि यह विद्या किसी अनाड़ी या गलत हाथों में न पड़ जाए। इसलिए इसे गुप्त रखा गया। दूसरी वजह यह भी हो सकती है कि स्वार्थवश इसे गुप्त रखा गया कि अगर इसे हर कोई जान गया तो 'पंडित' (ज्ञानी) का महत्त्व क्या रहेगा? इन दोनों में पहली वजह की संभावना ज्यादा लगती है, क्योंकि इस शास्त्र की शुरुआत में ही भगवान् शिव पार्वती को यह बताते हैं कि स्वरज्ञान की जानकारी किसको देनी चाहिए और किसे बिल्कुल नहीं देनी चाहिए। एक नजर डालिए इन श्लोकों पर—

शांते शुद्धे सदाचारे गुरुभक्त्यैकमानसे।
दृढ़चित्ते कृतज्ञे च देयं चैव स्वरोदयम्॥

(हे देवी) जिस व्यक्ति का स्वभाव शांत हो गया हो, जिसका चित्त शुद्ध हो, जो सदाचारी हो, अपने गुरु के प्रति एकनिष्ठ हो, जिसका निश्चय दृढ़ हो, ऐसे अच्छे आचरणवाले व्यक्ति को स्वरज्ञान की दीक्षा देनी चाहिए। ऐसा व्यक्ति स्वरज्ञान का अधिकारी होता है।

दुष्टे च दुर्जने क्रुद्धे नास्तिके गुरुतल्पगे।
हीनसत्त्वेदुराचारे स्वरज्ञानं न दीयते॥

दुष्ट, दुर्जन, क्रोधी, नास्तिक, कामुक, सत्त्वहीन और दुराचारी को स्वरज्ञान की दीक्षा कभी नहीं देनी चाहिए।

इन श्लोकों से ग्रंथ के रचयिता की चिंता साफ झलकती है, जो इस गोपनीय ज्ञान के अयोग्य हाथों में जाने को लेकर थी। यह भी स्पष्ट होता है कि योग्य शिष्य के सिवा इस विद्या को गुप्त रखा गया। ग्रंथ की शुरुआत में ही कई बार बताया गया है कि इससे ज्यादा गोपनीय और कोई ज्ञान नहीं है। और इसे गोपनीय रखने

के लिए जो काम किया गया, उसने इस शास्त्र को बहुत गूढ़ बना दिया। इसके रचयिता इसे लिपिबद्ध भी करना चाहते थे और गुप्त भी बनाए रखना चाहते थे। मकसद यह था कि इसे सिर्फ वही जाने, जो वास्तव में इस ज्ञान का पात्र हो। और लिखने में यह कैसे संभव हो ? इसके लिए गजब तरीका ढूँढ़ा गया। किया यह गया कि अति महत्त्वपूर्ण बातों को कुछ इस तरह लिखा गया, जैसे 20 वाक्यों में पहला वाक्य पेज 5 पर लिख दिया, फिर उसके आगे का वाक्य पेज 59 पर, फिर उसके आगे का पेज 9 पर, फिर उसके आगे का वाक्य पेज 187 पर। अब कल्पना कीजिए कि इस तरह लिखी गई किसी बात को समझना कितना जटिल काम है ! सिर्फ वही सफल हो सकता है, जो वास्तव में जिज्ञासु हो, जो निष्ठापूर्वक ग्रंथ को बार-बार पढ़कर उन गुत्थियों को सुलझाने का प्रयास करे।

जाहिर है, जो इतना जिज्ञासु होगा, वह उसे जानने का पात्र ही होगा। बाकी तो किसी के पल्ले ही नहीं पड़ेगा कि लिखनेवाला बताना क्या चाहता है ? कई को तो लिखनेवाला मूर्ख भी लग सकता है। किसी को यह भी लग सकता है कि वह जो पढ़ रहा है, वह अधूरा है। बस कुछ ही लोग सोच सकते हैं कि ग्रंथ के रचयिता ने जानबूझकर गोपनीयता के कारण ऐसा किया होगा।

समय के लंबे अंतराल में भाषा में भी बदलाव हो जाता है। आज इस शास्त्र को पढ़ें, तो अवंति क्रम सही न होने के कारण वाक्य का अन्वय भी सही नहीं लगता। यानी वाक्य शुद्ध नहीं लगते। इस वजह से भी इसको समझना मुश्किल हो जाता है। इस चक्कर में गड़बड़ यह हुई कि आसानी से समझाई जा सकनेवाली बात भी बेहद जटिल हो गई। हो सकता है कि इस शास्त्र को पढ़ने की कोशिश करनेवाले कुछ भाइयों ने इसे पवित्र ग्रंथ की तरह किसी लाल-पीले कपड़े में बाँधकर रख दिया हो और कभी-कभार उसे माथे से लगा लेते हों।

इस ग्रंथ में कुल 364 श्लोक हैं। उनमें इस तरह आगे-पीछे करके बात बताई गई है कि कहीं-कहीं तो इनसान सिर धुनने लग सकता है। आसान सी बात को भी अबूझ पहेली जैसा बना दिया गया है। आप लकी हैं कि आपको सिर धुनने की जरूरत नहीं है। आपके एवज में यह काम हमने खूब किया।

इन्हीं सब कारणों से हजारों साल के अंतराल में यह ज्ञान लुप्त होता गया। लेकिन उच्च कोटि के साधु-संत आज भी स्वर साधना ही करते हैं। यह और बात है कि वे अन्य लोगों को नहीं बताते कि किसी एकांत में यूँ ही बैठे वे कौन सी क्रिया करते रहते हैं ?

इस पुस्तक के शुरू में जिन 250 साल की आयुवाले देवराहा बाबा का जिक्र

किया गया है, वे स्वर साधना ही करते थे। और वे दिन में जिस चंद्र और रात में जिस सूर्य को चलाने की बात कर रहे थे, वह दरअसल इड़ा और पिंगला नाड़ी की बात थी। इड़ा नाड़ी को चंद्र और पिंगला को सूर्य कहते हैं, क्योंकि इड़ा नाड़ी का सीधा संबंध चंद्रमा से और पिंगला नाड़ी का सीधा सूर्य से संबंध है। सूर्य और चंद्रमा कैसे इन नाड़ियों के माध्यम से हमारे शरीर और जीवन पर प्रभाव डालते हैं, यह हम आगे जानेंगे।

हम जब साँस लेते हैं तो एक वक्त में हमारी एक नासिका अधिक खुली होती है। हम उसी से ज्यादा साँस लेते हैं। प्रत्येक एक घंटे के बाद दूसरी नासिका चलने लगती है। हम उससे साँस लेने लगते हैं। बाईं नासिका चलने पर वह इड़ा नाड़ी का चलना कहलाता है। दाईं नासिका के चलने को पिंगला नाड़ी कहते हैं। दोनों नासिकाओं के आपस में बदलने का क्रम सदैव चलता रहता है। जब इड़ा बंद होकर पिंगला या पिंगला बंद होकर इड़ा चलने को होती है तो उसके बीच में कोई चार मिनट के लिए हमारी दोनों नासिकाओं से साँस चलती है। जब ऐसा होता है, यानी दोनों नासिकाओं से साँस आ-जा रही होती है तो उसे 'सुषुम्ना नाड़ी' कहते हैं। इसे 'संधिकाल' भी कहते हैं।

स्वर-शास्त्र के अनुसार, नाक के छिद्र से ग्रहण की जानेवाली साँस ही जीव का प्राण है। साँस को ही 'स्वर' कहा जाता है। यह सब बड़े ही सुनियोजित तरह से होता है। इसके ज्ञान मात्र से ही व्यक्ति को अनेक लाभ होने लगते हैं; और इसके लिए आपको कोई कठिन गणित, साधना, यंत्र-जाप, उपवास या कठिन तपस्या की आवश्यकता नहीं होती है। आपको केवल साँस की गति एवं दिशा की स्थिति ज्ञात करने का अभ्यास मात्र करना है। यह विद्या इतनी सरल है कि अगर थोड़ी लगन एवं आस्था से इसका अध्ययन या अभ्यास किया जाए तो जीवनपर्यंत इसके लाभ-ही-लाभ हैं। इसे करने के लिए फूल, धूपबत्ती आदि की भी कोई जरूरत नहीं होती।

बहुत से काम ऐसे होते हैं, जिन्हें आप एक साथ नहीं कर सकते। जैसे आपसे कहा जाए कि खाना खाएँ और दौड़ें तो करना मुश्किल हो जाएगा। लेकिन अगर आपसे कहें कि कार चलाइए और मोबाइल में ईयरफोन लगाकर किसी से बात भी करिए तो आप कर लेंगे। लेकिन यही काम आप तब नहीं कर सकते, जब आप कार चलाना सीख रहे हों, क्योंकि उस वक्त आपको बहुत सारी बातें याद रखनी होती हैं। कब गियर बदलना है, कब क्लच दबाना है, कब ब्रेक मारना है आदि।

इसी तरह स्वर विद्या के अभ्यास में शुरू में तो आपको ध्यान देना होता है, लेकिन कुछ ही दिनों के अभ्यास के बाद आप कोई भी कार्य करते-करते स्वर का अभ्यास भी करते रह सकते हैं। वह आपके अवचेतन मन में फीड हो जाता है और आपको हर पल खबर होती है कि कौन सी नाड़ी चल रही है।

बस देखना यह होता कि आप जो कार्य कर रहे हैं, उस वक्त आपकी नाड़ी उसके अनुकूल है या नहीं। यदि नहीं चल रही तो उस काम में अड़चन आनी ही है। स्वर-शास्त्र में इसी को शुभ और अशुभ बताया गया है। लेकिन नाड़ी को अपनी इच्छानुसार बदला भी जा सकता है। तो आप सभी कार्य अनुकूल नाड़ी में आसानी से कर सकते हैं। किस प्रकार के कार्य को करते समय कौन सी नाड़ी चलनी चाहिए और जो नाड़ी चल रही हो, जरूरत पड़ने पर उसे कैसे बदला जाता है, यह हम आगे बहुत विस्तार से बताएँगे।

संक्षिप्त पुनरावलोकन (Recap)

√ शरीर के जिन मार्गों से गुजरकर साँस वापस लौट जाती है, उसको नाड़ी कहते हैं। हमारे शरीर में 7,200 नाड़ी होती हैं। इनमें तीन नाड़ियाँ सबसे महत्त्वपूर्ण होती हैं। इनके नाम हैं—इड़ा, पिंगला और सुषुम्ना। इन तीन नाड़ियों के भेद जानकर अपने जीवन को हर प्रकार से सफल बनाया जा सकता है।

√ हम जब साँस लेते हैं तो एक वक्त में हमारी एक नासिका खुली होती है। प्रत्येक एक घंटे के बाद दूसरी नासिका चलने लगती है।

√ बाईं नासिका चलने पर इड़ा नाड़ी का चलना समझिए। दाईं नासिका के चलने को पिंगला नाड़ी कहते हैं। जब हमारी दोनों नासिकाओं से साँस आ-जा रही होती है तो उसे 'सुषुम्ना नाड़ी' कहते हैं।

√ इड़ा नाड़ी का सीधा संबंध चंद्रमा से और पिंगला नाड़ी का सीधा संबंध सूर्य से है, जो इन नाड़ियों के माध्यम से हमारे शरीर और जीवन पर सीधे प्रभाव डालते हैं।

√ आप दूसरे काम करते हुए स्वर का अभ्यास भी कर सकते हैं। आपको बस देखना यह होता है कि आप जो कार्य कर रहे हैं, क्या उस वक्त आपकी नाड़ी अनुकूल चल रही है या नहीं!

√ नाड़ी को अपनी इच्छानुसार बदला भी जा सकता है। तो आप सभी कार्य अनुकूल नाड़ी में आसानी से कर सकते हैं।

□

अध्याय-4

कैसे पहचानें नाड़ी?

हम बड़ी आसानी से नाड़ियों की पहचान कर सकते हैं कि कब, कौन सी नाड़ी सक्रिय है। इसके लिए आँख बंद करके हाथों द्वारा नाक के छिद्रों से बाहर निकलती हुई साँस को महसूस करने का प्रयास कीजिए। देखिए कि नासिका के कौन से छिद्र से साँस बाहर निकल रही है। अगर दाहिने छिद्र से साँस बाहर निकल रही है तो यह पिंगला नाड़ी होती है, जिसे 'सूर्य स्वर' भी कहते हैं। यदि साँस बाएँ छिद्र से निकल रही है तो यह इड़ा नाड़ी, 'चंद्र स्वर' होगा। यदि जब दोनों छिद्रों से समान वेग से साँस निकलती महसूस करें तो यह सुषुम्ना नाड़ी या 'शून्य स्वर' कहलाएगा। पिंगला यानी सूर्य स्वर पुरुष प्रधान है। इसके विपरीत इड़ा यानी चंद्र स्वर स्त्री प्रधान है। इड़ा नाड़ी शरीर के बाईं तरफ स्थित है तथा पिंगला नाड़ी दाहिनी ओर तथा सुषुम्ना मध्य में स्थित है।

1. शांत भाव से मन साँस पर केंद्रित करके बैठ जाएँ। अपने दाएँ हाथ को नाक के छिद्रों के पास ले जाएँ। तर्जनी उँगली नासिका छिद्रों के नीचे रखकर साँस बाहर फेंकिए। ऐसा करने पर आपको किसी एक छिद्र से साँस का अधिक स्पर्श होगा। जिस तरफ के छिद्र से साँस निकले, बस वही स्वर चल रहा है।
2. अपनी उँगली से कोई एक नासिका बंद करके साँस लें, फिर ऐसा ही नासिका के दूसरे छिद्र से करें। जिस ओर से आपको साँस लेने में आसानी हो रही है, समझिए वही स्वर चल रहा है।

ध्यान रखें कि जब स्वर बदलने की अवस्था होती है तो कुछ मिनट तक हमारी दोनों नासिकाओं से समान वेग से साँस बाहर निकलती है। जब भी ऐसा होता महसूस करें तो समझिए कि दोनों स्वर चल रहे हैं, यानी सुषुम्ना नाड़ी चल रही है। यह सिर्फ 4-5 मिनट ही चलती है। यानी इड़ा से पिंगला और पिंगला से

इड़ा के जब नाड़ी में बदलाव का समय (हर एक घंटे में) आता है, तब उसके बीच में सुषुम्ना नाड़ी चलती है। इसे और स्पष्ट कर लें। जैसे मान लीजिए कि आपकी इड़ा यानी बाईं नाड़ी चल रही है। इसको चलते हुए जब एक घंटा हो जाएगा, तब आपकी दोनों नासिका से साँस बाहर निकलने लगेगी यानी सुषुम्ना नाड़ी चलने लगेगी। सुषुम्ना 4-5 मिनट चलेगी। फिर अचानक आप पाएँगे कि आपकी दाईं यानी पिंगला नाड़ी चलने लगेगी। फिर जब उसका एक घंटा पूरा होगा, तब फिर 4-5 मिनट के लिए सुषुम्ना चलेगी। ऐसे ही एक के बाद एक करके 24 घंटे यह तीनों नाड़ियाँ चलती रहती हैं।

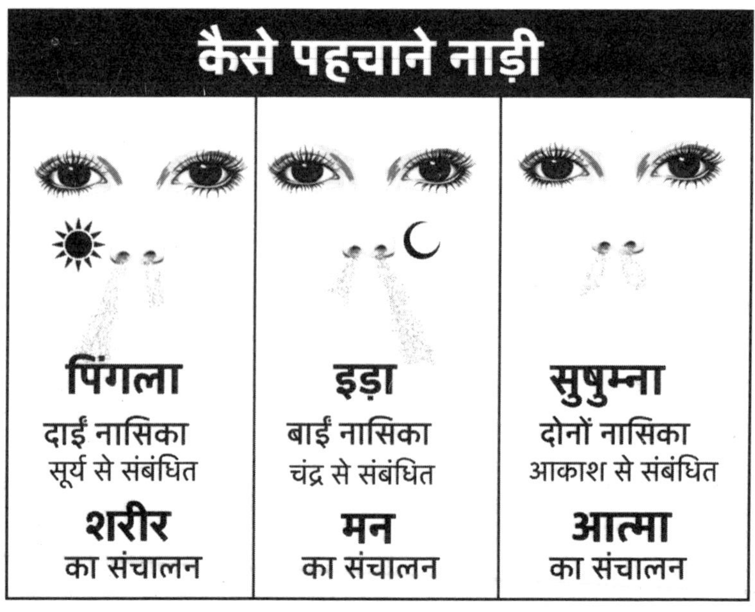

दो-चार दिन के अभ्यास के बाद आप स्वयं जानने लगेंगे कि कब, कौन सी नासिका से साँस चल रही है। आपको अपनी नासिका छिद्र के अंतिम छोर पर और होंठों के ऊपरी भाग पर अपनी साँस के स्पर्श से ही पता होने लगेगा कि कब, कौन सा स्वर चल रहा है। यह वैसे ही होने लगेगा, जैसे आप ड्राइविंग सीखने के बाद बगैर सोचे कार ड्राइव करते हैं।

प्रकृति, खासकर सूर्य और चंद्रमा के साथ हमारी नाड़ियों का सीधा कनेक्शन है। सूर्योदय से सूर्यास्त तक और चंद्रोदय से उसके समाप्त होने तक एकदम

फिक्स टाइमिंग की तरह हमारी इड़ा, पिंगला और सुषम्ना नाड़ियों में बदलाव होता रहता है। इसकी एक्यूरेसी इतनी अधिक है कि हम सूर्योदय के समय और अपनी नाड़ी का सेकंड के हिसाब से मिलान कर सकते हैं। आप हैरान हो जाएँगे कि जब हमारा जन्म होता है, उस वक्त किस हद तक सूर्य और चंद्र की कलाओं में बदलाव के साथ ठीक उसी तरह हमारी नाड़ियों में भी बदलाव देखने को मिलता है।

जैसे-जैसे हम बड़े होते जाते हैं, हमारी गलत दिनचर्या, खानपान, सोने-जागने आदि के बदलते समय के कारण हमारी नाड़ियों की टाइमिंग बदलती जाती है। कुदरत के साथ हम कटने-से लगते हैं। बस यहीं से हमारे जीवन में गड़बड़ी की शुरुआत होती है। ठीक वैसी ही हालत होती है, जैसे दो घड़ियाँ हों, जो सेकंड के हिसाब से बिल्कुल मिली हुई हों। फिर उसमें एक घड़ी (हम) खराब होकर थोड़ा स्लो या फास्ट चलने लगे। जबकि दूसरी घड़ी (सूर्य और चंद्रमा) ठीक चलती रहे। तो क्या होगा? दोनों घड़ियों के समय में बदलाव हो जाएगा। यही हमारे साथ होता है। स्वर विज्ञान इसी बिगड़ी हुई घड़ी को ठीक करने का विज्ञान है।

हम सभी जानते हैं कि स्वस्थ मनुष्य के शरीर का एक निश्चित तापमान होता है। यह तापमान बढ़ जाए तो बुखार कहलाता है और अगर कम हो जाए तो हमें कमजोरी महसूस होने लगती है। इड़ा नाड़ी का संबंध चंद्रमा से है और वह शीतल है। पिंगला नाड़ी का संबंध सूर्य से है और वह गरम है। सुषुम्ना नाड़ी का संबंध आकाश से है। वह शीतलता और गरमी के बीच संतुलन का काम करती है। जैसे किसी एयर कंडीशनर में लगा थर्मोस्सेट एक निश्चित तापमान के बाद बंद होकर हमारे कमरे में निश्चित तापमान बनाए रखता है, उसी तरह इड़ा, पिंगला और सुषुम्ना नाड़ी हमारे शरीर के तापमान को निश्चित तापमान में बनाए रखने में मदद करती हैं।

हमारे जन्म के समय प्रकृति के साथ इन नाड़ियों का क्रम किस हद तक सुव्यवस्थित होता है, उसका एक उदाहरण देखिए। (हिंदी कैलेंडर के अनुसार) कृष्ण पक्ष में प्रतिपदा को ठीक सूर्योदय के समय नवजात बच्चे के शरीर में पिंगला नाड़ी शुरू हो जाती है, जबकि शुक्ल पक्ष में प्रतिपदा को सूर्योदय के समय इड़ा नाड़ी चलनी शुरू हो जाती है। यानी जैसे ही प्रकृति से बच्चे को गरमी मिलनी शुरू हुई, उसके शरीर में इड़ा नाड़ी शीतलता देना शुरू कर देती है और पक्ष बदलने पर इसके विपरीत होने लगता है। एक स्तर तक शरीर को शीतलता मिलते ही इड़ा बंद

होकर विश्राम करने लगती है और बच्चे की पिंगला नाड़ी शुरू हो जाती है। इसके कारण शरीर में सही तापमान में प्राणवायु संचालित होती रहती है। यह सिलसिला 24 घंटे हर दिन चलता रहता है। यह इतना एक्यूरेट होता है कि जैसे ही चंद्रोदय का समय होता है, वैसे ही ऑटोमेटिकली पिंगला यानी सूर्य नाड़ी का अपने आप नंबर आ जाता है।

नवजात शिशु का हर कार्य नाड़ी के अनुकूल होता है। बच्चे को जब भूख लगती है, उस वक्त उसकी पिंगला नाड़ी चल रही होती है। वह जब पेशाब करता है तो उसकी इड़ा नाड़ी चल रही होती है। जब मल त्यागता है तो उसकी पिंगला नाड़ी चल रही होती है। जब वह किसी बात पर क्रोधित होकर रोता है, तब भी उसकी पिंगला नाड़ी चल रही होती है। सुषुम्ना नाड़ी के चलने के दौरान ही बच्चे को नींद आने लगती है। सुषुम्ना के चलने पर ही वह प्रसन्न होकर खुद ही खेलने, मुसकराने भी लगता है।

उस नई मशीन, यानी बच्चे का हर काम अनुकूल नाड़ी में ही हो रहा होता है। लेकिन उसके माता-पिता ज्यादा समय तक इस कुदरती मिलान को रहने नहीं देते। मनुष्य के अलावा करोड़ों प्राणियों के इस संसार में कोई भी दूसरा प्राणी, जीव, जंतु, जानवर अपने बच्चों को पालने के लिए ऐसा कुछ नहीं करते, जो कुदरत के विरुद्ध हो। इसलिए वह मनुष्य से ज्यादा कुदरत से जुड़े और करीब होते हैं। यह और बात है कि जानवरों या जीव-जंतुओं के शरीर में यह नाड़ियाँ भी नहीं होतीं। यह सौभाग्य सिर्फ मनुष्य को प्राप्त है, इसलिए मनुष्य सभी प्राणियों में श्रेष्ठ कहलाता है। लेकिन यह सर्वश्रेष्ठ प्राणी अज्ञानवश उसी डाल पर कुल्हाड़ी चलाने लगता है, जिस पर वह बैठा होता है और कुदरत से कट जाता है।

होता क्या है कि छोटा बच्चा कुछ बोल तो सकता नहीं, सिर्फ रो सकता है। और 3-6 माह के बच्चे के रोने के गिने-चुने ही अर्थ निकाले जाते हैं। शायद उसे भूख लगी होगी...या वह सोना चाहता है...कहीं पेशाब से गीला तो नहीं...अरे, लगता है, इसके पेट में दर्द हो रहा होगा...इसलिए रो रहा है। उसे चुप कराने के लिए उसे दूध पिलाने या सुलाने की कोशिश की जाने लगती है। अब ऐसे में मान लीजिए कि अभी-अभी ही उसकी पिंगला नाड़ी बंद होकर इड़ा नाड़ी चलनी शुरू हुई है और उसके शरीर में भोजन चला गया तो भोजन को पचाने के लिए फिर से पिंगला नाड़ी चलने लगेगी। यानी इड़ा का क्रम टूट जाएगा और इस तरह प्रकृति के साथ उसकी नाड़ी का कुदरती मिलान बिगड़ने लगेगा।

धीरे-धीरे हमारी नाड़ियों के प्राकृतिक क्रम में अवरोध उत्पन्न होने लगता है। हमारे बड़े होने तक नाड़ियों का कुदरती मिलान पूरी तरह बेतरतीब हो जाता है। भोजन के अलावा बच्चे को नाड़ी के विपरीत करवट सुलाने से भी नाड़ी का चलना बदल जाता है। आपकी जो भी नाड़ी चल रही हो, अगर आप उसी तरफ करवट लेकर लेट जाएँगे तो 5 मिनट में ही आपकी नाड़ी बदल जाएगी, यानी इड़ा चलने पर बाईं ओर करवट करके लेटने पर पिंगला चलने लगती है। इसी तरह पिंगला चलने पर दाईं ओर करवट लेने पर इड़ा चलने लगती है।

माताओं को अगर यह जानकारी नहीं है तो वे कभी भी बच्चे को किसी भी करवट सुला देती हैं। इससे नाड़ी का क्रम बिगड़ने की शुरुआत हो जाती है। बड़े होने तक हम उसको बुरी तरह बिगाड़ चुके होते हैं। हमें पता ही नहीं होता कि हम कुदरत के विपरीत जाकर इड़ा नाड़ी चलने पर भोजन करने लगते हैं, पिंगला में पेशाब करने लगते हैं। जबकि होना इसका उलटा चाहिए। इसके परिणामस्वरूप तमाम बीमारियाँ तो होती ही हैं, हमारे बाकी काम भी बिगड़ने लगते हैं।

आपमें से अनेक ने सुना होगा कि खाना खाने के बाद हमेशा पहले आधा घंटा बाईं करवट लेटना चाहिए। यह नियम इसलिए बना, क्योंकि ऐसा करने से पिंगला नाड़ी चल जाती है। पिंगला नाड़ी चलने से भोजन पचने में आसानी होती है। इसके विपरीत करने से निश्चित तौर पर अपच, कब्ज या दूसरी बीमारियों का होना तय है। इसी तरह पेशाब करते समय इड़ा नाड़ी चलने से किडनी और यौन शक्ति में कमी जैसी बीमारियाँ नहीं होतीं। आपने देखा होगा कि जनेऊ पहननेवाले लोग पेशाब करते वक्त उसे कान में लपेट लेते हैं। आजकल यह रस्म भर रह गई है। कहना मुश्किल है कि आज के दौर के कितने जनेऊधारियों को कान की उस नाड़ी का ज्ञान होगा, जिसे दबाने से इड़ा नाड़ी चलने लगती है। यह काम सिर्फ कान में जनेऊ लपेट लेने से नहीं हो जाता। इसके लिए कान की नाड़ी का ज्ञान होना भी जरूरी है।

पुराने समय के ज्ञानी जनों ने यह सब उपाय इसलिए ढूँढ़े, क्योंकि वे जानते थे कि नाड़ियों के बिगड़े क्रम को कैसे ठीक किया जाए या फिर कैसे अनुकूल नाड़ी चलाकर ही सारे काम किए जाएँ। कल्पना कीजिए कि आपकी पिंगला नाड़ी चल रही है और आपको तेज प्रेशर बना है तो क्या आप एक घंटे तक इड़ा नाड़ी चलने का इंतजार करेंगे ? इसलिए ऐसी विधि ढूँढ़ी गई कि कोई काम भी न रुके और वह नाड़ी के अनुकूल भी हो।

ऐसे ठीक करें नाड़ी

हमारी नाड़ियों का प्राकृतिक क्रम कैसा होना चाहिए? यदि किसी व्यक्ति का क्रम बिगड़ा हुआ है तो उसे सही कैसे करें? इसे ठीक से जानने के लिए सबसे पहले हिंदी के कैलेंडर को समझना जरूरी है। हर महीने में पंद्रह-पंद्रह दिन के दो पक्ष होते हैं। पंद्रह दिन चंद्रमा निकला होता है। रात में उजाला होने की वजह से उसे 'शुक्ल पक्ष' कहते हैं। पंद्रह दिन चंद्रमा नहीं होता तो रात अँधेरी होती है, इसलिए इसे 'कृष्ण पक्ष' कहते हैं। हिंदी कैलेंडर में पहली तारीख को 'प्रतिपदा' कहते हैं। दूसरी को द्वितीया, तीसरी को तृतीया, चौथी को चतुर्थी, पाँचवीं को पंचमी, छठी को षष्ठी, सातवीं को सप्तमी, आठवीं को अष्टमी, नौवीं को नवमी, दसवीं को दशमी, ग्यारहवीं को एकादशी, बारहवीं को द्वादशी, तेरहवीं को त्रियोदशी और चौदहवीं को चतुर्दशी कहते हैं। पंद्रहवीं तारीख को या तो पूर्णिमा होती है या अमावस्या। फिर पक्ष बदल जाता है और फिर से प्रतिपदा यानी पहली तारीख से शुरुआत हो जाती है।

स्वस्थ शरीर के लिए नाड़ी की आदर्श स्थिति ऐसी होनी चाहिए—शुक्ल पक्ष की प्रतिपदा को सूर्योदय के समय इड़ा नाड़ी चलनी चाहिए, जबकि कृष्ण पक्ष की प्रतिपदा को सूर्योदय के समय पिंगला नाड़ी चलनी चाहिए। जो भी नाड़ी चलेगी, वह तीन दिन चलकर बदल जाती है। यानी मान लीजिए कि आपने शुक्ल पक्ष की प्रतिपदा को सूर्योदय के समय इड़ा नाड़ी चलाई तो वह तीन दिन तक चलेगी। चौथे दिन सूर्योदय के समय बदलकर पिंगला चलने लगेगी। इसी प्रकार हर तीन दिनों में वह आगे भी बदलती रहेगी। फिर पक्ष बदलने पर जैसे ही कृष्ण पक्ष शुरू होगा तो प्रतिपदा के दिन सूर्योदय के समय अपने आप पिंगला नाड़ी चलने का नंबर आ जाएगा। यही नहीं, सूर्योदय के समय जो नाड़ी चलेगी, चंद्रोदय के समय अपने आप उसके विपरीत नाड़ी चलने लगेगी। सोचिए जरा, है ना यह कुदरत का विज्ञान! हमारी साँस का सूर्य और चंद्रमा से कैसा आश्चर्यजनक जुड़ाव है!

सूर्य के साथ नाड़ी का मिलान करके आप चौंकानेवाले सुखद नतीजे पाएँगे। आप पाएँगे कि आपको भूख लगते समय पिंगला चलने लगेगी, जब मल त्यागना है, तो भी पिंगला चलेगी। यानी आप फिर से कुदरत के साथ वैसे ही जुड़ने लगेंगे, जैसे जन्म के समय थे। कुछ माह के अभ्यास के बाद सूर्योदय के समय अपने आप आपकी अनुकूल नाड़ी चलने लगेगी। एक बार सूर्योदय के समय नाड़ी का मिलान होने पर पूरे दिन नाड़ियों का क्रम सही बना रहता है। उसके बाद आपको कभी-कभार ही मिलान करने की जरूरत पड़ेगी। वह भी तब, जब किसी अवरोध के कारण नाड़ियों का क्रम बदल जाएगा।

नाड़ी के मिलान के लिए आपको प्रतिपदा का भी इंतजार करने की जरूरत नहीं है। नीचे दिए चार्ट के अनुसार आप किसी भी तारीख को सूर्योदय के समय अपनी नाड़ी का मिलान करके उसे ठीक कर सकते हैं। जैसे कि कृष्ण पक्ष की प्रतिपदा को सूर्योदय के समय पिंगला नाड़ी चलनी चाहिए। जो हर तीन दिन के बाद बदल जाती है। तो इसे ऐसे समझ सकते हैं—

कृष्ण पक्ष की 1, 2, 3 तारीख को पिंगला नाड़ी चलनी चाहिए,

4, 5, 6 तारीख को इड़ा,

7, 8, 9 तारीख को पिंगला,

10, 11, 12 तारीख को इड़ा,

13, 14, 15 तारीख को पिंगला।

इसके बाद शुक्ल पक्ष शुरू हो जाएगा, तो शुक्ल पक्ष की प्रतिपदा को फिर तीन दिन इड़ा का नंबर आ जाएगा, यानी पक्ष बदलते ही नाड़ी का क्रम खुद विपरीत हो जाएगा। इसी तरह तीन-तीन दिन करके नाड़ी में बदलाव होता रहेगा। इस तरह इस चार्ट के आधार पर हम किसी भी दिन यह जान सकते हैं कि उस दिन सूर्योदय के समय हमारी कौन सी नाड़ी चलनी चाहिए। अगर वह अनुकूल नहीं चल रही तो उसे बदलकर सही कर सकते हैं।

कैसे बदलें नाड़ी?

नाड़ी बदलना बेहद आसान है। ऊपर दिए चार्ट से जान लें कि किस दिन किस नाड़ी का नंबर होता है। देख लें कि उस दिन सूर्योदय का सही वक्त क्या है, फिर सूर्योदय से 10 मिनट पहले जाग जाएँ और बिस्तर पर ही लेटे हुए चेक करें कि कौन सी नाड़ी चल रही है। यदि ऊपर बताए क्रम के अनुसार ठीक नाड़ी चल रही है तो जो नाड़ी चल रही है, उसके विपरीत करवट लेट जाएँ, ताकि आगे भी वही नाड़ी चलती रहे। यदि आपको नाड़ी बदलने की जरूरत है तो जो नाड़ी चल रही है, उसी ओर करवट लेकर लेट जाएँ। इससे थोड़ी देर में नाड़ी बदल जाएगी। उदाहरण के लिए, बाईं नाड़ी चलने पर यदि आप बाईं करवट ही लेट जाते हैं तो थोड़ी देर में नाड़ी बदल जाएगी। इसी प्रकार दाईं नाड़ी दाईं करवट लेटने से बदल जाती है। इस तरह आप अपनी मर्जी से नाड़ी बदल सकते हैं।

यदि आप खड़े, बैठे या चलते हुए नाड़ी बदलना चाहते हैं तो उसकी दो आसान विधि हैं। पहली, जिस ओर की नाड़ी चल रही है, उसी ओर की बगल में अपने दूसरे हाथ की मुट्ठी बाँधकर बगल को दबाकर रखने से नाड़ी बदल जाती

है। दूसरी, जो नाड़ी चल रही है, उस नासिका को उँगली से बंद कर लें और दूसरी नासिका से नाभि तक भरकर साँस लें। जब तक संभव हो, साँस को भीतर रोकें। फिर धीरे-धीरे उसी नासिका से बाहर निकाल दें। यह एक प्राणायाम हुआ। ऐसा 3-4 बार करने से नाड़ी बदल जाएगी। किसी गोल वस्तु को बगल में दबाकर रखने और कपड़ा चढ़ी रुई की गोली से नासिका को बंद करके भी यह काम किया जा सकता है। सिर्फ रुई का प्रयोग न करें, उसके रेशे साँस के साथ नाक में जाने का डर रहता है।

हजारों साल पहले जब स्वर विज्ञान का शास्त्र लिखा गया, तब घड़ी का आविष्कार नहीं हुआ था। उस वक्त दिन का हिसाब घटी से किया जाता था। 60 घटी में दिन और रात होते हैं। इस हिसाब से इड़ा और पिंगला के चलने की अवधि ढाई घटी बताई गई है। 60 घटी को दिन-रात के कुल 24 घंटों के हिसाब से जोड़ें तो ढाई घटी का एक घंटा हुआ। यानी इड़ा और पिंगला के चलने की अवधि एक-एक घंटा होती है। यह स्वस्थ शरीर का लक्षण है। यदि आपकी इड़ा अथवा पिंगला एक घंटे से काफी अधिक देर तक या बहुत कम समय ही चलती है, इसका अर्थ हुआ कि आपका नाड़ी का क्रम बिगड़ा हुआ है। इसका सीधा असर आपके स्वास्थ्य पर भी होगा, इसलिए अभ्यास से इसे सही करके स्वास्थ्य सही रखा जा सकता है।

यहाँ यह स्पष्ट कर दें कि सिर्फ कृष्ण पक्ष और शुक्ल पक्ष होने पर ही नाड़ी का स्वर नहीं बदलता। केवल सूर्य और चंद्रमा ही हमारे शरीर पर प्रभाव नहीं डालते, अन्य ग्रहों का भी प्रभाव होता है। यहाँ जो बातें कही जा रही हैं, उसका ज्योतिष से कोई लेना-देना नहीं। स्वर-शास्त्र उससे भिन्न है। आकाश में जो ग्रह हैं, उनका पृथ्वी पर प्रभाव, उनकी अपनी चाल और पृथ्वी की चाल के हिसाब से होता है। उसी हिसाब से ग्रह प्राकृतिक परिवर्तन करते हैं। हमारा शरीर भी प्रकृति का ही हिस्सा है, सो यह हमारे शरीर को भी प्रभावित करते हैं।

पृथ्वी अपनी धुरी पर घूमते हुए एक निर्धारित मार्ग से सूर्य की भी परिक्रमा करती है, इसलिए प्रकृति पर सबसे अधिक प्रभाव सूर्य का होता है। जबकि चंद्रमा सबसे नजदीक है, इसलिए दूसरे नंबर पर उसका प्रभाव पृथ्वी पर स्पष्ट दिखता है। हर पूर्णिमा के दिन समुद्र में ज्वार-भाटा आना इसका वैज्ञानिक उदाहरण है। मनुष्य के शरीर में 70 प्रतिशत पानी होता है। जाहिर है कि चंद्रमा का जो प्रभाव समुद्र पर होता है, उसका असर जल के अनुपात के हिसाब से हमारे शरीर पर भी होता है।

दुनिया भर में इस बात पर कई रिसर्च हुई हैं कि सबसे ज्यादा लोग पूर्णिमा को ही आत्महत्या करते पाए गए। इसकी वजह चंद्रमा का सीधा प्रभाव हमारे मन

पर होना है। चंद्रमा को मन का कारक कहा जाता है। व्यक्ति के मन की जो भी दशा होती है, पूर्णिमा के दिन उसका वेग बढ़ जाता है। यानी यदि आप खुश हैं तो पूर्णिमा के दिन बहुत खुश भी हो सकते हैं। दुःखी हैं तो दुःख भी बढ़ जाएगा। इससे पूर्णिमा को सबसे अधिक आत्महत्या का कारण समझा जा सकता है। अभी तक हमने सिर्फ नाड़ियों से शरीर पर पड़नेवाले प्रभाव के विषय में जाना। उससे भी महत्त्वपूर्ण वे तत्त्व हैं, जो हमारी साँस के साथ लगातार प्रवाहित होते रहते हैं। इन तत्त्वों—आकाश, पृथ्वी, अग्नि, वायु और जल का हमारी मन की अवस्था पर जबरदस्त प्रभाव पड़ता है।

संक्षिप्त पुनरावलोकन (Recap)

√ हम बड़ी आसानी से नाड़ियों की पहचान कैसे कर सकते हैं कि कब, कौन सी नाड़ी सक्रिय है।

√ नाक के छिद्रों से बाहर निकलती हुई साँस को हाथ पर स्पर्श करके महसूस करने का प्रयास कीजिए। देखिए कि नासिका के कौन से छिद्र से साँस बाहर निकलकर हाथ पर स्पर्श कर रही है।

√ अगर नाक के दाहिने छिद्र से साँस बाहर निकल रही है तो यह पिंगला नाड़ी होती है। इसे 'सूर्य स्वर' भी कहते हैं। यदि साँस बाएँ छिद्र से निकल रही है तो यह इड़ा नाड़ी या 'चंद्र स्वर' होगा।

√ यदि दोनों छिद्रों से समान वेग से साँस निकलता महसूस करें तो यह सुषुम्ना नाड़ी या 'शून्य स्वर' कहलाएगा।

√ पिंगला पुरुष प्रधान है, जबकि इड़ा स्त्री प्रधान है।

√ सूर्य और चंद्र की कलाओं में बदलाव के साथ ठीक उसी तरह नवजात बच्चों की नाड़ियों में भी बदलाव देखने को मिलता है।

√ बड़े होने पर हमारी गलत दिनचर्या, खानपान, सोने-जागने आदि के बदलते समय के कारण हमारी नाड़ियों की टाइमिंग बदलती जाती है। बस यहीं से हमारे जीवन में गड़बड़ी की शुरुआत होती है।

√ हम आसानी से प्रकृति के साथ अपनी नाड़ी का मिलान कर सकते हैं तथा स्वस्थ व सफल और खुशहाल जीवन जी सकते हैं।

□

अध्याय-5

तत्त्वों का प्रवाह और उसकी पहचान

इड़ा और पिंगला नाड़ी के एक घंटे के प्रवाह काल में पाँचों तत्त्वों—पृथ्वी, जल, अग्नि, वायु और आकाश का उदय होता है। कब, कौन सा तत्त्व प्रवाहित हो रहा है, इसकी पहचान भी आसानी से कर सकते हैं। लेकिन यह काम जल्दबाजी में न करें। पहले 3-4 दिन दाईं और बाईं नाड़ी का अनुभव करने का अभ्यास करें। उसके बाद ही उन दोनों नाड़ियों में प्रवाहित होनेवाले तत्त्वों का अनुभव करें; क्योंकि अगर आप नाड़ी का ही अनुभव नहीं करेंगे तो उसमें प्रवाहित तत्त्व तो और बारीक चीज है। हर काम के लिए प्रैक्टिस की जरूरत होती है, यह हम सभी जानते हैं। इसलिए थोड़ा सा अभ्यास जरूरी है।

हमारा शरीर उपरोक्त पाँच तत्त्वों से ही मिलकर बना है, इसलिए किसी के निधन पर कहा जाता है कि वह पंचतत्त्व में विलीन हो गया। मृत्यु होने पर शरीर को जला या दफना देते हैं या नदी आदि में बहा देते हैं। इन सभी तरीकों में शरीर का पृथ्वी तत्त्व मिट्टी यानी पृथ्वी में, प्राणवायु वायु में, जल भाप बनकर जल में, अग्नि तत्त्व अग्नि में समाहित हो जाता है। केवल आकाश तत्त्व ही बचता है, जो आकाश में मिल जाता है। आकाश का अर्थ खाली स्पेस से है। लेकिन खाली होने का अर्थ कुछ न होने से यह न समझें कि उसका कोई महत्त्व नहीं। वास्तव में खाली स्पेस का ही दुनिया में सबसे ज्यादा महत्त्व होता है।

हम घर बनाते हैं। उसमें दीवारें, दरवाजे और खिड़कियाँ होती हैं। लेकिन क्या हम उसी को घर कहते हैं? क्या हम दीवारों, दरवाजों और खिड़कियों में रहते हैं? नहीं, हम उन दीवारों के बीच खाली स्पेस में रहना पसंद करते हैं। अगर हमारे बीच खाली स्पेस न हो तो हम किसी भी ध्वनि को नहीं सुन सकते। इसलिए आकाश का सर्वाधिक महत्त्व है। जीवन का नियम है कि जो चीज जितनी महत्त्वपूर्ण होती है, वह हमें मुश्किल से और कम मात्रा में ही मिलती है। इसलिए हमारी साँस में भी सबसे कम समय आकाश तत्त्व ही चलता है।

जब भी किसी नाड़ी इड़ा या पिंगला के चलने की शुरुआत होती है तो शुरू के 4 मिनट आकाश तत्त्व चलता है। फिर 8 मिनट वायु, 12 मिनट अग्नि, 16 मिनट जल और 20 मिनट पृथ्वी तत्त्व चलता है। इस तरह एक घंटा पूरा हो जाता है और दूसरी नाड़ी चलने का नंबर आ जाता है। नाड़ी बदल जाती है और फिर आकाश तत्त्व से शुरुआत हो जाती है। इसी क्रम में हमारी नाड़ियों में सदैव पाँचों तत्त्वों का प्रवाह होता रहता है। सवाल उठता है कि हमको कैसे पता चलता है कि हमारी साँस में कब, कौन सा तत्त्व चल रहा है? किस तत्त्व का हमारे जीवन में क्या असर होता है, हम इसे कैसे जानें?

दुनिया की किसी भी विषय-वस्तु को बस 5 चीजों से जाना जा सकता है। उसका रूप, यानी वह वस्तु दिखती कैसी है? उसका रस, उसका स्वाद कैसा है? उसकी गंध, उसकी गंध कैसी है? स्पर्श, वह छूने में कैसी है? शब्द, वह सुनने में कैसा है? इन पाँच चीजों को 'पाँच तन्मात्रा' कहा ज़ाता है।

हमारी पाँच ज्ञानेंद्रियाँ होती हैं—आँख, जीभ, नाक, त्वचा और कान। हम सब जानकारी इन्हीं ज्ञानेंद्रियों से हासिल करते हैं। इन्हीं पाँच तरह से तत्त्वों का भी ज्ञान प्राप्त किया जाता है। लेकिन तत्त्व के विषय में थोड़ी-बहुत जानकारी हासिल कर लेना अलग बात है और तत्त्व का ज्ञान 'तत्त्वज्ञान' हासिल करना अलग बात; क्योंकि तत्त्वज्ञान के विषय में वेदों, उपनिषदों से लेकर स्वरज्ञान सहित तमाम शास्त्रों में कहा

गया है—"तत्त्वज्ञान से बढ़कर कोई ज्ञान नहीं। जो इसे जान लेता है, उसे कुछ और जानना बाकी नहीं रहता।" इसे और अच्छे से समझने के लिए यहाँ कुछ श्लोक में कही बातों को समझना बहुत जरूरी है। स्वर-शास्त्र की शुरुआत ही इन्हीं से होती है। माँ पार्वती प्रश्न करती हैं और भगवान् शिव उत्तर देते हैं।

माँ पार्वती भगवान् शिव से प्रश्न करती हैं—

देवदेव महादेव कृपां कृत्वा ममोपरि।
सर्वसिद्धिकरं ज्ञानं वदयस्व मम प्रभो॥
कथं ब्रह्माण्डमुत्पन्नं कथं वा परिवर्त्तते।
कथं विलीयते देव वद ब्रह्माण्डनिर्णयम्॥

हे देवाधिदेव महादेव, मुझ पर कृपा करके सभी सिद्धियों को प्रदान करनेवाला ज्ञान प्रदान कीजिए। मुझे यह बताने की कृपा करें कि यह ब्रह्मांड कैसे उत्पन्न हुआ? यह कैसे परिवर्तित होता है और यह कैसे विलीन हो जाता है? यानी प्रलय कैसे होती है?

इस प्रश्न का उत्तर देते हुए भगवान् शिव कहते हैं—

तत्त्वाद् ब्रह्माण्डमुत्पन्नं तत्त्वेन परिवर्त्तते।
तत्त्वेविलीयते देवि तत्त्वाद् ब्रह्माण्डनिर्णयः॥

हे देवी, यह ब्रह्मांड तत्त्व से उत्पन्न होता है, तत्त्व से परिवर्तित होता है, तत्त्व में ही विलीन हो जाता है और तत्त्व से ही ब्रह्मांड का निर्माण होता है, अर्थात् तत्त्व ही ब्रह्मांड का मूल कारण है। (इस प्रकार सृष्टि का अनंत क्रम चलता रहता है।)

पार्वती फिर पूछती हैं—

तत्त्वमेव परं मूलं निश्चितं तत्त्ववादिभिः।
तत्त्वस्वरूपं किं देव तत्त्वमेव प्रकाशय॥

हे देव! किस प्रकार (सृष्टि, स्थिति, संहार एवं इनके निर्णय) का मूल कारण तत्त्व हैं? तत्त्ववादियों ने उसका क्या स्वरूप बताया है? वह तत्त्व क्या है?

भगवान् शिव उत्तर देते हुए विस्तार से बताते हैं। पाठकों की सुविधा के लिए हम 4 श्लोक और उनके अर्थ को एक साथ प्रस्तुत कर रहे हैं—

निरंजनो निराकार एको देवो महेश्वरः।
तस्मादाकाशमुत्पन्नमाकाशाद्वायुसंभवः॥
वायोस्तेजस्ततश्चापस्ततः पृथ्वीसमुद्भवः।
एतानि पंचतत्त्वानि विस्तीर्णानि पंचधा॥
तेभ्यो ब्रह्माण्डमुत्पन्नं तैरेव परिवर्त्तते।
विलीयते च तत्रैव तत्रैव रमते पुनः॥

पंचतत्त्वमये देहे पंचतत्त्वानि सुन्दरि।
सूक्ष्म रूपेण वर्त्तन्ते ज्ञायन्ते तत्त्वयोगिभिः ॥

हे देवी, इस जगत् की उत्पत्ति के मूल कारण अजनमे और निराकार एकमात्र देवता महेश्वर हैं। उन्हीं देव से सबसे पहले आकाश उत्पन्न हुआ। फिर आकाश से वायु उत्पन्न हुई। वायु से अग्नि, अग्नि से जल और जल से पृथ्वी का उद्‌भव हुआ। इन पाँच प्रकार के पंच महाभूतों (पाँच तत्त्वों) ने विस्तृत होकर (समष्टि रूप से) सृष्टि की रचना की। इन्हीं पंच महाभूतों से ब्रह्मांड उत्पन्न होता है, इन्हीं पाँच तत्त्वों से परिवर्तित होता है और इन्हीं तत्त्वों में विलीन हो जाता है। इस प्रकार सृष्टि का क्रम सदैव चलता रहता है। हे सुंदरी, मनुष्य का शरीर भी इन्हीं पाँच तत्त्वों से निर्मित होता है और मनुष्य के शरीर में ये पाँचों तत्त्व सूक्ष्म रूप से सक्रिय रहते हैं, जिनसे शरीर में परिवर्तन होता रहता है। इनका पूर्ण ज्ञान तत्त्वदर्शी योगियों को ही होता है।

यहाँ तत्त्वयोगियों का अर्थ तत्त्व की साधना कर तत्त्वों के रहस्यों को जानने और प्रकाश का साक्षात्कार करनेवाले योगियों से है। मतलब यह कि तत्त्वों का पूर्ण ज्ञान तो अध्यात्म की चरम साधना से ही संभव है। अध्यात्म और साधना की बात हम आगे अलग अध्याय में करेंगे। अभी तो भौतिक जीवन में नाड़ियों के प्रभाव और नाड़ियों में प्रवाहित होनेवाले तत्त्वों को पहचानने की बात चल रही है। हम पहले बता चुके हैं कि दोनों नाड़ियों में कौन सा तत्त्व कितनी देर चलता है और उसके चलने का क्रम क्या है।

हर तत्त्व को उसके रंग (रूप), स्वाद (रस), खुशबू-बदबू (गंध), स्पर्श (छूने) और ध्वनि (शब्द) से जाना जाता है। सभी पाँचों तत्त्वों का अपना अलग रंग, स्वाद, गंध, स्पर्श और ध्वनि होती है। हम यहाँ तत्त्वों के विषय में सभी जानकारी दे रहे हैं।

सबसे पहले हम साधना से तत्त्व की पहचान की विधि बता रहे हैं। लेकिन हम दो ऐसे तरीके भी बता रहे हैं, जिसके लिए बगैर किसी साधना के भी आप साँसों में चल रहे तत्त्व को आसानी से पहचान सकते हैं।

यह तरीका है—साँसों की लंबाई को नापकर और नासिका के आखिरी छोर के पास साँस के स्पर्श से तत्त्व की पहचान कैसे करें? हम क्रम के अनुसार सारी जानकारी दे रहे हैं, जिससे आप आसानी से तत्त्व की पहचान कर सकते हैं।

देखकर तत्त्व की पहचान

स्वरयोगी परमहंस सत्यानंदजी महाराज ने ध्यान करके अभ्यास द्वारा तत्त्वों की पहचान करने की विधि बताई है। उनके बताए तरीके से षण्मुखी मुद्रा (योनि

मुद्रा) में ध्यान करके तत्त्वों की पहचान की जा सकती है। इस मुद्रा के अभ्यास में आँखों से देखकर रंगों द्वारा तत्त्वों की पहचान की जाती है। इस मुद्रा के लिए हाथ के दोनों अँगूठों से दोनों कान, मध्यमा उँगलियों से दोनों नासिका छिद्र, अनामिका और कनिष्ठिका उँगलियों से मुख और तर्जनी उँगलियों से दोनों आँखें बंद करनी चाहिए। इसे 'षण्मुखी मुद्रा' कहते हैं। नीचे मूलाधार आदि चक्रों का उल्लेख है, चक्र क्या होते हैं इसके बारे में आगे विस्तार से बताया गया है—

1. आँखें बंद कर लें। मुँह खोलकर होंठों को गोल करके आगे की ओर करें, जैसे सीटी बजाने के लिए करते हैं। इसे 'काकी मुद्रा' कहते हैं। इसी मुद्रा में मुँह से साँस लें, साँस लेते समय ऐसा अनुभव करें कि प्राण मूलाधार से आज्ञाचक्र की ओर ऊपर की ओर अग्रसर हो रहा है। जब आप साँस लेते समय मूलाधार चक्र की ओर ध्यान ले जाएँ तो देखें, जैसे-जैसे साँस भीतर जा रही है, वैसे-वैसे मूलाधार से कुछ (प्राण ऊर्जा) ऊपर की ओर बढ़ रहा है और साँस पूरी भीतर भरने तक वह ऊर्जा दोनों भौंहों के बीच आज्ञाचक्र पर आकर ठहर रही है।
2. जैसे ही आज्ञाचक्र पर ऊर्जा अनुभव करें, तब साँस जितनी देर तक आराम से रोक सकते हैं, अंदर रोकें। साथ ही, जैसाकि आँख, नाक और कान आदि उँगलियों से बंद करने को कहा गया है, वैसा करें, खेचरी मुद्रा (जीभ को उलटा करके तालु से लगाना) के साथ अर्ध जालंधर बंध लगाएँ (थोड़ा सिर इस प्रकार झुकाना कि ठोड़ी छाती को स्पर्श न करे।) और ध्यान को आज्ञाचक्र पर टिकाएँ।
3. सिर को सीधा करें और नाक से सामान्य ढंग से साँस छोड़ें। यह एक प्राणायाम हुआ। ऐसे पाँच प्राणायाम करने चाहिए। प्रत्येक प्राणायाम के बाद कुछ क्षणों तक विश्राम करें, आँख बंद रखें। अभ्यास के बाद थोड़ी देर तक शांत बैठें और चिदाकाश (आँख बंद करने पर सामने दिखनेवाला रिक्त स्थान) को देखें। इसमें दिखाई पड़नेवाले रंग से सक्रिय तत्त्व की पहचान करते हैं।
4. यदि आँखों के सामने पीला रंग दिखे तो पृथ्वी, सफेद रंग से जल, लाल रंग से अग्नि, नीले या भूरे रंग से वायु और बिल्कुल काले या विभिन्न रंगों के मिश्रण से आकाश तत्त्व समझना चाहिए। इस अभ्यास के अंत में तत्त्व प्रकट होते हैं, इसलिए शुरू में दिखनेवाले किसी भी रंग पर ध्यान न दें।

लंबाई से कैसे जानें तत्त्व?

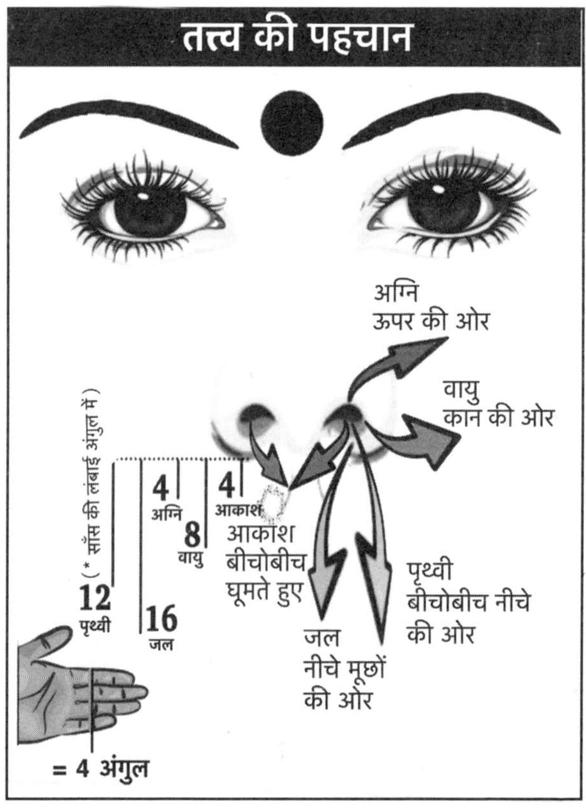

साँस बाहर छोड़ें और अपने हाथ को नासिका के पास ले जाएँ। जब साँस का स्पर्श हाथ पर महसूस होने लगे तो धीरे-धीरे हाथ नीचे की ओर नासिका से दूर लेते जाएँ। देखें कि कितनी दूर तक साँस का हाथ से स्पर्श अनुभव हो रहा है! उस दूरी को हाथ के अंगुल से नाप लें। अंगुल का मतलब उँगली की मोटाई से है। एक अंगुल यानी एक उँगली की मोटाई के बराबर। इसी प्रकार चार उँगलियों को इकट्ठा करके जो चौड़ाई बने, उसे लंबाई मानें। इसे किसी धागे से भी नाप सकते हैं। आप देख सकते हैं कि बाहर निकलते वक्त साँस की लंबाई कितनी है। हर तत्त्व की अपनी निश्चित लंबाई होती है। आगे बताया गया है कि किस तत्त्व के चलने पर साँस की लंबाई कितनी होती है।

स्पर्श से कैसे जानें तत्त्व?

आँख बंद करके साँस पर पूरा ध्यान केंद्रित करें। महसूस करें कि बाहर निकलते समय साँस नासिका के किस ओर के भाग को छूते हुए जा रही है। हमारी साँस यूँ ही बाहर नहीं निकल रही होती। बाहर निकलने के दौरान या तो वह नासिका में गोल घूमते हुए सभी भाग का स्पर्श करते हुए बाहर निकलती है या नासिका के ऊपरी भाग का स्पर्श करते हुए ऊपर की ओर बहती है या नासिका से कान की ओरवाले भाग को छूते हुए तिरछी होकर बहती है या फिर होंठों की तरफ नीचे (जहाँ पुरुषों की मूँछें होती हैं) बहती है। साँस के बहने की दिशा से भी हम तत्त्व की पहचान कर सकते हैं।

हर तत्त्व एक निश्चित समय के लिए ही बहता है। उसके बाद तत्त्व बदल जाता है। यदि आप पूरी तरह स्वस्थ हैं और आपकी नाड़ियाँ कुदरती तौर पर चल रही हैं तो समय देखकर भी तत्त्व जाना जा सकता है। यहाँ हम पाँचों तत्त्वों के विषय में सभी जानकारी दे रहे हैं।

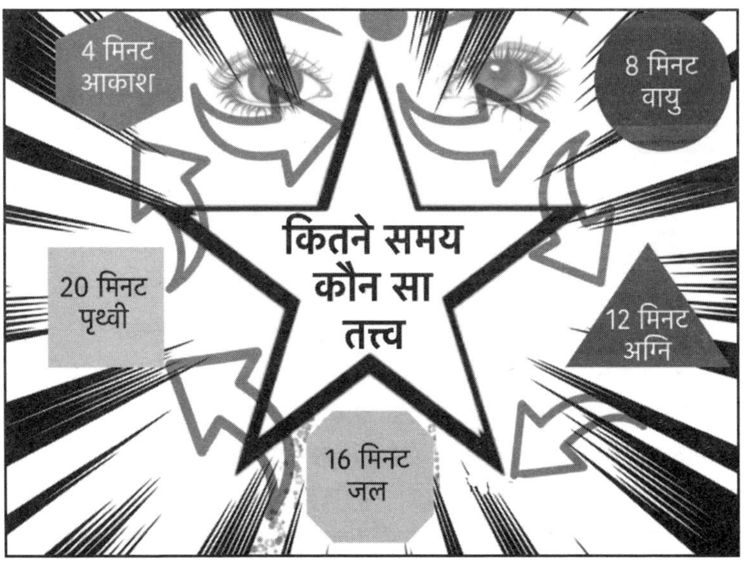

आकाश

इस तत्त्व के चलने पर सूर्य और चंद्र, यानी पिंगला और इड़ा दोनों स्वर एक साथ चलते हैं। एक पल में लगता है कि बाईं नासिका से साँस बाहर निकल रही है

और अगले ही पल लगता है कि दाईं नासिका से साँस बाहर निकल रही है। बीच-बीच में दोनों नासिकाओं से समान वेग से साँस निकलने लगती है।

साँस की लंबाई 4 अंगुल होती है, इसलिए नाक के बहुत पास हाथ ले जाने से ही साँस का अनुभव होगा। साँस का तापमान न ठंडा, न गरम, बल्कि सामान्य होता है। साँस घूमते हुए नासिका के सभी भागों को बहुत धीमे से स्पर्श करते हुए बाहर निकलती अनुभव होती है।

आकाश तत्त्व हर घंटे के बाद सिर्फ 4 मिनट चलता है। इस अवधि के दौरान साधना के अलावा किया जानेवाला कोई भी कार्य सफल नहीं होता। आकाश तत्त्व जहाँ साधना के लिए सर्वश्रेष्ठ बताया गया है, वहीं अन्य सभी कार्यों के लिए यह अशुभ या निष्फल देनेवाला बताया गया है।

आकाश तत्त्व राग, द्वेष, लज्जा, भय और मोह का कारक होता है। साधना करने पर इसका रंग मटमैला या विचित्र अनुभव होता है।

इस तत्त्व के चलते समय मुँह का स्वाद चरपरा हो जाता है। इसका गुण, शब्द यानी ध्वनि है और इसको जानने की इंद्री कान है।

इसका स्थान विशुद्ध चक्र (गले के पास) होता है। साधना के लिए आसन—पद्मासन और बीजमंत्र—हाम है।

वायु

वायु तत्त्व से शरीर में ग्रंथिस्राव, शरीर का सिकुड़ना और फैलाव होता है। जब वायु तत्त्व का प्रवाह होता है तो साँस तिरछी बहने लगती है। मतलब बाहर निकलते समय साँस नासिका के उस हिस्से को छूते हुए बाहर निकलती है, जो कान की ओर होता है।

साँस की लंबाई 8 अंगुल होती है। साँस का तापमान कभी ठंडा, कभी गरम अनुभव होता है। वायु तत्त्व 8 मिनट प्रवाहित होता है।

शत्रुओं को हानि पहुँचाने के लिए या किसी को वश में करने के लिए वायु तत्त्व के चलने पर उच्चाटन आदि तांत्रिक क्रियाओं के लिए इस तत्त्व का प्रयोग किया जाता है। ऐसी क्रियाओं को सभी शास्त्रों में निषिद्ध बताया गया है। दूसरों के लिए गड्ढा खोदनेवाले को नहीं पता होता कि ऐसा करने से कहीं उसके लिए भी गड्ढा खुद रहा है।

इस तत्त्व के प्रवाह में मन भटकता है। इसका गुण स्पर्श है और इसको जानने

की इंद्री त्वचा है। साधना में इसका रंग नीला अनुभव होता है। इसका स्वाद खट्टा होता है। जैसा डकार आने पर होता है।

इसका स्थान अनाहत चक्र (छाती के बीच हृदय स्थान) होता है। साधना के लिए आसन—पद्मासन और बीजमंत्र—याम है।

अग्नि

अग्नि तत्त्व का कार्य भूख, प्यास, नींद, शारीरिक विकास और आलस्य होता है। अग्नि का स्वभाव हमेशा नीचे से ऊपर की ओर बढ़ना होता है। जब अग्नि तत्त्व का प्रवाह होता है तो साँस ऊपर की ओर बहने लगती है। मतलब बाहर निकलते समय साँस नासिका के ऊपरी हिस्से को छूते हुए बाहर निकलती है।

इसमें भी साँस की लंबाई 4 अंगुल होती है, लेकिन यह तत्त्व 12 मिनट प्रवाहित होता है। साँस का तापमान गरम अनुभव होता है।

साँस में इस तत्त्व की मात्रा बढ़ने पर भूख ज्यादा लगने लगती है, जिससे मोटापा होता है। क्रोध और लोभ अग्नि तत्त्व के दुष्परिणाम हैं।

अग्नि तत्त्व के चलते समय सभी कार्यों के परिणाम अशुभ यानी बुरे बताए गए हैं। इसका गुण रूप है और इसको जानने की इंद्री आँख है। साधना में इसका रंग लाल अनुभव होता है। स्वाद कड़वा होता है।

साधना के लिए अति महत्त्वपूर्ण होता है। इसका स्थान मणिपूरक चक्र नाभि के पास होता है। इसकी साधना के लिए आसन—पद्मासन और बीजमंत्र—राम है।

जल

हमारे शरीर में जल तत्त्व से शुक्र (वीर्य), रक्त, मज्जा, मूत्र और लार का संचालन होता है। जल हमेशा ऊपर से नीचे की ओर बहता है। जल तत्त्व का प्रवाह होने पर साँस नीचे की ओर बहने लगती है। मतलब बाहर निकलते समय साँस नासिका के निचले हिस्से (होंठों या मूँछों की तरफ) को छूते हुए बाहर निकलती है।

जल का स्थान पृथ्वी के नीचे होता है, इसलिए जल तत्त्व की लंबाई भी सबसे अधिक होती है। इस तत्त्व के प्रवाह होने पर साँस की लंबाई 16 अंगुल होती है। जब जल तत्त्व का प्रवाह हो रहा होता है तो ऊपर बताई विधि से हम अपनी साँसों को नाभि या उसके भी नीचे तक अनुभव कर सकते हैं।

यह तत्त्व 16 मिनट प्रवाहित होता है। साँस का तापमान बिल्कुल ठंडा अनुभव होता है। यह तत्त्व बहुत लाभदायक है। इसके प्रवाह में सभी कार्य शुभ

बताए गए हैं। मोह इसका एकमात्र विकार है। गुण रस है और इसको जानने की इंद्री जीभ है। साधना में इसका रंग सफेद या बहुत हलका नीला अनुभव होता है। स्वाद थोड़ा खारा होता है।

इसका स्थान स्वाधिष्ठान चक्र (नाभि से 5 अंगुल नीचे और जननेंद्री से 3 अंगुल ऊपर) होता है। साधना के लिए आसन—वज्रासन और बीजमंत्र—वाम है।

पृथ्वी

पृथ्वी तत्त्व शरीर में मांसपेशी, हड्डी, त्वचा, स्नायु और रोम के संचालन का कार्य करता है। पृथ्वी तत्त्व के प्रवाह होने पर साँस नासिका के बीचोबीच बहती है। साँस की लंबाई 12 अंगुल होती है।

पृथ्वी तत्त्व 20 मिनट प्रवाहित होता है। साँस का तापमान सामान्य अनुभव होता है। यह तत्त्व बहुत लाभदायक है। इसके प्रवाह में सभी कार्यों को करने में लाभ-ही-लाभ बताया गया है।

इसका गुण गंध है और इसको जानने की इंद्री नाक है। साधना में इसका रंग पीला अनुभव होता है। स्वाद मधुर होता है।

इसका स्थान मूलाधार चक्र (गुदा से 2 अंगुल आगे अंडकोष की ओर) होता है। साधना के लिए आसन—वज्रासन और बीजमंत्र—लाम है।

हमारे शरीर में पाँच भाग पृथ्वी, चार भाग जल, तीन भाग अग्नि, दो भाग वायु और एक भाग आकाश है। यानी शरीर में पृथ्वी, जल, अग्नि, वायु और आकाश तत्त्व का अनुपात 5:4:3:2:1 होता है।

क्या होते हैं हमारे 7 चक्र

यहाँ तत्त्वों के विषय में बताते वक्त चक्र का जिक्र आया है तो चक्रों के विषय में संक्षेप में कुछ जानकारी यहाँ देना जरूरी है। आजकल हिंदुस्तान से ज्यादा पश्चिमी देशों में 7 चक्रों को लेकर जहाँ देखिए, वहाँ चर्चा होती है। देश-विदेश में बहुत से ऐसे केंद्र खुले हुए हैं, जहाँ 7 चक्रों को जाग्रत् करने का दावा किया जाता है। आपमें से भी अनेक ने इन चक्रों के बारे में सुना होगा। वास्तव में जहाँ भी दो या उससे अधिक नाड़ियाँ आपस में जुड़ती हैं, उसे 'चक्र' कहा जाता है। जैसाकि हम पहले ही बता चुके हैं कि हमारे शरीर में कुल 7,200 नाड़ियाँ होती हैं, शरीर में जिन बिंदुओं पर इन नाड़ियों का आपस में संगम होता है, वहाँ चक्र बन जाता है। सरल भाषा में इसे नाड़ियों के मिलने का स्थान कह सकते हैं।

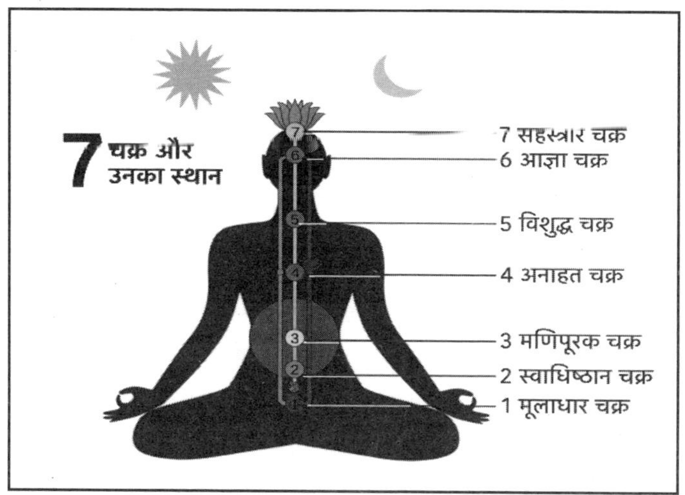

चक्र का अर्थ गोलाकार से होता है। लेकिन यहाँ चक्र का अभिप्राय दूसरा है। इसे चक्र इसलिए कहते हैं, क्योंकि इसका संबंध शरीर में एक आयाम से दूसरे आयाम की ओर गति से होता है। अगर सभी नाड़ियों के आपस में मिलने के हिसाब से देखें तो सौ से भी ज्यादा चक्र होते हैं। लेकिन मुख्य नाड़ियाँ इड़ा, पिंगला और सुषुम्ना की दृष्टि से ऐसे कुल 7 चक्र होते हैं—मूलाधार, स्वाधिष्ठान, मणिपूरक, अनाहत, विशुद्ध, आज्ञा और सहस्त्रार।

पहला चक्र मूलाधार है। यह गुदा और जननेंद्रिय के बीच होता है। दूसरा चक्र स्वाधिष्ठान, जननेंद्रिय के 2 अंगुल ऊपर होता है। तीसरा, मणिपूरक चक्र नाभि के ठीक नीचे होता है। चौथा, अनाहत चक्र छाती के बीचोबीच उस जगह होता है, जहाँ पसलियाँ मिलती हैं और छोटा सा गड्ढा पड़ता है। पाँचवाँ, विशुद्ध चक्र कंठ के गड्ढे में होता है। छठाँ, आज्ञाचक्र दोनों भौंहों के बीच होता है। सातवाँ, सहस्त्रार चक्र, जिसे 'ब्रह्मरंध्र' भी कहते हैं, सिर के पिछले भाग में उस जगह पर होता है, जहाँ चोटी बनाई जाती है। इन सभी चक्रों का अपना महत्त्व है।

हमारी प्राण ऊर्जा इनमें से जिस चक्र में सक्रिय होती है, व्यक्ति उसी चक्र के स्वभाव के अनुसार क्रियाकलाप करने लगता है। मूलाधार चक्र का संबंध पृथ्वी तत्त्व से है। इस चक्र में ऊर्जा के कारण ही हमें भूख और नींद आती है। यदि किसी को हमेशा भोजन और नींद ही प्रिय लगती है तो उसको अपनी ऊर्जा मूलाधार तत्त्व में सक्रिय समझना चाहिए।

इसी तरह स्वाधिष्ठान चक्र का संबंध जल तत्त्व से है। इसमें ऊर्जा सक्रिय होने पर व्यक्ति सिर्फ मौज-मस्ती की चीजों को प्राथमिकता देने लगता है।

मणिपूरक चक्र का संबंध अग्नि तत्त्व से है। यह व्यक्ति को क्रोधी बनाता है। ऐसा व्यक्ति दुनिया के सभी कार्य करने को तत्पर रहता है।

अनाहत चक्र का संबंध वायु तत्त्व से होता है। इस चक्र में ऊर्जा सक्रिय होने से व्यक्ति उदार, दयालु और दूसरों के प्रति सोचकर आचरण करता है।

विशुद्ध चक्र का संबंध आकाश तत्त्व से है। इस चक्र में ऊर्जा सक्रिय होने पर वाक् सिद्धि प्राप्त हो जाती है।

सही मायने में विशुद्ध चक्र के बाद से व्यक्ति की आध्यात्मिक यात्रा शुरू होती है, जब ऊर्जा उसके ऊपर आज्ञाचक्र की ओर प्रवाहित होने लगती है।

आज्ञाचक्र पर अगर ऊर्जा सक्रिय है या जो व्यक्ति आज्ञाचक्र तक पहुँच गया है तो बौद्धिक स्तर पर सिद्धि पा ली समझनी चाहिए। ऐसे व्यक्ति को अपनी मालकियत का खुद अहसास होने लगता है। इसके अलावा वह स्वयं ही आध्यात्मिक रहस्यों को समझने में सक्षम होने लगता है। उसे आध्यात्मिक अनुभूतियाँ होने लगती हैं। उसके आसपास चाहे कुछ भी हो रहा हो या कैसी भी परिस्थितियाँ हों, उससे उस पर ज्यादा फर्क नहीं पड़ता; क्योंकि परिस्थितियों को देखने की उसकी दृष्टि ही बदल जाती है।

लेकिन यह चक्रों की यात्रा का अंत नहीं, बल्कि इसके बाद ही सहस्त्रार चक्र (ब्रह्मरंध्र) की ओर यात्रा शुरू होती है। जिसकी ऊर्जा सहस्त्रार चक्र पर पहुँच गई और फिर वहीं स्थिर हो गई, वह शरीर में रहते हुए ही मोक्ष को प्राप्त कर लेता है। ऐसा व्यक्ति उस नदी के समान होता है, जो समुद्र में मिलकर स्वयं समुद्र बन चुकी होती है। ऐसे व्यक्ति और ईश्वर के बीच कोई भेद नहीं बचता, क्योंकि जिसको हम व्यक्ति समझ रहे होते हैं, वह अपना वजूद, अपना अस्तित्व ही परमात्मा को समर्पित करके उन्हीं में लीन हो चुका होता है। धरती पर ऐसे महापुरुष विरले ही होते हैं। वह रामकृष्ण परमहंस, बुद्ध, महावीर, नानक, कबीर और गुरु गोरखनाथ आदि जैसे होते हैं। ऐसे महापुरुषों के जीवन में चाहे कितनी भी कठिनाइयाँ आएँ, उनकी खुशबू को चारों ओर बिखरने से कोई रोक नहीं सकता। इन चक्रों का मनुष्य की चेतना से क्या संबंध है, इसकी चर्चा आगे अध्याय चौदह में विस्तार से की गई है।

प्राणवायु का शरीर पर प्रभाव

प्राणवायु, प्राण या साँस को एक ही समझें। हम जो साँस लेते हैं, वह शरीर

में नाड़ियों के जाल (प्राण मार्ग) में जाकर दस नाड़ियों से दस प्रकार के प्राणों में बँटकर काम करती है। इन दस में पाँच प्रमुख प्राण हैं और पाँच सहायक प्राण हैं। प्रमुख प्राणवायु के नाम हैं—(1) प्राणवायु : यह हृदय क्षेत्र में स्थित रहकर उसे व्यवस्थित रखने का कार्य करती है। (2) अपान वायु : यह हमारे उत्सर्जक अंगों में (किडनी, फेफड़े, त्वचा, लीवर एवं आँत) व्याप्त होती है और उन अंगों का संचालन करती है। (3) समान वायु : यह नाभि क्षेत्र में सक्रिय रहती है। (4) उदान वायु : यह कंठ क्षेत्र में व्याप्त होती है। (5) व्यान वायु : यह पूरे शरीर की सभी कोशिकाओं में व्याप्त रहती है।

सहायक प्राणवायु के नाम हैं— (1) नाग : डकार आना, (2) कूर्म : पलकों का झपकना, (3) कृकल : छींक आना, (4) देवदत्त : जम्हाई आना। देवदत्त इतनी संवेदनशील होती है कि किसी को जम्हाई लेते देखने मात्र से हम भी जम्हाई लेने लगते हैं। (5) धनंजय : यह पूरे शरीर में व्याप्त रहती है। यह मृत्यु के बाद भी कुछ समय तक शरीर में बनी रहती है।

इस प्रकार ये दस प्राणवायु दस नाड़ियों से होकर शरीर में घूमते हुए अपना काम करती रहती हैं। हमारी नाड़ियों में किसी भी तत्त्व का प्रवाह घटने या बढ़ने का असर इन दस प्राणवायु पर पड़ता है, जिसके कारण हमारे स्वास्थ्य पर इसका सीधा असर पड़ता है। इसलिए नाड़ियों में तत्त्वों का प्रवाह सही होना बहुत जरूरी है।

हमारी साँसों में प्रवाहित होनेवाले उपरोक्त प्राणों से ही हमारे औरा का निर्माण होता है। क्या कभी आपने गौर किया है कि आप उन लोगों को भी पसंद या नापसंद करने लगते हैं, जिनसे आपका कोई लेना-देना ही नहीं होता? यह आपके और उस व्यक्ति के औरा के मैच या मिसमैच होने के कारण होता है। हम ट्रेन, हवाई जहाज आदि में सफर करते हैं तो उनमें कुछ लोगों को देखकर हमें अच्छा लगता है। उनसे बात करने की इच्छा होती है। कुछ को देखकर हम सामान्य रहते हैं, जबकि कुछ से हमें चिढ़-सी मचने लगती है। जबकि आपका उनमें से किसी के साथ कोई वास्ता नहीं होता।

प्राण साधना से औरा इतना प्रबल हो जाता है कि कोई भी उससे प्रभावित हुए बगैर नहीं रह सकता। यदि हम इड़ा और पिंगला नाड़ी का बताए गए तरीके से सूर्योदय के समय मिलान कर लें तो कुछ माह तक निरंतर अभ्यास से हमारी साँसों में तत्त्वों का प्रवाह सही अनुपात में अपने आप होने लगता है। और तत्त्वों का सही प्रवाह होने से हमारे शरीर में उपरोक्त दसों प्राणवायु का संचालन भी ठीक प्रकार से होने लगता है।

संक्षिप्त पुनरावलोकन (Recap)

√ हर स्वस्थ व्यक्ति की एक-एक घंटा करके इड़ा और पिंगला नाड़ी चलती है। जब भी किसी नाड़ी के चलने की शुरुआत होती है तो शुरू के 4 मिनट आकाश तत्त्व चलता है, फिर 8 मिनट वायु, 12 मिनट अग्नि, 16 मिनट जल और 20 मिनट पृथ्वी तत्त्व चलता है।

√ इस तरह एक घंटा पूरा हो जाता है। फिर दूसरी नाड़ी चलने लगती है। नाड़ी बदलते समय आकाश तत्त्व चलता है। हमारी नाड़ियों में सदैव इसी तरह पाँचों तत्त्वों का प्रवाह होता रहता है।

√ वेदों, उपनिषदों से लेकर स्वरज्ञान सहित तमाम शास्त्रों में कहा गया है, 'तत्त्वज्ञान से बढ़कर कोई ज्ञान नहीं। जो इसे जान लेता है, उसे कुछ और जानना बाकी नहीं रहता।'

√ हमारी पाँच ज्ञानेंद्रियाँ होती हैं—आँख, जीभ, नाक, त्वचा और कान। हम दुनिया की हर जानकारी इन्हीं ज्ञानेंद्रियों से हासिल करते हैं। अन्य चीजों की तरह ही तत्त्व को भी उसके रंग (रूप), स्वाद (रस), खुशबू-बदबू (गंध), स्पर्श (छूने) और ध्वनि (शब्द) से जाना जाता है।

√ सभी पाँचों तत्त्वों का अपना अलग रंग, स्वाद, गंध, स्पर्श और ध्वनि होती है (इस अध्याय में तत्त्वों को पहचानने की विधि और साधना के विषय में विस्तार से बताया गया है।

□

अध्याय-6

ज्योतिष में नाड़ी का प्रभाव

हमने शुरू में ही बताया कि स्वर-शास्त्र ज्योतिष से अलग है। ज्योतिष वास्तव में एक गणित है, जो गणना पर आधारित होता है। पृथ्वी पर वह स्थान जहाँ हमारा जन्म हुआ, वह जन्म के समय सूर्य, चंद्र और मंगल आदि ग्रहों से कितनी डिग्री में था, इसके आधार पर जन्मकुंडली बनाई जाती है। अगर जन्म का स्थान और जन्म का समय सही पता है तो जन्मकुंडली भी सही बनेगी और ग्रहों की चाल भी सही दर्ज हो जाएगी। लेकिन अपनी जीवन-शैली में बदलाव कर लेने के कारण हमारी साँसों की लय उन ग्रहों के साथ बदल सकती है। जब चंद्रमा और सूर्य के साथ ऐसा हो सकता है तो बाकी ग्रहों के साथ भी हो सकता है।

हम जान चुके हैं कि जन्म के समय हमारी नाड़ियाँ सूर्य, चंद्र के साथ पृथ्वी की चाल से किस कदर जुड़ी होती हैं और बाद में यह मिलान क्यों और कैसे बिगड़ जाता है। इसलिए हमारी जन्मकुंडली सही होने के बावजूद अकसर ज्योतिषियों की कुछ भविष्यवाणी गलत निकल जाती हैं।

अगर ज्योतिष गणित है तो भविष्यवाणी गलत क्यों हो जाती है? गड़बड़ी कहाँ होती है? ज्योतिष में या ज्योतिषी में? यह सवाल किसी भी ज्योतिषी से पूछिए, वह कहेगा कि उसकी गणना में गड़बड़ी हो सकती है, लेकिन ज्योतिष गलत नहीं हो सकता। लेकिन क्या ऐसा नहीं हो सकता कि न तो ज्योतिष गलत हो, न ज्योतिषी? गड़बड़ी कहीं और हो रही हो, जिसके बारे में ज्योतिषी को खबर ही न हो? यही समझने के लिए इस श्लोक पर नजर डालिए, जिसमें भगवान् शिव साफ शब्दों में कुछ कहते हैं—

स्वरहीनः दैवज्ञो नाथहीनं यथा गृहम्।
शास्त्रहीनं यथा वक्त्रं शिरोहीनं च यद्वपुः॥
साकारे वा निराकारे शुभवायुबलात्कृतम्।
कथयन्ति शुभं केचित्स्वरज्ञाने वरानने॥

(भगवान् शिव पार्वती को संबोधित करते हुए बताते हैं) स्वर-विज्ञान से अनजान ज्योतिषी वैसे ही है, जैसे—बिना स्वामी का घर, शास्त्र-ज्ञान के बिना मुँह से बोली गई बात, या जैसे बिना सिर के शरीर। यानी स्वरज्ञान के बिना ज्योतिष अधूरा है। एक ज्योतिषी के लिए स्वरज्ञान अत्यंत आवश्यक है। स्वर का ज्ञान होने पर ही विद्वान् ज्योतिषी, नजर आनेवाली और नजर न आनेवाली बातों को बता सकते हैं। यानी जो प्रत्यक्ष और परोक्ष हैं, उन दोनों के आधार पर शुभ और अशुभ बता सकते हैं।

इसको और स्पष्ट करते हैं। मान लीजिए कि हमारे जन्म के समय चंद्रमा की डिग्री ऐसी थी, जो हमारे लिए अनुकूल थी तो जन्मकुंडली में तो चंद्रमा अनुकूल ही दिखेगा। लेकिन अगर हमारी गलत दिनचर्या, सोने-जागने, खाने-पीने के कारण लंबे समय तक हमारी इड़ा नाड़ी (चंद्र नाड़ी) में बदलाव हो गया तो फिर वही चंद्रमा जो जन्म के समय हमारे लिए अनुकूल था, बाद में अनुकूल नहीं रहेगा। क्योंकि हमने नाड़ियों के साथ छेड़छाड़ कर दी है। अब ज्योतिष की गणना तो जन्मकुंडली के हिसाब से ही होगी और ज्योतिषी महोदय उसकी गणना सही कर भी लेंगे तो भी उनके आकलन का हिसाब बिगड़ जाएगा; क्योंकि उनको स्वरज्ञान की जानकारी न होने से पता ही नहीं होगा कि हमारी साँस, हमारे लिए चंद्रमा की दशा बिगाड़ चुकी है।

इसलिए उपरोक्त श्लोक में स्वरज्ञान के बिना ज्योतिषी को सिरविहीन धड़ जैसा बताया गया है। ज्योतिष में भी सभी ग्रहों में चंद्र और सूर्य का हमारे जीवन पर अन्य ग्रहों से कहीं अधिक प्रभाव बताया गया है। चंद्रमा को मन का कारक बताया जाता है।

ऐसे में एक उदाहरण देखिए—किसी की जन्मकुंडली सही है। उसका चंद्रमा भी प्रबल या बहुत अच्छा है। कुंडली के हिसाब से उसका अच्छा वक्त चल रहा है। लेकिन उसकी इड़ा नाड़ी (चंद्र नाड़ी) का क्रम काफी समय से बिगड़ा हुआ है। इसके कारण कई दिनों से लगातार उसकी ज्यादातर पिंगला नाड़ी (सूर्य नाड़ी) ही चल रही है। चंद्र नाड़ी चल ही नहीं रही या बहुत कम चल रही है। ऐसे में उसका उस वक्त किसी से झगड़ा हो जाता है, जब सूर्य नाड़ी में अग्नि तत्त्व चल रहा हो तो उसका भेजा (दिमाग) इतना गरम हो सकता है कि वह सामनेवाले का सिर ही फोड़ दे। अगर किसी का सिर फोड़ेगा तो पुलिस के झंझट में तो फँस ही सकता है न! अब जरा देखिए कि गड़बड़ी कहाँ हुई? जन्मकुंडली में, ज्योतिष में या चंद्र नाड़ी के कई दिनों तक न चलने के कारण उसके मन में? उसके मन ने ही तो कहा

होगा, तभी तो उसने झगड़ा किया होगा। और चंद्रमा तो है ही मन का कारक। हम पर सभी ग्रहों का प्रभाव हमारे मन-मस्तिष्क के माध्यम से ही होता है।

किसी की कुंडली के हिसाब से गणना करके कोई ज्योतिषी किसी निष्कर्ष पर जाकर जो कुछ बताता है, वह अगर गलत निकलता है तो कहीं-न-कहीं तो कोई चूक हुई। यह चूक नाड़ी के बदलाव के कारण भी होती है। भगवान् शिव द्वारा ज्योतिषी को स्वरज्ञान होना इसलिए जरूरी बताया गया है, ताकि वह कुंडली के साथ सामनेवाले की नाड़ी को भी समझकर जान सके कि उसकी नाड़ी सही है या नहीं? कहीं नाड़ी में परिवर्तन तो नहीं? क्योंकि अगर नाड़ी में बदलाव है तो उसके विषय में कुछ बताने से पहले गुणा-भाग करके उसे भी समझ सके।

हमें नहीं पता कि आजकल के कितने ज्योतिषी स्वरज्ञान की एबीसीडी भी जानते होंगे! लेकिन यहाँ अपने एक पुराने मित्र राजकुमार शर्मा का जिक्र बनता है। राजकुमार शर्मा दिल्ली के फाइव स्टार होटल अशोका के जनरल मैनेजर पद पर रहे। पेशे से वे सरकारी अफसर थे। लेकिन उनके घर में पिता और दादा-परदादा सब ज्योतिष के अच्छे जानकार थे। इस नाते राजकुमार शर्मा की भी ज्योतिष में गहरी रुचि और प्रैक्टिस हो गई थी।

17 साल पहले उन्होंने मेरी जन्मकुंडली बनाई और मुझे कुछ बातें बताईं। उनमें कुछ बातें सही भी थीं और कुछ गलत भी। मित्र होने के नाते मैं मजाक में उनकी बताई गलत बातों पर तंज कसता था। यह बहुत पुरानी बातें हैं। उस वक्त तक न तो मैंने साधना शुरू की थी और न मुझे यह पता था कि स्वरज्ञान किस बला का नाम है?

सालों बाद राजकुमार शर्मा से फिर मुलाकात हुई। वे रिटायर्ड हो चुके हैं और अब प्रोफशनल ज्योतिषी हैं। मैंने उन्हें नाड़ियों इड़ा और पिंगला के विषय में कुछ बातें बताईं, जो उनके लिए बिल्कुल नई थीं। सभी बातें ज्योतिष से ही संबंधित थीं।

वे बोले, "मैंने पहले ऐसा कभी नहीं सुना। मेरे पिताजी ने भी कभी यह सब नहीं बताया।" मैंने उनसे कहा कि एक-दो दिन स्वर का अभ्यास करके देखें। फिर मुझे बताएँ कि आपके ज्योतिष ज्ञान में क्या इसका कोई प्रभाव पड़ता है या नहीं?

अगले ही दिन उनका मैसेज आया—"I have practiced it...it was miraculous...I shall continue this practice from tomorrow...I will take your advice regarding effects."

स्वर का जादुई असर स्वयं अनुभव करके राजकुमार शर्मा अब स्वर का अभ्यास कर रहे हैं। उन्हें बस इसी बात की हैरानी है कि इतने प्राचीन और सटीक

शास्त्र के बारे में उन्हें पहले किसी ने कुछ क्यों नहीं बताया? दरअसल नाड़ियों का ज्ञान इतना वैज्ञानिक है कि इसके मानने-न मानने का कोई सवाल ही नहीं है। हममें से कोई भी अपने अनुभव को झुठला नहीं सकता। स्वर सीधे अनुभव ही करा देता है। कैसे हुआ, क्या हुआ, क्यों हुआ, इसे भले ही हम बाद में जानते रहें। पर अनुभूति तो तत्क्षण हो जाती है। देखिए एक और श्लोक—

सूर्येण बध्यते सूर्यः चन्द्रश्चन्द्रेण बध्यते।
यो जानाति क्रियामेतां त्रैलोक्यं वशगं क्षणात्॥

सूर्य नाड़ी से (पिंगला नाड़ी) सूर्य को, यानी शरीर में स्थित प्राण ऊर्जा को नियंत्रित किया जाता है। जबकि चंद्र नाड़ी से (इड़ा नाड़ी) चंद्रमा को वश में किया जा सकता है। यहाँ चंद्रमा मन का संकेतक है। यानी इड़ा से मन को नियंत्रित किया जाता है। इस क्रिया को जो जानता है, जो उसका अभ्यास करके दक्षता प्राप्त कर लेता है, वह तत्क्षण, तीनों लोकों का स्वामी बन जाता है।

यानी शरीर का संचालन पिंगला नाड़ी (सूर्य) से होता है और मन का संचालन इड़ा नाड़ी (चंद्र) से। अगर हमारा शरीर और मन दोनों पर नियंत्रण हो जाए तो उससे अधिक और हो भी क्या सकता है? जन्म से मृत्यु तक सबकुछ हम अपने शरीर और मन के कारण ही तो भोगते हैं। इसलिए जिसका इस पर नियंत्रण हो गया, उसे तीनों लोकों का स्वामी बताया गया है।

मन का कारक कहा जानेवाला चंद्रमा यदि किसी की कुंडली में विपरीत हालात में है तो उसे इड़ा नाड़ी के द्वारा साधना करके अनुकूल बनाया जा सकता है। जाहिर है कि नाड़ी का ज्ञान न होने पर इसका असर विपरीत भी हो सकता है। जन्म के समय चंद्रमा था तो अच्छा, पर हमने उसे खुद खराब कर लिया। अब जब मन ही खराब हो गया तो उसमें जैसे विचार उठेंगे, व्यक्ति उसी के अनुसार अपने कार्यों को अंजाम देगा। जैसे कार्य करेगा, वैसे परिणाम आएँगे। कर्म की थ्योरी अपना काम हमेशा सटीक तरीके से करती है। लेकिन यदि मन पर नियंत्रण हो जाए तो? क्या तब कोई ऐसा कुछ करना चाहेगा, जिसके बुरे या अशुभ परिणाम का उसको पता हो? कोई नहीं चाहेगा।

उपरोक्त श्लोक में भी यही कहा गया है कि जो इड़ा और पिंगला, यानी चंद्र और सूर्य नाड़ी को जानता है, जो उसका अभ्यास करके दक्षता प्राप्त कर लेता है, वह तत्क्षण तीनों लोकों का स्वामी बन जाता है। यहाँ तीनों लोकों का अर्थ उसके भूतकाल, वर्तमान और भविष्य से है। यानी ऐसा व्यक्ति भूत यानी अतीत, वर्तमान और भविष्य के बारे में सब जानता है। शुरुआत में हमने 250 साल तक जीवित रहे

जिन देवराहा बाबा का जिक्र किया है, वे ऐसे ही त्रिलोक के ज्ञानी पुरुष थे। बाबा से जब उनकी इतनी लंबी आय का राज पूछा गया था, तब उन्होंने बड़ी सहजता से बताया था, "अरे बचवा! दिन में चलावे चंद्र और रात चलावे सूर्य, सो योगी हुई जावे।" अब देखिए स्वर-शास्त्र का यह श्लोक बाबा की कही बात को कैसे पुष्ट कर रहा है—

शशाङ्कं वारयेद्रात्रौ दिवा वारयेत्भास्करम्।
इत्याभ्यासरतो नित्यं स योगी नात्र संशयः॥

भगवान् शिव, पार्वती को बताते हैं, रात में चंद्र नाड़ी (इड़ा) और दिन में सूर्य नाड़ी (पिंगला) को रोकने में जो सफल हो जाता है, वह निस्संदेह योगी है।

गौर करें कि यहाँ नाड़ी चलाने की नहीं, बल्कि पूरी रात और पूरे दिन रोकने की बात कही जा रही है। वही कहा जा रहा है, जो देवराहा बाबा ने कहा था। वे दिन में चंद्र (इड़ा) और रात में सूर्य (पिंगला) चलाने में सफल हो गए थे।

रात-दिन हमेशा नाड़ी को वश में करके अपने हिसाब से चलाना मामूली बात नहीं। इसके लिए वर्षों की कठोर साधना करनी पड़ती है। घर-गृहस्थी में व्यस्त लोगों से ऐसी अपेक्षा नहीं की जा सकती। लेकिन वे भी इतना तो कर ही सकते हैं कि जो जीवन वे जी रहे हैं, उसमें ही उन्हें यथासंभव लाभ हो। स्वर-शास्त्र में ऐसे लोगों का भी ध्यान रखा गया है। आप दिनों के हिसाब से भी नाड़ी चलाकर अपने कार्यों में अच्छे लाभ प्राप्त कर सकते हैं। देखिए कैसे—

गुरुशुक्रबुधेन्दूनां वासरे वामनाडिका।
सिद्धिदा सर्वकार्येषु शुक्लपक्षे विशेषतः॥
अर्काङ्गारकसौरीणां वासरे दक्षनाडिका।
स्मर्तव्या चरकार्येषु कृष्णपक्षे विशेषतः॥

शुक्ल पक्ष में विशेषकर सोम, बुध, गुरु और शुक्रवार को चंद्र नाड़ी (इड़ा) स्वर के प्रवाह काल में किए गए सभी कार्यों में सफलता मिलती है। स्थायी कार्यों के लिए यह विशेष तौर पर अच्छे परिणामदायक है, जबकि कृष्ण पक्ष में रवि, मंगल और शनिवार को सूर्य नाड़ी (पिंगला) के प्रवाह काल में किए गए कार्यों में सफलता मिलती है। अस्थायी कार्यों के लिए यह विशेष तौर पर अच्छा रहता है।

यही नहीं, बल्कि जन्म के समय लग्न की राशि से भी जाना जा सकता है कि किस राशि के व्यक्ति के लिए, किस दिन, कौन सी नाड़ी में कार्य करना शुभ रहता है।

अहोरात्रस्य मध्ये तु ज्ञेया द्वादश संक्रमाः।
वृष-कर्कट-कन्यालि-मृग-मीना निशाकरे॥
मेषसिंहौ च कुंभश्च तुला च मिथुनं धनुम्।
उदये दक्षिणे ज्ञेयः शुभाशुभविनिर्णयः॥

दिन और रात मिलाकर चौबीस घंटों में बारह राशियाँ होती हैं। इनमें वृष, कर्क, कन्या, वृश्चिक, मकर और मीन राशियाँ इड़ा नाड़ी (चंद्र) से संचालित होती हैं, जबकि मेष, मिथुन, सिंह, तुला, धनु और कुंभ राशियाँ पिंगला नाड़ी (सूर्य) से संचालित होती हैं।

पिंगला नाड़ी में अग्नि तत्त्व के प्रवाह काल में मंगल, पृथ्वी तत्त्व के प्रवाह काल में सूर्य (ग्रह), जल तत्त्व के प्रवाह में शनि तथा वायु तत्त्व के प्रवाह काल में राहु का निवास कहा गया है। जबकि बाएँ स्वर (इड़ा नाड़ी) में जल तत्त्व के प्रवाह काल में चंद्र ग्रह, पृथ्वी तत्त्व के प्रवाह में बुध, वायु तत्त्व के प्रवाह में गुरु और अग्नि तत्त्व में शुक्र का निवास माना जाता है। उपर्युक्त अवधि में उक्त सभी ग्रह सभी कार्यों के लिए शुभ माने गए हैं। एक बात ध्यान देने की है कि यहाँ केतु का स्थान नहीं बताया गया है, पता नहीं क्यों! यह बात रहस्यमयी है।

इस तरह शुभ कार्यों को किसी भी दिन अपनी राशि, दिन और नाड़ी का प्रवाह देखकर किया जा सकता है। इसके लिए ज्योतिष की तरह शुभ और अशुभ कामों के लिए लग्न-मुहूर्त का इंतजार करने की जरूरत नहीं पड़ती।

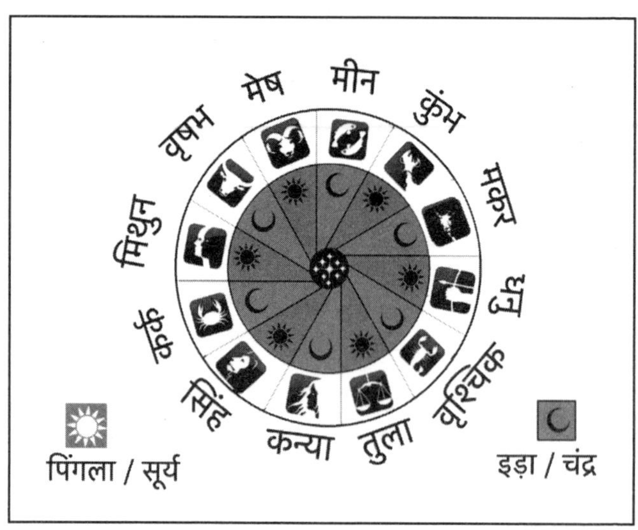

लग्न-मुहूर्त के विषय में बात चली तो इतिहास का एक किस्सा याद आ गया। जब सोमनाथ के मंदिर पर लुटेरों ने चढ़ाई करके उसे लूटना शुरू किया तो वहाँ के राजा ने लुटेरों को पकड़ने के लिए अपनी सेना भेजनी चाही। लेकिन राजा के पुरोहित ने कहा कि यह मुहूर्त सेना भेजने के लिए शुभ नहीं। राजा लग्न मुहूर्त में बड़ा विश्वास करता था। उसने सेना रोक दी। फिर पुरोहित ने जो शुभ मुहूर्त बताया, उस वक्त सेना लुटेरों को पकड़ने निकली। लेकिन तब तक लुटेरे अपना काम करके जा चुके थे। लेकिन स्वर-शास्त्र लग्न मुहूर्त जैसी अव्यावहारिक चीजों को महत्त्व नहीं देता। देखिए, भगवान् शिव इस श्लोक में स्पष्ट शब्दों में यही बात पार्वती को बताते हैं—

न तिथिर्न च नक्षत्रं न वारो ग्रहदेवताः।
न च विष्टियतीपातो वैधत्याद्यास्तथैव च॥

स्वरज्ञानी को किसी काम को प्रारंभ करने के लिए ज्योतिषीय दृष्टिकोण से शुभ तिथि, नक्षत्र, दिन, ग्रहदेवता, भद्रा और व्यतिपात आदि के विचार करने की आवश्यकता नहीं पड़ती। कार्य के अनुकूल स्वर और तत्त्व के चलने पर कभी भी कार्य प्रारंभ किया जा सकता है, यानी स्वरज्ञान से हम किसी भी समय अपनी नाड़ी से विपरीत परिस्थितियों को अपने अनुकूल बना सकते हैं। इसलिए हमें किसी भी कार्य को उचित ढंग से करने के लिए समय नष्ट करने की कोई जरूरत नहीं।

वैसे तो स्वर-शास्त्र में ज्योतिष के संबंध में काफी कुछ और भी बताया गया है, लेकिन वह जानकारी ज्योतिषियों के लिए भविष्य बताने के अभ्यास से संबंधित है। इसके अलावा युद्ध के समय में भी स्वर की जानकारी दी गई है। चूँकि आम पाठकों का उससे कोई वास्ता नहीं, इसलिए हम उसका वर्णन नहीं कर रहे हैं।

संक्षिप्त पुनरावलोकन (Recap)

√ जन्म के समय हमारी नाड़ियाँ सूर्य, चंद्र और पृथ्वी की चाल के साथ किस कदर जुड़ी होती हैं, लेकिन अपनी जीवन-शैली में बदलाव कर लेने के कारण हमारी साँसों की लय उन ग्रहों के साथ बदल सकती है।

√ जब चंद्रमा और सूर्य के साथ ऐसा हो सकता है तो बाकी ग्रहों के साथ भी हो सकता है, इसलिए स्वर-शास्त्र में भगवान् शिव ने स्वरज्ञान के बिना ज्योतिष को अधूरा बताया है।

√ आप दिनों के हिसाब से भी नाड़ी चलाकर अपने कार्यों में लाभ प्राप्त कर सकते हैं।

√ शुक्ल पक्ष में विशेषकर सोम, बुध, गुरु और शुक्रवार को चंद्र नाड़ी (इड़ा) स्वर के प्रवाह काल में किए गए सभी कार्यों में सफलता मिलती है। स्थायी कार्यों के लिए यह विशेष तौर पर अच्छे परिणामदायक है।

√ कृष्ण पक्ष में रवि, मंगल और शनिवार को सूर्य नाड़ी (पिंगला) के प्रवाह काल में किए गए कार्यों में सफलता मिलती है। अस्थायी कार्यों के लिए यह विशेष तौर पर अच्छा रहता है।

√ दिन और रात मिलाकर चौबीस घंटों में बारह राशियाँ होती हैं। इनमें वृष, कर्क, कन्या, वृश्चिक, मकर और मीन राशियाँ इड़ा नाड़ी (चंद्र) से संचालित होती हैं।

√ मेष, मिथुन, सिंह, तुला, धनु और कुंभ राशियाँ पिंगला नाड़ी (सूर्य) से संचालित होती हैं।

√ इस तरह शुभ कार्यों को किसी भी दिन अपनी राशि, दिन और नाड़ी का प्रवाह देखकर किया जा सकता है। ज्योतिष की तरह शुभ और अशुभ कामों के लिए लग्न-मुहूर्त का इंतजार करने की जरूरत नहीं पड़ती।

□

अध्याय-7

कैसे करें कार्य सफल?

हमारा शरीर जिस ऊर्जा से संचालित होता है, वह विद्युत् के समान है। जैसे बिजली में शॉर्ट सर्किट होने पर होता है, वैसे ही हमारे शरीर की ऊर्जा के साथ भी होता है। अगर आप नंगे पाँव बिजली के पॉजिटिव तार को छू लेंगे तो करंट का झटका लगेगा; क्योंकि पृथ्वी अर्थ का काम करती है। जैसे किसी बैटरी के खत्म होने पर उसे चार्ज किया जाता है, उसी प्रकार हमारा शरीर सोते समय ऊर्जा प्राप्त करता है। यह समझना भूल है कि सिर्फ भोजन से हम जिंदा रह सकते हैं। जीवन के लिए उचित नींद का होना भी उतना ही जरूरी है। हम जितना भी पौष्टिक भोजन कर लें, पर अगर दो दिन भी सोने को न मिले तो शरीर कुछ करने की हालत में नहीं रहता, यानी ऊर्जा प्राप्ति का नींद से सीधा संबंध है।

रात की नींद से ऊर्जा लेकर सुबह सोकर उठने पर जब हम पहली बार अपना पैर फर्श से स्पर्श करते हैं तो विपरीत नाड़ी का पैर जमीन से छूने पर हमारे शरीर की ऊर्जा में एक तरह का शॉर्ट सर्किट होने का डर रहता है। इससे हमारी ऊर्जा नष्ट होती है। यह इतनी सूक्ष्म क्रिया है, जिसका हमें कोई अनुभव नहीं होता। लेकिन लंबे समय तक ऐसा होने पर हमारे शरीर पर इसका बुरा असर पड़ता है। स्वरज्ञान में इससे बचने की विधि बताई गई है।

सुबह सोकर उठने पर यूँ ही फर्श पर पैर नहीं रखना चाहिए। बिस्तर छोड़ने से पहले देखना चाहिए कि कौन सी नाड़ी चल रही है। दाईं या बाईं, जो भी नाड़ी चल रही हो, उसी पैर से सबसे पहले धरती का स्पर्श करना चाहिए। यानी दाईं नाड़ी तो दायाँ पैर, बाईं तो बाएँ पैर से हलके से जमीन पर स्पर्श करें। एक बात का ध्यान रखना है, हमारी बाईं नाड़ी इड़ा सम (ईवन) होती है, जबकि दाईं नाड़ी पिंगला विषम (ऑड) होती है। तो बाएँ पैर को 2, 4 या 6 बार जमीन से स्पर्श करें और दाएँ पैर को करना हो तो 1, 3 या 5 बार जमीन से स्पर्श करें।

इसके बाद उसी पैर को पहले जमीन पर रखकर बिस्तर छोड़ें। ऐसा करने का लाभ आप पूरे दिन चुस्त रहकर पाएँगे। हमारी जो नाड़ी चलती है, शरीर के उसी दिशा में ऊर्जा का अधिक प्रवाह होता है। इसके अलावा पेशाब करते वक्त इड़ा नाड़ी चलाएँ। ऐसा करने से आप यूरिन संबंधी कई रोगों से बचे रहेंगे, लेकिन यदि मल त्यागने के समय दाईं नाड़ी चल रही हो और उस वक्त मल के साथ पेशाब भी आता हो तो कोई दिक्कत नहीं है।

घर से बाहर निकलते समय पहले वही पैर आगे रखें, जिस तरफ की नाड़ी चल रही हो। इसके आगे जो जानकारी दी जा रही है, उसे इस हिसाब से देखें कि यदि प्राकृतिक रूप से नाड़ी नहीं चल रही हो, तब क्या परिणाम आ सकते हैं? आपको फिर याद दिला दें कि प्राकृतिक तौर पर शुक्ल पक्ष की प्रतिपदा को सूर्योदय के समय बाईं नाड़ी इड़ा (चंद्र) और कृष्ण पक्ष की प्रतिपदा को सूर्योदय के समय दाईं नाड़ी पिंगला (सूर्य) चलना बताया गया है। इसके अलावा, नाड़ियों का तिथिवार क्रम भी पहले बताया जा चुका है। यदि यह क्रम बिगड़ जाए तो उसके परिणाम क्या हो सकते हैं, आगे यह बताया जा रहा है—

कालत्रये दिनान्यष्टौ विपरीतं यदा बहेत्।
तदा दुष्टफलं प्रोक्तं किंचिन्यूनं तु शोभनम॥

आठ दिनों तक लगातार सुबह, दोपहर और शाम को यदि विपरीत स्वर चलें तो सभी कार्यों में असफलता मिलती है और कीर्ति बिल्कुल भी नहीं मिलती।

प्रातर्मध्याह्नयोश्चन्दः सायंकाले दिवाकरः।
तदा नित्यं जयो लाभो विपरीतं विवर्जयेत्॥

यदि सूर्योदय के समय और दोपहर में इड़ा नाड़ी और सूर्यास्त के समय पिंगला नाड़ी प्रवाहित हो तो जानिए कि आपकी नाड़ी अनुकूल चल रही है। उस दिन हर तरह की सफलता मिलती है। लेकिन स्वरों का क्रम अगर इसके उलटा हो तो उस दिन महत्त्वपूर्ण कार्यों को न करना ही बुद्धिमानी है।

इड़ा नाड़ी के प्रवाह काल में किए जानेवाले कार्य

स्थायी परिणाम देनेवाले जितने भी कार्य हैं, उन्हें इड़ा नाड़ी यानी चंद्र स्वर चलने के दौरान शुरू करना चाहिए। लेकिन अच्छे परिणाम तभी मिलेंगे, जब इड़ा नाड़ी में जल या पृथ्वी तत्त्व चल रहा हो। अग्नि, वायु या आकाश तत्त्व चलने पर यह लाभ नहीं होगा। ध्यान दें कि यहाँ सिर्फ कार्य शुरू करने की बात की गई है। यदि आपने सही तत्त्व में कार्य शुरू कर दिया और उस कार्य को पूरा

होने के दौरान हमारी साँस में तत्त्व बदल भी जाता है तो उसकी चिंता न करें। लंबी यात्रा, भवन आदि किसी इमारत का निर्माण, तीर्थयात्रा करना, विवाह करना या विवाह तय करना, खरीदारी (शॉपिंग), पोषक पदार्थ ग्रहण करना, औषधि सेवन करना, अपने बॉस से मुलाकात करना, दोस्ती करना, गृह-प्रवेश, खेती, मंत्र-दीक्षा लेना, मंत्र जप या साधना करना, किसी विद्या का अभ्यास, परोपकार करना, नृत्य, गायन, अभिनय, संगीत और कला का अभ्यास, योगाभ्यास आदि कार्य इड़ा नाड़ी के प्रवाह काल में सफलता देते हैं।

इस सूची को और सरल तरह से याद रखने के लिए इसे ऐसे समझें। हम दो प्रकार के कार्य करते हैं—एक, ऐसे काम जिनमें हमें अधिक शारीरिक श्रम करना होता है। दूसरे वे, जिनमें हमें अपनी सृजनात्मक शक्ति का प्रयोग करना होता है, जिनमें अधिक शारीरिक श्रम नहीं करना होता। ऐसे कामों की शुरुआत इड़ा नाड़ी में जल और पृथ्वी तत्त्व के प्रवाह के समय करने से शुभ परिणाम आते हैं और उन कामों में सफलता मिलती है। ऐसे काम में दिन या रात का कोई फर्क नहीं पड़ता। इसके ठीक विपरीत, जिन कामों को करते समय हमें शारीरिक श्रम करना पड़ता है या जिन कामों को कठोर कहा जा सकता है, उनको दाईं यानी पिंगला नाड़ी में करने से सफलता मिलती है।

पिंगला नाड़ी के प्रवाह काल में किए जानेवाले कार्य

व्यायाम, स्वीमिंग, भोजन, स्नान, हॉर्स राइडिंग, सेक्स, शत्रु पर विजय, यंत्र-तंत्र की उपासना, पहाड़ चढ़ना, उच्चाटन, मोहन (वशीकरण), स्तंभन, तंत्र साधना, प्रेरित करना, दान लेना-देना तथा इंद्रिय सुख का भोग आदि कार्य सूर्य स्वर यानी पिंगला नाड़ी में शुरू किया जाना शुभ होता है। यहाँ शुभ का अर्थ अच्छे परिणामों से है। और अच्छे परिणाम तभी आते हैं, जब नाड़ी के प्रवाह के साथ उसमें प्रवाहित हो रहे तत्त्व का भी ध्यान रखा जाए। इसे ठीक से समझ लें।

इड़ा और पिंगला दोनों ही नाड़ियों में पृथ्वी तत्त्व के प्रवाह में किए गए कार्य में दीर्घकालिक सफलता मिलती है। जल तत्त्व के प्रवाह में किए गए कार्य में भी सफलता मिलती है। वायु तत्त्व के प्रवाह में किए गए कार्य में आंशिक सफलता मिलती है। लेकिन अग्नि तत्त्व के प्रवाह के समय किए गए कार्य में घोर असफलता मिलती है। इसी प्रकार आकाश तत्त्व के प्रवाह में भी भौतिक जगत् का कोई कार्य सफल नहीं होता। लेकिन ध्यान-साधना के लिए आकाश तत्त्व ही सर्वोत्तम होता है।

हो सकता है कि आप सोच रहे हों कि इतना सब याद कैसे रहेगा कि कब, कौन सी नाड़ी और कौन सा तत्त्व चल रहा है? ऐसा बिल्कुल न सोचें। याद करें और सोचकर देखें कि जब आपको साइकिल चलाना नहीं आता था, तब आप क्या नहीं करते थे कि साइकिल नहीं चल पाती थी? क्या आप सोच सकते हैं कि क्या नहीं करते थे तब? सबकुछ करते ही होंगे। हैंडिल पकड़ते होंगे, पैडिल भी चलाते होंगे। पर साइकिल नहीं चलती होगी। ऐसा कुछ ही दिन हुआ होगा। और फिर एक दिन अचानक साइकिल चलने लगी होगी। सोचिए, तब कैसे चलने लगी साइकिल? तब आप ऐसा क्या करने लगे, जो पहले नहीं करते थे?

दरअसल, साइकिल चलाने की कोशिश ही वह प्रक्रिया थी, जिसने धीरे-धीरे आपको साइकिल बैलेंस करने की प्रैक्टिस करवा दी। किसी भी प्रैक्टिस को शब्दों से नहीं बताया जा सकता। उसे सिर्फ किया जा सकता है, सीखा जा सकता है। और जो चीज सीखने से पहले बहुत कठिन लगती है, सीखने के बाद वही सबसे आसान लगने लगती है। फिर आप उस काम को बगैर सोचे भी आसानी से करने लगते हैं।

तो जरा से अभ्यास के बाद आप खुद ही नाड़ी और तत्त्व का भेद समझने लगेंगे। बस थोड़ी सी प्रैक्टिस की जरूरत है। इस काम को सीखने में साइकिल से कम वक्त लगना चाहिए, क्योंकि साइकिल आप 24 घंटे नहीं सीखते होंगे। साँस तो हर वक्त लेते हैं, तो साँस की प्रैक्टिस के लिए हमें बहुत समय मिल जाता है। यह बहुत आसान भी है। इसमें साइकिल जैसे गिरने और हाथ-पाँव छिलने का कोई डर भी नहीं। यकीन कीजिए, आप जो करेंगे, अच्छा ही करेंगे। और दिन-ब-दिन और अच्छा करते जाएँगे।

स्वर-शास्त्र के अनुसार, हमको रुपयों-पैसों का लेन-देन उसी हाथ से करना चाहिए, जिस तरफ की उस वक्त नाड़ी सक्रिय हो। इसके अलावा, अपने मित्रों को भी उसी ओर रखकर बात करें, जिस तरफ का स्वर सक्रिय हो। दफ्तर में बॉस के साथ भी यही बात लागू होती है। दरअसल, जिस तरफ की नाड़ी सक्रिय होती है, शरीर में और हमारे मस्तिष्क में उस वक्त उसी तरफ ऊर्जा का प्रवाह हो रहा होता है। चलित स्वर की ओर उस व्यक्ति को रखने से उसके मन में हमारे प्रति सकारात्मक भाव उत्पन्न होता है, जिसका हमें लाभ होता है। इसके विपरीत, यदि कोई शत्रु है या जिसके संपर्क में आप नहीं रहना चाहते, ऐसे लोगों को उस तरफ रखना चाहिए, जो स्वर या नाड़ी नहीं चल रही।

आपको लगेगा कि सामने बैठे व्यक्ति की साइड हम कैसे बदल सकते

हैं? ऐसा करने की कोई जरूरत ही नहीं है। आपको उसकी ओर उस दिशा में बहुत हलका सा तिरछा होकर बैठना या खड़ा होना है, जिससे वह आपकी दाईं या बाईं ओर हो जाए। आप यह प्रयोग खुद करके देखें। यह आपको हैरान कर देगा। और तो और, यदि कोई व्यक्ति आपका समय नष्ट कर रहा है और उठकर जाने का नाम नहीं ले रहा, आप ऐसे लोगों के साथ भी यही प्रयोग करके देखें। उन्हें उस दिशा में ले लें, जो स्वर नहीं चल रहा। जरा सी देर में उसे कोई जरूरी काम याद आ जाएगा और वह खुद आपसे जाने की इजाजत माँगेगा। तब उसे जाने की इजाजत देते वक्त अपने ज्ञान पर इतराने या मुसकराने की कोई जरूरत नहीं, वरना वह आपके प्रेम को देखकर जाने का विचार बदल ले तो वह दोष आपकी मुसकराहट का होगा। सारा करिश्मा प्राण ऊर्जा का है।

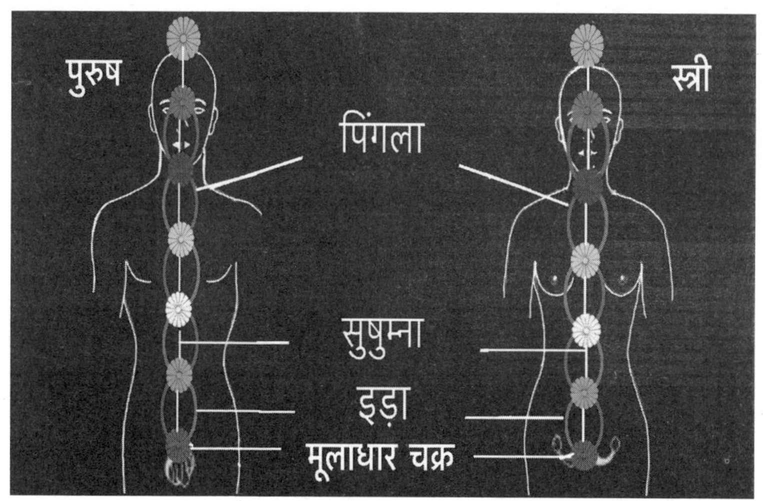

यह सब करने में एक सीक्रेट पेच और भी है। हमारी बाईं नाड़ी इड़ा, यानी चंद्र नाड़ी, स्त्री प्रधान है, जबकि दाईं नाड़ी पिंगला, यानी सूर्य नाड़ी, पुरुष प्रधान है। इसलिए स्त्री बाईं नाड़ी का प्रयोग पुरुष से बेहतर कर सकती है। ऐसा इसलिए होता है, क्योंकि स्त्री के मस्तिष्क का अधिक सक्रिय भाग बाईं तरफ होता है। इसलिए स्त्री को 'वामा' भी कहा गया है। जबकि हमारी दाईं नाड़ी पिंगला यानी सूर्य नाड़ी को पुरुष प्रधान कहा गया है, क्योंकि पुरुष के मस्तिष्क का अधिक सक्रिय हिस्सा दाईं ओर होता है। इसलिए स्त्री और पुरुष एक-दूसरे के बिना अधूरे हैं।

ऊपर कही बात को जरा और गहरे से समझिए। पुरुष के सामने मित्र, शत्रु

या बॉस स्त्री है तो उसे अपनी प्रधान नाड़ी पिंगला का प्रयोग करने से अधिक सफलता मिलेगी। स्त्री के सामने यदि पुरुष है तो उसे अपनी प्रधान बाईं नाड़ी इड़ा चलाने से अधिक सफलता मिलेगी, यानी पुरुषों के लिए दाईं नाड़ी पिंगला और स्त्री के लिए बाईं नाड़ी इड़ा का प्रयोग करना चाहिए।

जिस जमाने में यह शास्त्र लिखा गया था, उस वक्त राजा से दंड मिलने, रास्ते में चोर-डाकू मिलने या शत्रु के सामने पड़ने का भय होता था। ऐसी परिस्थितियों से कैसे निपटें, इसका भी उपाय बताया गया है। बदले हुए काल में आज भले ही वैसी परिस्थितियाँ नहीं रहीं, लेकिन इन उपायों का हम आज के समय के हिसाब से इस्तेमाल कर सकते हैं।

हमारी जिस तरफ की नाड़ी चल रही हो, उस तरफ यदि कोई ऐसा व्यक्ति हो, जिससे हमें खतरा है तो सावधान हो जाना चाहिए। उसे रोकने के लिए उसको अपनी निष्क्रिय नाड़ी की ओर रखना चाहिए। इसका एक छोटा सा प्रयोग करके देखें।

अकसर हमारे घरों में या ऑफिस में ऐसे लोग आ जाते हैं, जिन्हें हम पसंद नहीं करते। लेकिन मजबूरी यह होती है कि हम उनको सीधे जाने को नहीं कह पाते। ऐसी परिस्थिति में आप उनको अपनी निष्क्रिय नाड़ी की ओर करके आजमाएँ। आप देखेंगे कि जरा सी देर में ही वह खुद चला जाएगा। आप इसका विपरीत भी प्रयोग करके देख सकते हैं। यदि आप किसी व्यक्ति को अपने साथ बनाए रखना चाहते हैं, आप चाहते हैं कि वह आपके साथ और वक्त गुजारे तो उसको अपनी सक्रिय नाड़ी की ओर रखकर देखें। आप चकित करनेवाले नतीजे पाएँगे।

हम लोग मंदिर, मसजिद, गुरुद्वारे या चर्च जैसे स्थानों पर जाकर दुआ, मन्नत, अरदास या ईश्वर से कुछ माँगने के लिए प्रार्थना करते हैं। हमें साँस अंदर लेते समय अपनी मनोकामना व्यक्त करनी चाहिए। यदि कोई साँस छोड़ते समय अपनी मनोकामना व्यक्त करता है तो उसे सफलता नहीं मिलती। जो कार्य साँस लेते समय शुरू किए जाते हैं, उसमें सफलता मिलती है। पर साँस छोड़ते समय किए गए कार्य में हानि होती है। ध्यान रहे कि बात सिर्फ शुरुआत करने की है। प्रार्थना हम इड़ा, पिंगला या सुषुम्ना किसी भी नाड़ी के प्रवाह के दौरान कर सकते हैं।

सुषुम्ना नाड़ी के प्रवाह काल में किए जानेवाले कार्य

जब दोनों नासिका से साँस बाहर निकले या पल में साँस बाएँ से दाएँ और पल में दाहिने से बाएँ बदलने लगे तो समझना चाहिए कि सुषुम्ना नाड़ी चल

रही है। चूँकि सुषुम्ना नाड़ी चलती ही तब है, जब इड़ा को पिंगला या पिंगला को इड़ा में बदलना होता है। इसलिए हम समझ नहीं पाते कि बायाँ स्वर चल रहा है या दायाँ या फिर दोनों? जब ऐसा हो तो साँस की लंबाई पर गौर करें। सुषुम्ना में नासिका से बाहर निकलनेवाली साँस की लंबाई 4 अंगुल हो जाती है। इस तरह इसको आसानी से जान सकते हैं।

सुषुम्ना चलती ही केवल 4 मिनट है। और इतने कम समय में ही सुषुम्ना में पाँचों तत्त्वों—पृथ्वी, वायु, अग्नि, जल और आकाश भी चल जाते हैं तो इस नाड़ी में तत्त्वों की पहचान कर पाना सबसे कठिन काम होता है। यही कारण है कि सुषुम्ना नाड़ी के चलने के दौरान अच्छे-बुरे किसी भी काम को करने से मना किया गया है; क्योंकि सामान्य लोग इतने कम समय में तत्त्व की पहचान नहीं कर सकते और अगर उस बीच अग्नि तत्त्व हुआ तो हर काम बिगड़ेगा या निष्फल होगा।

सुषम्ना को 'शून्य स्वर' भी कहा जाता है। यह सबकुछ नष्ट कर देता है। सुषुम्ना में अग्नि तत्त्व का प्रवाह साक्षात् काल का रूप कहलाता है। स्वर-शास्त्र के अनुसार, यह सभी शुभ और अशुभ कार्यों के फल को जलाकर भस्मीभूत कर देता है। इसलिए इसे विष के समान समझना चाहिए। जब क्षण-क्षण में बाईं और दाहिनी नाड़ियाँ अपना क्रम बदलती रहें तो ये विषम भाव की द्योतक होती हैं और उस समय किया गया कार्य आशा के विपरीत फल प्रदान करता है।

इसलिए सुषुम्ना के विषय में बार-बार एक ही बात समझाई गई है कि इसके प्रवाह काल में लाभ-हानि, जय-पराजय आदि कुछ भी विचार नहीं करना चाहिए। जो भी कार्य करेंगे, उसका विपरीत फल ही होगा। सुषुम्ना चलने पर यात्रा की शुरुआत करने की तो बात भी नहीं सोचनी चाहिए। ऐसा करने पर यात्रा में कठिनाई तो आती ही हैं, हानि भी होती है।

लेकिन साधना के लिए सुषुम्ना सर्वश्रेष्ठ होती है। सुषुम्ना का अर्थ है—दोनों नाड़ियों इड़ा और पिंगला यानी चंद्र और सूर्य का मिलन। इसलिए इसको 'संधि काल' भी कहते हैं। सुषुम्ना सूक्ष्म तत्त्व में लय हो जाती है, जिसे 'संध्या' कहते हैं। आध्यात्मिक जगत् में दिन और रात के मिलने के समय को संध्या नहीं कहते, बल्कि इड़ा और पिंगला के मिलन को ही चंद्र और सूर्य का मिलन मानते हुए इसी को 'संध्या' कहते हैं। देखिए यह श्लोक, जिसमें भगवान् शिव भी पार्वती को यही बोलते हैं—

न संध्या संधिरित्याहुः संध्या संधिर्निगद्यते।
विषमः संधिगः प्राण स संधिजः संधिरुच्यते॥

दिन और रात का मिलन संध्या नहीं है, यह तो मात्र एक बाह्य प्रक्रिया है। वास्तविक संध्या तो सुषुम्ना नाड़ी में स्वर के प्रवाह को कहते हैं, जो दो स्वरों के मिलने से होता है। इसलिए सुषुम्ना के प्रवाह में केवल साधना या ईश्वर को याद करना चाहिए।

देव देव महादेव सर्वसंसारतारक।
स्थितं त्वदीयहृदये रहस्यं वद मे प्रभो॥

(माँ पार्वती भगवान् शिव से पूछती हैं) हे देवाधिदेव, हे महादेव, हे जगत् के उद्धारक, आप इस गुप्त ज्ञान के बारे में और बताने की कृपा करें।

स्वरज्ञानरहस्यात्तु न काचिच्चेष्टदेवता।
स्वरज्ञानरतो योगी स योगी परमो मतः॥

(माँ पार्वती के पूछने पर भगवान् शिव कहते हैं) हे सुंदरी, स्वरज्ञान सर्वश्रेष्ठ और अत्यंत गुप्त विद्या है और सबसे बड़ा इष्ट देवता है। जो योगी सदा स्वर के अभ्यास में रत रहता है, वह योगी सर्वश्रेष्ठ माना जाता है।

संक्षिप्त पुनरावलोकन (Recap)

√ सुबह सोकर उठने पर यूँ ही फर्श पर पैर नहीं रखना चाहिए। बिस्तर छोड़ने से पहले देखना चाहिए कि कौन सी नाड़ी चल रही है। दाईं या बाईं, जो भी नाड़ी चल रही हो, उसी पैर से सबसे पहले धरती का स्पर्श करना चाहिए।

√ दाईं नाड़ी चलने पर दायाँ पैर, बाईं हो तो बाएँ पैर से हलके से जमीन पर स्पर्श करें। हमारी बाईं नाड़ी इड़ा सम (ईवन) होती है, जबकि दाईं नाड़ी पिंगला विषम (ऑड) होती है।

√ बाएँ पैर को 2, 4 या 6 बार जमीन से स्पर्श करें और दाएँ पैर को करना हो तो 1, 3 या 5 बार जमीन से स्पर्श करें। इसके बाद उसी पैर को पहले जमीन पर रखकर बिस्तर छोड़ें। ऐसा करने का लाभ आप पूरे दिन चुस्त रहकर पाएँगे।

√ यदि सूर्योदय के समय और दोपहर में चंद्र स्वर (इड़ा नाड़ी) और सूर्यास्त के समय सूर्य स्वर (पिंगला नाड़ी) प्रवाहित हो तो जानिए कि आपकी नाड़ी अनुकूल चल रही है। उस दिन हर तरह की सफलता मिलती है।

√ यदि आठ दिनों तक लगातार सुबह, दोपहर और शाम को विपरीत स्वर चलें तो सभी कार्यों में असफलता मिलती है और कीर्ति बिल्कुल भी नहीं मिलती।

√ लंबी यात्रा, भवन आदि का निर्माण, तीर्थयात्रा करना, विवाह करना या विवाह तय करना, खरीदारी, पोषक पदार्थ ग्रहण करना, औषधि सेवन करना, अपने बॉस से मुलाकात करना, दोस्ती करना, गृह-प्रवेश, मंत्र-दीक्षा लेना, मंत्र जप या साधना करना, किसी विद्या का अभ्यास, परोपकार करना, नृत्य, गायन, अभिनय, संगीत और कला का अभ्यास, योगाभ्यास आदि कार्य इड़ा नाड़ी के प्रवाह काल में सफलता देते हैं।

√ व्यायाम, स्वीमिंग, भोजन, स्नान, हॉर्स राइडिंग, सेक्स, शत्रु पर विजय, यंत्र-तंत्र की उपासना, पहाड़ चढ़ना, उच्चाटन, मोहन (वशीकरण), स्तंभन, तंत्र साधना, प्रेरित करना, दान लेना-देना, इंद्रिय सुख का भोग आदि कार्य पिंगला नाड़ी में शुरू किया जाना शुभ होता है।

√ सुषुम्ना नाड़ी के प्रवाह में कुछ भी कार्य करने से उसमें असफलता ही मिलती है। सुषुम्ना नाड़ी में अग्नि तत्त्व का प्रवाह साक्षात् काल का रूप कहलाता है। सुषुम्ना नाड़ी में सिवाय साधना के कुछ भी नहीं करना चाहिए। साधना के लिए यह अति उत्तम है।

□

अध्याय-8

साँस की लंबाई के रहस्य

शरीररूपी नगर में प्राणवायु एक सैनिक की तरह इसकी रक्षा करती है। जन्म से लेकर मृत्यु तक यह सैनिक शरीर के पालन-पोषण से लेकर जीवन में होनेवाली बीमारियों से लड़कर शरीर की रक्षा करता है। इसलिए प्राण से बढ़कर हमारा कोई मित्र नहीं होता। प्राण हैं तो जान है और जान है तो जहान है। लेकिन हमारे प्राण की हालत उसकी तरह समझिए, जिसकी आमदनी कम और खर्चे ज्यादा हो। एक दिन यही मृत्यु का कारण बनता है। सामान्यतौर पर साँस जब शरीर में प्रवेश करती है तो उसकी लंबाई दस अंगुल होती है, लेकिन बाहर निकलते समय बारह अंगुल हो जाती है।

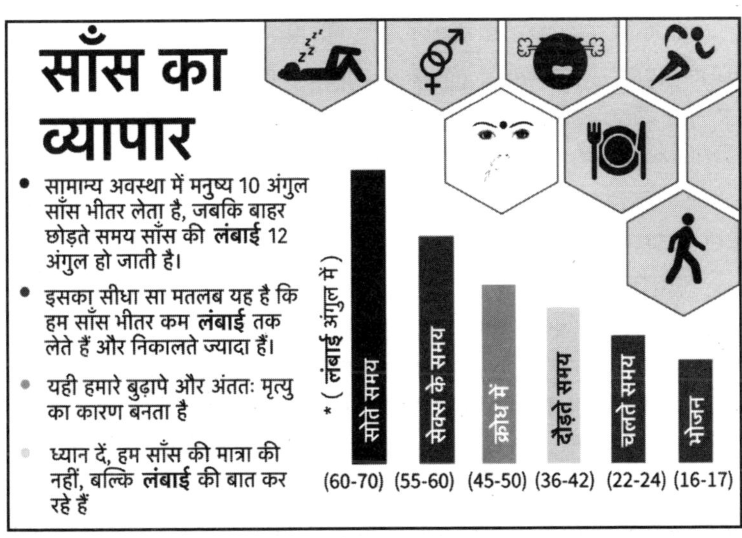

अगर आप सोचते हैं कि हम जितनी साँस भीतर लेते हैं, उतनी ही बाहर निकाल देते हैं, तो इसे ठीक से समझें। बात प्राण की मात्रा की नहीं, बल्कि उसकी लंबाई की हो रही है। कई काम ऐसे होते हैं, जिसमें जितनी लंबी साँस भीतर जाती है, उससे बहुत ज्यादा लंबी बाहर निकल जाती है। तेज चलते समय बाहर निकलनेवाली साँस की लंबाई 22–24 अंगुल, दौड़ते समय 36–42 अंगुल, अधिक क्रोध के समय 45–50 अंगुल, सेक्स करते समय 55–60 और सोते नींद में 60–70 अंगुल तक हो जाती है। भोजन और वमन करते समय इसकी लंबाई 16–17 अंगुल हो जाती है।

गौर करें तो आप पाएँगे कि इनमें कुछ क्रियाओं के दौरान, कभी-कभी तो 10 अंगुल भी साँस भीतर नहीं जाती। लेकिन इन क्रियाओं के दौरान बाहर निकलनेवाली साँस की लंबाई सामने का व्यक्ति तक अनुभव कर सकता है। हमारे सभी शास्त्रों में काम और क्रोध पर इसलिए नियंत्रण करने के लिए बोला गया है, क्योंकि यह प्राणशक्ति को क्षीण करते हैं।

याद दिला दें कि चीन के 165 वर्षीय व्यक्ति ने अपनी लंबी उम्र का राज बताते समय बस दो ही बातें बोली थीं—पहली, कि वह नाभि तक भरकर पूरी साँस लेता और पूरी साँस बाहर छोड़ता है। दूसरी, वह अपनी रीढ़ की हड्डी को सीधा रखता है। दरअसल, मामूली लगनेवाली यह दोनों बातें योग और प्राणायाम की दृष्टि से बेहद महत्त्वपूर्ण हैं। हममें से अधिकतर लोग नाभि तक भरकर साँस नहीं लेते। साँस पर ध्यान ही नहीं देते। बस जितनी अंदर चली जाए, उसी से काम चलाते रहते हैं।

इतना ही नहीं, बहुत से लोग तो साँस लेते समय उलटी क्रिया करते हैं। यदि किसी गुब्बारे में वायु जाती है तो वह फूलता है या पिचकता है? अब चेक करिए कि साँस भीतर खींचते समय आपका पेट फूलता है या पिचकता है? नाभि तक साँस जाने का अर्थ यह है कि साँस लेते समय हमारा पेट फूलना चाहिए और बाहर निकलते वक्त पिचकना चाहिए। योगा और प्राणायाम में कुंभक, पूरक और रेचक जैसी क्रियाओं में यही किया जाता है।

मतलब यह कि आमतौर पर साँस भीतर तो कम लंबाई में जाती है, लेकिन बाहर ज्यादा लंबी निकलती है। यदि बाहर निकलनेवाले प्राण की लंबाई कम की जाए तो दीर्घायु प्राप्त होती है। इससे अलौकिक सिद्धियाँ भी मिलती हैं और इसे किया जा सकता है। योग और प्राणायाम इसमें सहायक हैं। लेकिन नाड़ी और तत्त्व के ज्ञान के बाद सही मायने में योग और प्राणायाम होता है, वह ज्यादा असरकारक होता है।

स्वर-शास्त्र के अनुसार, यदि बाहर निकलनेवाली प्राणवायु की लंबाई एक अंगुल कम हो जाए तो व्यक्ति निष्काम हो जाता है। दो अंगुल कम होने से आनंद

की प्राप्ति होती है। तीन अंगुल कम होने से कवित्व या लेखन शक्ति मिलती है। चार अंगुल कम होने से वाक्-सिद्धि, पाँच अंगुल कम होने से दूर-दृष्टि, छह-सात अंगुल कम होने से प्रचंड वेग से चलने की गति प्राप्त होती हैं। यदि साँस की लंबाई आठ अंगुल कम हो जाए तो साधक को आठ सिद्धियों की प्राप्ति होती है।

क्या होती हैं अष्ट सिद्धियाँ?

बहुत से शास्त्रों में 8 सिद्धियों की बात की गई है। हनुमानचालीसा में भी एक लाइन है—'अष्ट सिद्धि नव निधि के दाता।' यह 8 सिद्धियाँ क्या होती हैं? इन्हें प्राप्त करने से क्या होता है? ये वे सिद्धियाँ हैं, जिन्हें प्राप्त कर व्यक्ति किसी भी रूप और देह में वास करने में सक्षम हो सकता है। वह सूक्ष्म से सूक्ष्म तथा जितना चाहे विशालकाय हो सकता है। अब आप चौंक सकते हैं कि ऐसे कैसे कोई सूक्ष्म या विशाल हो सकता है?

हम पहले भी बता चुके हैं कि हमारे शास्त्रों में बहुत सी बातें क्षेपक, यानी छिपा कर कही गई है। उनके पीछे गूढ़ अर्थ होते हैं। इसलिए ऐसी बातें गले उतरना मुश्किल हो जाता है। लेकिन क्षेपक को स्पष्ट करने से सब समझा जा सकता है। क्षेपकों का वास्तविक अर्थ समझने के लिए लोग गुरु की शरण लेते थे। तो इन अष्ट सिद्धियों के बारे में जानने से पहले संक्षेप में कुछ महत्त्वपूर्ण बातें जान लें।

ज्यादातर लोग जिस शरीर के बारे में जानते हैं, जिसका हम अनुभव करते हैं, वह है स्थूल शरीर, यानी फिजिकल बॉडी। लेकिन हमारा सिर्फ स्थूल शरीर ही नहीं होता। इसके अलावा दो अन्य शरीर भी होते हैं, जिन्हें सूक्ष्म शरीर और कारण शरीर कहते हैं। हमारी आत्मा इन तीन शरीर और पाँच परतों, जिन्हें पंचकोष कहते हैं, उसके पार होती है।

ये पंचकोष हैं—1. अन्नमय कोष, 2. प्राणमय कोष, 3. मनोमय कोष 4. विज्ञानमय कोष, 5. आनंदमय कोष।

स्थूल शरीर अन्नमय कोष से जुड़ा होता है। सूक्ष्म शरीर तीन कोषों (प्राणमय कोष, मनोमय कोष और विज्ञानमय कोष) से जुड़ा होता है। जबकि कारण शरीर आनंदमय कोष से जुड़ा होता है। आनंद के क्षणों का अनुभव कारण शरीर को ही होता है। इसी के पीछे शुद्ध चैतन्य आत्मा होती है।

ठीक से समझें—हमें आनंद होता ही तब है, जब हम अपनी आत्मा यानी अपने मूल रूप के निकट उपस्थित कारण शरीर तक पहुँच जाते हैं। जब कभी भी हम किसी चीज में इतने डूब जाते हैं कि कुछ क्षणों के लिए हम अपने होने को ही

भुला सकें तो हमें आनंद मिलता है; और जिस हद तक हम खुद को भुला सकेंगे, उतना ही आनंद। हम फिल्म के किसी दृश्य में, किसी सौंदर्य में, किसी संगीत में या किसी सुगंध आदि में डूबकर ही आनंद अनुभव करते हैं। संभोग के पलों में हम सबसे ज्यादा खुद को भुला पाते हैं, इसलिए उसमें अधिक आनंद अनुभव करते हैं। यानी आनंद 'खोजने' से नहीं, 'खो जाने' से मिलता है।

लेकिन ये सारे आनंद कुछ पलों के ही होते हैं, क्योंकि उन पलों में ही हमें अपने स्थूल शरीर और सूक्ष्म शरीर का होश नहीं रहता। ऐसे क्षणों में हमारी चेतना कारण शरीर तक पहुँच जाती है। तब हमें कारण शरीर के ठीक पीछे उपस्थित शुद्ध चेतना, यानी आत्मा की झलक मिलने लगती है। बस, यही आनंद है। लेकिन हम परम आनंद को नहीं जानते, क्योंकि आत्मा के पास पहुँचना एक बात है और आत्मा तक पहुँचना दूसरी बात। सामान्य परिस्थियों में इतनी परतों के पीछे छिपी आत्मा की हम अनुभूति नहीं कर पाते। इसके लिए साधना से हमें अपने तीनों शरीर और पंचकोष के पार जाना होता है, जो ध्यान से संभव है।

सूक्ष्म शरीर उस जीव को कहते हैं, जो आत्मा के माध्यम से स्थूल शरीर को धारण करता है, इसलिए इसे 'जीवात्मा' कहा जाता है। मृत्यु होने पर स्थूल शरीर नष्ट हो जाता है, लेकिन सूक्ष्म शरीर और कारण शरीर नष्ट नहीं होते। सूक्ष्म शरीर नया जन्म लेकर फिर से स्थूल शरीर प्राप्त कर लेता है। सूक्ष्म शरीर के नष्ट होने पर ही मोक्ष, यानी जन्म-मरण के चक्र से मुक्ति संभव है। इसलिए साधना का संबंध इसी सूक्ष्म शरीर से होता है।

हम स्थूल शरीर को ही अपना होना क्यों मान लेते हैं? वास्तव में इसकी वजह हमारा सूक्ष्म शरीर होता है, जिसे बहुत मुश्किलों के बाद स्थूल शरीर मिला होता है। सूक्ष्म शरीर अपने साथ सैकड़ों-हजारों पूर्व जन्मों के संस्कार लेकर आता है। यह संस्कार हमारे चित्त में जमा रहते हैं। इस जन्म और पूर्व जन्म के संस्कारों को जोड़कर ही सपने दिखते हैं। स्वप्नावस्था में हमारा स्थूल शरीर निष्क्रिय होता है, तो सपनों का अनुभव सूक्ष्म शरीर ही करता है।

जब भी हम कोई ऐसी साधना करना चाहते हैं, जो हमें हमारे शुद्ध चैतन्य यानी हमारी आत्मा के दर्शन करा दे, तब हमारा सूक्ष्म शरीर भयभीत हो जाता है, क्योंकि वह जानता है कि एक बार किसी को अपने वास्तविक स्वरूप का पता चल गया, तो वह स्थूल शरीर को अपना स्वरूप जानना बंद कर देगा। तब सूक्ष्म शरीर भी नहीं बचेगा। अत: खुद को बचाए रखने के लिए सूक्ष्म शरीर चित्त के जरिए साधना से बचने के बहाने तलाशने लगता है। सूक्ष्म शरीर जरा सी देर को भी स्थूल शरीर से

अलग नहीं होना चाहता, क्योंकि उसे बड़ी मुश्किल से स्थूल शरीर मिला होता है।

मनुष्य के शरीर में बहुत सारी शक्तियाँ होती हैं, लेकिन वे सोई रहती हैं। वे तभी जाग्रत् होती हैं, जब उनकी तीव्र आवश्यकता हो। इतनी आवश्यकता कि उस शक्ति के बिना उसके अस्तित्व को ही संकट पैदा हो जाए। इससे पहले वे शक्तियाँ जाग्रत् नहीं होतीं। जैसे अगर जान बचाने की नौबत आ जाए तो मनुष्य ऐसे काम भी कर डालता है, जो सामान्य अवस्था में वह नहीं कर सकता। अर्थात् जब तक आवश्यक न हो, ऐसी शक्ति जाग्रत् क्यों हो?

इसलिए हमारे भीतर कई शक्तियाँ निष्क्रिय अवस्था में पड़ी रहती हैं। इसे ठीक वैसे ही समझें, जैसे अपने फोन में हम कोई सॉफ्टवेयर डाउनलोड तो कर लें, लेकिन वह इंस्टॉल और ऐक्टिवेट न हुआ हो, तो वह काम नहीं करेगा। इन सिद्धियों (सॉफ्टवेयर) का संबंध अपने भीतर छिपी (डाउनलोडेड) शक्तियों को जाग्रत् (इंस्टॉल और ऐक्टिवेट) करने से होता है।

मनोविज्ञान भी कहता है कि मनुष्य के मस्तिष्क का सिर्फ दो प्रतिशत हिस्सा ही सक्रिय रहता है, शेष का ९८ प्रतिशत इस्तेमाल ही नहीं होता। सोचिए, मनुष्य मस्तिष्क के केवल दो प्रतिशत जाग्रत् हिस्से से इतने तूफान मचाए रहता है, तो उस शेष हिस्से से क्या कुछ नहीं हो सकता है? हमें उसके बारे में कोई खबर नहीं होती, क्योंकि वह हिस्सा सुषुप्त अवस्था में होता है।

यों भी अगर हम शरीर के किसी अंग का लंबे समय तक इस्तेमाल न करें तो वह भी सो जाता है। अगर हम हाथ, पैर, आँख आदि का इस्तेमाल न करें तो वह भी काम करना बंदकर देंगे। ऐसी स्थिति में मनुष्य के भीतर जो शक्तियाँ सुषुप्त अवस्था में हैं, उसी अवस्था में मनुष्य पूरा जीवन गुजार देता है और उसकी जानकारी के बिना ही फिर अगला जन्म ले लेता है।

यदि कोई अपनी सोई हुई किसी शक्ति को जाग्रत करना चाहता है तो वह तभी संभव है, जब उसके भीतर उसे पाने की तीव्र अभिलाषा हो। लेकिन हमारे भीतर यह तीव्र अभिलाषा करेगा कौन? इच्छा मन से ही उठती है, और मन का संचालन करता है हमारा सूक्ष्म शरीर। इसीलिए चाहे कोई धर्म हो, सभी में इंद्रियों पर नियंत्रण करके मन को नियंत्रित करने से संबंधित तमाम साधना बताई गई हैं।

संक्षेप में ही सही, लेकिन तीन शरीर की इतनी जानकारी के बाद अब इन अष्ट सिद्धियों के नाम और इनकी शक्ति पर प्रकाश डालें, तो इसके पीछे छुपे अर्थों को आसानी से समझा जा सकता है। वास्तव में इन सिद्धियों का अर्थ हमारे सूक्ष्म शरीर से जुड़ा है, जो हमारे स्थूल शरीर से कई गुना अधिक शक्तिशाली होता है।

1. अणिमा : इसका अर्थ अपनी देह को एक अणु के समान सूक्ष्म करने की शक्ति से है। साधक जब चाहे एक अणु के बराबर का सूक्ष्म देह धारण करने में सक्षम होता है।

2. महिमा : इस सिद्धि को प्राप्त साधक जब चाहे अपने शरीर को विशाल-काय बना सकता है।

3. गरिमा : इस सिद्धि को प्राप्त साधक का आकार तो सीमित ही रहता है, परंतु उसके शरीर का भार इतना बढ़ जाता है कि उसे कोई शक्ति हिला नहीं सकती।

4. लघिमा : साधक का शरीर इतना हलका हो सकता है कि वह पवन से भी तेज गति से उड़ सकता हैं।

5. प्राप्ति : साधक अपनी इच्छानुसार अन्य मनुष्यों के सम्मुख अदृश्य होकर जहाँ जाना चाहे, जा सकता हैं तथा उसे कोई देख नहीं सकता।

6. प्रकाम्य : साधक किसी के मन की बात को बहुत सरलता से समझ सकता है, चाहे सामने वाला व्यक्ति अपने मन की बात व्यक्त न करे।

7. ईशत्व : यह भगवान् की उपाधि है। इस सिद्धि को प्राप्त करने के बद साधक स्वयं ईश्वर-स्वरूप हो जाता हैं। वह सर्वत्र व्याप्त रहता है।

8. वशित्व : इस सिद्धि को प्राप्त करने के बाद साधक जिसे चाहे, उसे अपने वश में कर सकता है।

अब आपको फिर थोड़ा पीछे ले जाकर याद दिला दें कि यह सब साँस की लंबाई कम करने से होता है। स्वर-शास्त्र में साँस की लंबाई आठ अंगुल कम होने से अष्ट सिद्धियों की प्राप्ति की बात कही गई है। लेकिन बात यहीं तक सीमित नहीं है।

साँस की लंबाई बारह अंगुल कम होने पर साधना के दौरान ऐसी स्थिति आती है कि साँस की गति रुक जाने के बाद भी साधक जीवित रह सकता है। यही समाधि की 'चरम अवस्था' होती है।

यहाँ यह स्पष्ट करना जरूरी है कि हम जिस समाधि की बात कर रहे हैं, उसे उन कथित बाबाओं, साधुओं से जोड़कर न समझें, जो लोगों को प्रभावित करने के लिए कुछ दिनों के लिए खुद को जमीन में गड्ढा खोदकर उसमें दफन कर लेते हैं और उनके चेले उनकी समाधि की बात करके लोगों को प्रभावित करते हैं। उनका काम तो लोगों को प्रभावित करके (उल्लू बनाकर) अपना उल्लू सीधा करना होता है।

हम जिन साधकों की बात कर रहे हैं, वह ऐसी साधना या समाधि की नुमाइश नहीं करते। सच्चे साधकों को ऐसा करने की कोई जरूरत नहीं होती। उनका मकसद

किसी को प्रभावित करना तो हो ही नहीं सकता, क्योंकि आध्यात्मिक साधना आत्मोपलब्धि के लिए की जाती है। देखिए यह श्लोक—

द्वादशे हंसचारश्च गङ्गामृतरसं पिबेत्।
आनखाग्रं प्राणपूर्णे कस्य भक्ष्यं च भोजनम्॥
एवं प्राणविधिः प्रोक्तः सर्वकार्यफलप्रदः।
ज्ञायते गुरुवाक्येन न विद्याशास्त्रकोटिभिः॥

साँस की लंबाई बारह अंगुल कम होने पर साधक अमरत्व प्राप्त कर लेता है। अमरत्व का अर्थ यह है कि साधना के दौरान ऐसी स्थिति आती है कि साँस की गति रुक जाने के बाद भी साधक जीवित रह सकता है। और जब सिर से लेकर पैर तक साधक अपने प्राणों को नियंत्रित कर लेता है तो वह भूख, प्यास और सांसारिक वासनाओं पर विजय प्राप्त कर लेता है। साँस के बारे में बताई गई विधियाँ बाकी सभी कार्यों में तो सफलता प्रदान करती हैं, लेकिन प्राण को नियंत्रित करने की विधि सिर्फ गुरु के सान्निध्य और कृपा से ही प्राप्त हो सकती है, विभिन्न शास्त्रों के अध्ययन मात्र से नहीं।

साँस से रोग निवारण

जब भी हमारे शरीर में कोई बीमारी होने को होती है, उससे पहले नाड़ियों के क्रम में बदलाव आ जाता है। अगर हमें इसकी जानकारी हो तो हम बीमारी होने से पहले ही सचेत होकर उसकी रोकथाम कर सकते हैं। रोग तभी शरीर को पकड़ते हैं, जब शरीर के किसी भाग में दुर्बलता हो। जब रोग को शरीर की कोई खिड़की खुली मिलती है, तभी वह शरीर में प्रवेश कर पाता है। जब साँस की नियमित गति में बदलाव देखने को मिले तो रोग के प्रति सावधान हो जाना चाहिए।

यदि कोई रोग हो ही चुका हो तो देखना चाहिए कि किस नाड़ी के चलने पर उस रोग का प्रकोप बढ़ता है? जिस स्वर में प्रकोप बढ़े, उसको बदल लीजिए। इससे फौरन राहत अनुभव करेंगे। जब कहीं ज्यादा दर्द महसूस हो, अपनी नाड़ी चेक करें। उस समय जो भी स्वर चल रहा हो, दायाँ या बायाँ, उसी करवट लेटकर स्वर बदल लें। स्वर बदलने से आराम मिलेगा। जब नाड़ियों का क्रम बहुत ही अधिक बिगड़ जाता है, तब क्या होता है, इस बारे में स्वर-शास्त्र के कुछ श्लोकों पर नजर डालते हैं। शास्त्रकार के मतानुसार—

बिगड़ी नाड़ी के दुष्परिणाम

अहोरात्रं यदैकत्र वहते यस्य मारुतः।
तदा तस्य भवेन्मृत्यु सम्पूर्ण वत्सरत्रये॥

यदि किसी का एक ही स्वर दिन-रात लगातार प्रवाहित होता रहे तो समझ जाना चाहिए कि तीन वर्ष में उसकी मृत्यु होगी।

अहोरात्रद्वयं यस्य पिङ्गलायां सदा गतिः।
तस्य वर्षद्वयं प्रोक्तं जीवितं तत्त्ववेदिभिः॥

यदि किसी की पिंगला नाड़ी (दाहिना स्वर) पूरी तरह दिन-रात कई दिनों तक लगातार प्रवाहित हो तो समझना चाहिए कि उसके जीवन के केवल दो वर्ष बचे हैं।

त्रिरात्रं वहते यस्य वायुरेकपुटे स्थितः।
तदा संवत्सरायुस्तं प्रवदन्ति मनीषिणः॥

यदि किसी की एक ही नाड़ी लगातार तीन रातों तक चले तो समझना चाहिए कि उसका जीवन केवल एक वर्ष शेष रह गया है।

रात्रौ चन्द्रो दिवा सूर्यो बहेद्यस्य निरन्तरम्।
जानीयात्तस्य वैमृत्युः षट्मासाभ्यन्तरे भवेत्॥

यदि किसी व्यक्ति का बायाँ स्वर रात में तथा दाहिना स्वर दिन में लंबे समय से लगातार प्रवाहित हो रहा हो तो समझना चाहिए कि उसके जीवन का कुछ ही समय शेष है।

शरीरं शीतलं यस्य प्रकृतिर्विकृता भवेत्।
तदरिष्टं समासेन व्यासतस्तु निबोध मे॥

उक्त अवस्था में उस व्यक्ति का शरीर शीतल होने लगे तथा उसकी अवस्था खराब होने लगे तो उसका अनिष्ट समझना चाहिए।

हुंकारो शीतलो यस्य फुत्कारो वह्निसन्निभः।
महावैद्यो भवेद्यस्य तस्य मृत्युर्भवेद्ध्रुवम्॥

जिस व्यक्ति की अंदर जानेवाली श्वास शीतल हो और छोड़ी जानेवाली आग की भाँति गरम हो, उसे मृत्यु से बड़ा-से-बड़ा चिकित्सक भी नहीं बचा सकता।

एकादिषोडषा हानिर्यदि भानुर्निरन्तरम्।
वहेद्यस्य भवेन्मृत्युः शेषाहेन मासिकम्॥

किसी व्यक्ति का दाहिना स्वर लगातार सोलह दिन तक चलता रहे तो उसका जीवन महीने के बचे शेष दिनों तक समझना चाहिए।

सम्पूर्ण वहते सूर्यश्चन्द्रमा नैव दृश्यते।
पक्षेण जायते मृत्युः कालज्ञेनानुभाषितम्॥

काल-ज्ञान रखनेवाले योगियों का मत है कि यदि दाहिना स्वर लगातार 15 दिन चले तथा बायाँ स्वर बिल्कुल न चले तो समझना चाहिए कि उस व्यक्ति की मृत्यु कुछ ही दिन में हो जाएगी।

मूत्रं पुरीषं वायुश्च समकालं प्रवर्तते।
तदाऽसौ चलितो ज्ञेयो दशाह्वे म्रियते ध्रुवम्॥

शौच के समय यदि किसी व्यक्ति का कई दिनों तक मल, मूत्र और अपान वायु एक साथ निकलें तो समझना चाहिए कि उसके जीवन का कुछ ही समय शेष बचा है।

सम्पूर्ण वहते चन्द्रः सूर्यो नैव च दृश्यते।
मासेन जायते मृत्युः कालज्ञेनानुभाषितम्॥

कालज्ञानियों का मत है कि यदि किसी व्यक्ति का लगातार कई दिनों तक बायाँ स्वर लगातार चले और दाहिना स्वर बिल्कुल न चले तो समझना चाहिए कि उसकी मृत्यु में कुछ माह ही शेष हैं।

(**नोट :** उपरोक्त जानकारी में स्वर-शास्त्र में शास्त्रकार के मत को ज्यों-का-त्यों दे दिया है। इसकी व्याख्या नहीं की गई है।)

संतान उत्पत्ति में साँस की भूमिका

हम पहले ही बता चुके हैं कि स्वर-शास्त्र हजारों साल पुराना है और इतने लंबे समय में बहुत सी बातें बदल चुकी हैं। जब यह शास्त्र लिखा गया था, तब समाज पूरी तरह पुरुष-प्रधान था। उस वक्त स्त्री का कार्य केवल घर की देखभाल करना और संतान उत्पत्ति करना होता था। इसलिए स्वर-शास्त्र में संतान उत्पत्ति के साथ कुछ ऐसी बातों का भी उल्लेख है, जो केवल पुरुषों को ध्यान में रखकर लिखी गई हैं।

आज के आधुनिक युग में महिलाएँ कंधे-से-कंधा मिलाकर हर क्षेत्र में पुरुषों के बराबर खड़ी हैं। स्त्री-पुरुष के बीच भेदभाव के सख्त खिलाफ होने के कारण मेरा मानना है कि ऐसी बातों को इस लेखन में कोई स्थान नहीं देना चाहिए। इसलिए हम सिर्फ उन बातों का उल्लेख करेंगे, जो संतान उत्पत्ति की दृष्टि से महत्त्वपूर्ण हो सकती हैं।

साधारण तौर पर माना जाता है कि स्त्री के रजस्वला (पीरियड) होने के चार दिन बाद से सोलह दिन तक गर्भ के लिए समय अच्छा रहता है। शास्त्रों में भी प्रथम तीन दिन, महीने की तिथि अष्टमी, एकादशी, त्रियोदशी और पूर्णिमा व अमावस्या

को गर्भ के लिए निषिद्ध बताया गया है। शास्त्रकारों का मत है कि ऐसा करने से संतान में विभिन्न तरह से समस्या हो सकती है।

ऋतुस्नाता रता नारी पञ्चमैह्नि यदा भवेत्।
सूर्यचन्द्रमसोर्योगे सेवनात्पुत्र संभवः॥

रजस्वला होने के पाँचवें दिन यदि स्त्री का चंद्र स्वर प्रवाहित हो और पुरुष का सूर्य स्वर प्रवाहित हो तो समागम करने से पुत्र उत्पन्न होता है।

सुषुम्ना सूर्यवाहेन ऋतुदानं तु योजयेत्।
अङ्गीनः पुमान्यस्तु जायतैत्र कुविग्रहः॥

ऋतु-स्नान के पाँचवें दिन यदि स्त्री के सुषुम्ना स्वर का प्रवाह हो और पुरुष के सूर्य स्वर का प्रवाह हो, ऐसे समय में किए गए समागम के परिणामस्वरूप गर्भाधान से अंगहीन और कुरूप पुत्र उत्पन्न होता है।

ऋत्वारम्भे रविः पुंसां स्त्रीणां च सुधाकरः।
उभयोः सङ्गमे प्राप्तो वन्ध्या पुत्रमवाप्नुयात्॥

ऋतु के आरंभ में स्त्री का चंद्र स्वर प्रवाहित हो और पुरुष का सूर्य स्वर

प्रवाहित हो, ऐसे समय में सहवास करने से बंध्या स्त्री को भी पुत्र पैदा होता है।

ऋत्वारम्भे रविः पुंसां शुक्रान्ते च सुधाकरः।
अनेन क्रमयोगेन नादत्ते कामिनीजनः॥

ऋतु के आरंभ में सहवास के समय पुरुष का सूर्य स्वर प्रवाहित हो रहा हो और स्खलन के समय अचानक चंद्र स्वर प्रारंभ हो जाए तो गर्भधारण नहीं हो सकता।

शून्ये शून्यं युगे युग्मं गर्भपातश्च संक्रमे।
तत्त्ववित्स विजानीयात् कथितं तत्तु सुन्दरि॥

यदि शून्य स्वर (सुषुम्ना नाड़ी) के प्रवाह काल में गर्भाधान नहीं होता, पर दोनों स्वर संतुलित रूप से प्रवाहित हो रहे हों तो जुड़वाँ संतान होती है। लेकिन स्वर का संक्रमण काल होने पर गर्भाधान तो होता है, पर उसका पतन हो जाता है, ऐसी तत्त्ववादियों की मान्यता है।

गर्भाधानं मारुते स्याच्च दुःखी दिक्षु ख्यातो वारुणे सौख्ययुक्तः।
गर्भस्रावः स्वल्पजीवश्च वह्नौ भोगी भव्यः पार्थिवेनार्थयुक्तः॥

वायु तत्त्व के प्रवाह काल में हुए गर्भाधान के परिणामस्वरूप उत्पन्न संतान दीन-हीन और अभागी होती है, जल तत्त्व के प्रवाह काल में गर्भाधान से उत्पन्न संतान सुखी और गौरवशाली होती है, अग्नि तत्त्व में गर्भ ठहरता नहीं, यदि ठहर गया तो इस प्रकार उत्पन्न संतान अल्पायु होती है, पर पृथ्वी तत्त्व के प्रवाह काल में हुए गर्भाधान के परिणामस्वरूप उत्पन्न संतान धन-धान्य से युक्त, आनंद का उपभोग करनेवाली होती है।

धनवान् सौख्ययुक्तश्च भोगवानर्थ संस्थितिः।
स्यान्नित्यं वारुणे तत्त्वेव्योम्नि गर्भो विनश्यति॥

जल तत्त्व के प्रवाह काल में गर्भाधान से उत्पन्न संतान धन-धान्य और ऐश्वर्य से संपन्न होती है। परंतु आकाश तत्त्व के प्रवाह काल का गर्भाधान नहीं ठहरता।

महीन्द्रे सुसुतोत्पत्तिर्वारुणे दुहिता भवेत्।
शेषेषु गर्भहानिः स्याज्जातमात्रस्य वा मृतः॥

पृथ्वी तत्त्व के प्रवाह काल के गर्भ से सुपुत्र उत्पन्न होता है और जल तत्त्व के प्रवाहकालिक गर्भ से कन्या का जन्म होता है। जबकि अन्य तीन तत्त्वों के प्रवाह काल में गर्भ नहीं ठहरता और यदि ठहर गया तो उससे उत्पन्न संतान अल्पायु होती है।

संक्षिप्त पुनरावलोकन (Recap)

√ सामान्यतौर पर साँस जब शरीर में प्रवेश करती है तो उसकी लंबाई दस अंगुल होती है। लेकिन बाहर निकलते समय बारह अंगुल हो जाती है। यानी आमदनी कम, खर्चे ज्यादा। इसे ठीक से समझें। बात प्राण की मात्रा की नहीं, बल्कि उसकी लंबाई की हो रही है।

√ कई काम ऐसे होते हैं, जिसमें जितनी लंबी साँस भीतर जाती है, उससे बहुत ज्यादा लंबी बाहर निकल जाती है। तेज चलते समय बाहर निकलनेवाली साँस की लंबाई 22-24 अंगुल, दौड़ते समय 36-42 अंगुल, क्रोध के समय 45-50 अंगुल, सेक्स करते समय 55-60 और नींद में 60-70 अंगुल तक हो जाती है। भोजन और वमन करते समय इसकी लंबाई 16-17 अंगुल हो जाती है।

√ इनमें कुछ क्रियाओं के दौरान तो 10 अंगुल भी साँस भीतर नहीं जाती। जबकि बाहर निकलते वक्त लंबाई बहुत ज्यादा हो जाती है। हमारे सभी शास्त्रों में काम और क्रोध पर इसलिए नियंत्रण करने के लिए बोला गया है, क्योंकि यह प्राणशक्ति को क्षीण करते हैं।

√ यदि बाहर निकलनेवाले प्राण की लंबाई कम की जाए तो दीर्घायु प्राप्त होती है। इससे अलौकिक सिद्धियाँ भी मिलती हैं और इसे किया जा सकता है।

√ गुब्बारे में हवा भरें तो वह फूलता है। साँस लेते समय हमारा पेट भी फूलना चाहिए और साँस छोड़ते समय पिचकना चाहिए। बहुत से लोग उलटी क्रिया करते हैं, जो गलत है। नाभि तक साँस लें।

√ शरीर में कोई बीमारी होने या मृत्यु से पहले नाड़ियों के क्रम में बदलाव आ जाता है। अगर हमें इसकी जानकारी हो तो हम बीमारी होने से पहले ही सचेत होकर उसकी रोकथाम कर सकते हैं।

√ संतान उत्पत्ति में नाड़ी की कितनी अहम भूमिका होती है, यह हम विस्तार से बता चुके हैं।

□

अध्याय-9

साँस से साधना

अब हम कुछ ऐसी बातों का जिक्र करते हैं, जिन्हें क्षेपक (गुप्त या गोपनीय) के तौर पर बताया गया है। हम जिन श्लोकों का जिक्र करने जा रहे हैं, वह शास्त्र में इस क्रम में नहीं हैं, जिस क्रम में यहाँ रखा जा रहा है, बल्कि इन्हें अलग-अलग अध्याय में लिखा गया है। आपको पूरी बात समझने में सरलता रहे, इस दृष्टि से उन श्लोकों को एक साथ रखकर दिया जा रहा है।

'साँस की लंबाई के रहस्य' अध्याय में दिए गए श्लोक के शब्द 'द्वादशे हंसचारश्च' पर गौर करिए। यह शब्द इतना महत्त्वपूर्ण है कि इसकी व्याख्या में हजारों शब्द भी कम पड़ सकते हैं। आध्यात्मिक रुचि रखनेवाले ही इसको जानते

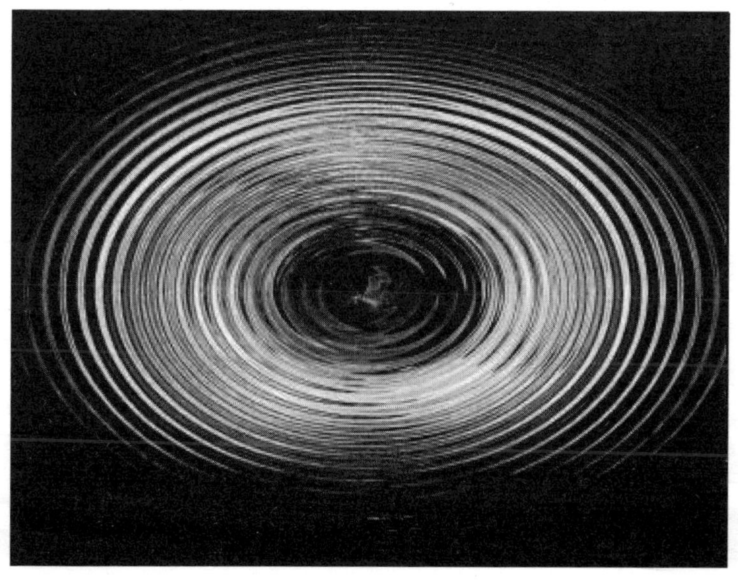

हैं। लेकिन हमारा उद्देश्य ही यही है कि ज्यादा-से-ज्यादा लोग सरलतापूर्वक विषय की गूढ़ बातों को भी समझ सकें, इसलिए हमने शास्त्र में श्लोकों के क्रम के बजाय उसमें कही बात की तारतम्यता बनाए रखने का पूरा प्रयास किया है।

श्लोक में यह जो 'हंसाचार' शब्द है, शुरुआत इसी को जानने से करते हैं। जब हम साँस बाहर निकालते हैं तो 'हं' की ध्वनि होती है। जब साँस भीतर लेते हैं तो 'सः (सो)' की ध्वनि होती है। जब हम ध्यान की गहराई में उतरते हैं, तब यह ध्वनि हमें सुनाई देती है। सही मायने में ध्यान की शुरुआत ही यहीं से होती है। जब साधक ध्यान की गहराई में जाता है तो उसकी साँस बहुत धीमी हो जाती है। उस वक्त इस 'हंसः' की ध्वनि को जाना जा सकता है।

यदि हम साँस को बाहर निकलने से सुनना शुरू करके साँस भीतर लेने तक सुनें तो यह ध्वनि 'हंसः' होती है। यदि इसका उलटा करें, यानी साँस भीतर लेने से सुनना शुरू करें और बाहर निकलने की ध्वनि को उसके बाद सुनें तो यही 'सोहं' बन जाती है। तब सुषुम्ना नाड़ी चलने लगती है। सुषुम्ना नाड़ी में आकाश तत्त्व चलता है और उस दौरान बाहर निकलनेवाली साँस की लंबाई सिर्फ चार अंगुल होती है। धीरे-धीरे साधक बाहर निकलनेवाली साँस की लंबाई कम करने में सफलता प्राप्त कर लेता है। जैसाकि उपरोक्त श्लोक में बताया गया है। अब देखिए, स्वर शास्त्र में इसी बात को कैसे गूढ़ तरह से दो श्लोक में (अलग-अलग पन्नों में) बताया गया है—

हकारस्य सकारस्य विना भेदं स्वरः कथम्।
सोहं हंसपदेनैव जीवो जपति सर्वदा॥

स्वरज्ञान 'हं' और 'सः' में प्रवेश किए बिना प्राप्त नहीं होता। 'सोहं' अथवा 'हंसः' पद (मंत्र) के सतत जप द्वारा स्वरज्ञान की प्राप्ति होती है।

अब इस श्लोक में यह तो बताया गया है कि 'हं' और 'सः' में प्रवेश किए बिना स्वरज्ञान प्राप्त नहीं होता। लेकिन यहाँ यह नहीं बताया गया कि 'हं' और 'सः' होता क्या है ? इसे बिल्कुल अलग अध्याय में इस श्लोक से बताया गया है। समझाने की दृष्टि से यहीं यह भी बता दें कि आध्यात्मिक भाषा में 'हं' को हकार और 'सः' को सकार भी कहते हैं। अब देखिए यह श्लोक—

हकारो निर्गमे प्रोक्त सकारेण प्रवेशणम्।
हकारः शिवरूपेण सकारः शक्तिरुच्यते॥

जब हमारी साँस बाहर निकलती है तो 'हं' की ध्वनि निकलती है और जब साँस अंदर जाती है तो 'सः' (सो) की ध्वनि निकलती है। 'हं' को शिव स्वरूप माना जाता है और 'सः' या 'सो' को शक्ति-रूप।

आशा है कि आपके लिए उपरोक्त तीनों श्लोक में कही बात का महत्त्व और अर्थ अब स्पष्ट हुआ होगा। आपको बता दें कि योगशास्त्र और तंत्रशास्त्र में भी 'हंसः' और उसके उलटे 'सोहं' का एक मंत्र के रूप में बहुत महत्त्व है। बहुत से गुरु लोग तो अपने शिष्यों को 'सोहं' या 'हंसः' को मंत्र के रूप में दे देते हैं और शिष्य इसी को मुँह से उच्चारित करते हुए माला लेकर इसका जप करते रहते हैं। जबकि वास्तव में यह साँस की ध्वनि है और साँस की ध्वनि का जाप साँस से ही होता है। इसे मुँह से बुदबुदाना ठीक वैसा ही है, जैसे हम रोटी खाना चाहते हैं। हमारे सामने रोटी रखी हो; हम रोटी खाएँ न, लेकिन माला लेकर मुँह से बोलते रहें, 'रोटी…रोटी…रोटी…रोटी…।' तो क्या रोटी खा सकेंगे? वास्तव में 'सोहं' या 'हंसः' की साधना बहुत उच्च कोटि की आध्यात्मिक साधना है।

सुषुम्ना नाड़ी के चलने पर जब इड़ा और पिंगला का मिलन होता है, उसी बीच एक क्षण ऐसा भी होता है, जब हमारी आनेवाली साँस और जानेवाली साँस का एक बिंदु पर मिलन होता है। इसी को 'हं' का 'सः' से मिलन बोलते हैं। आपने उच्च कोटि के संतों के नाम के पहले 'परमहंस' जैसी उपाधि सुनी होगी। जैसे स्वामी विवेकानंद के गुरु परमपूज्य रामकृष्ण परमहंस। इसका अर्थ यही है कि उन्होंने साधना करके 'हंस' से भी ऊपर की परम आध्यात्मिक अवस्था प्राप्त कर ली।

साधना का संबंध हमारी नाड़ियों के बीच 7 चक्रों से होता है। शुरू में जहाँ हमने पाँचों तत्त्वों की पहचान बताई है, वहीं हमने उनके बीज मंत्रों का भी जिक्र किया है। वे बीज मंत्र शरीर में नाड़ियों से उत्पन्न चक्रों को जाग्रत् करने के लिए प्रयोग किए जाते हैं। आगे 'चक्र-साधना' अध्याय में विस्तार से जानकारी दी गई है।

शरीर के स्तर पर साधना

रक्षणीयस्ततो देहो यतो धर्मादिसाधनम्।
योगाभ्यासात्समायान्ति साधुयाप्यास्तु साध्यताम्।
असाध्या जीवितं घ्नन्ति न तत्रास्ति प्रतिक्रिया॥

हमारा शरीर धर्म आदि के साधनरूप है, इसलिए हमें इस शरीर की रक्षा करनी चाहिए। प्रतिदिन योगाभ्यास के लिए शरीर को तैयार करना चाहिए। असाध्य रोग जीवन को नष्ट कर देते हैं। योगाभ्यास से इन असाध्य रोगों से बचा जा सकता है।

इडा गङ्गेति विज्ञेया पिङ्गला यमुना नदी।
मध्ये सरस्वतीं विद्यात्प्रयागादिसमस्तथा॥

इड़ा नाड़ी को गंगा, पिंगला को यमुना और इनके मध्य में स्थित सुषुम्ना नाड़ी

को सरस्वती के नाम से जाना जाता है। जहाँ इन तीनों नाड़ियों का मिलन होता है, उसे 'प्रयाग' (भ्रूमध्य) कहते हैं।

आदौ साधनमाख्यातं सद्यः प्रत्ययकारकम्।
बद्धपद्मासनो योगी बन्धयेदुड्डियानकम्॥

अब शीघ्र सिद्धि देनेवाली साधना की प्रक्रिया बताते हैं। सबसे पहले योगी को पद्मासन में बैठकर उड्डियान बंध लगाना चाहिए।

(यह बता देना आवश्यक है कि नीचे श्लोकों में प्राणायाम का तरीका और उससे होनेवाले लाभ की चर्चा की गई है। लेकिन आपसे अनुरोध है कि प्राणायाम किसी जानकार व्यक्ति से सीखकर ही शुरू करें, खासकर जिनमें कुंभक प्राणायाम भी शामिल हो। प्राणायाम बहुत तरह से होता है और उन सबके प्रयोजन भी अलग होते हैं। इसलिए कुंभक युक्त प्राणायाम किसी सक्षम साधक की देखरेख और मार्गदर्शन में ही करना चाहिए।)

पूरकः कुम्भकश्चैव रेचकश्च तृतीयकः।
ज्ञातव्यो योगिभिर्नित्यं देहसंशुद्धिहेतवे॥

प्राणायाम में पूरक, कुंभक और रेचक तीन क्रियाएँ होती हैं। इसे शरीर के विकारों को दूर करने के कारण के रूप में जानते हैं, इसलिए इसका रोजाना अभ्यास करना चाहिए। पूरक का अर्थ साँस को अपनी पूरी क्षमता के अनुसार अंदर लेना है। रेचक का अर्थ है—पूरी तरह साँस को बाहर छोड़ना। कुंभक का अर्थ है—पूरक करने के बाद साँस को यथाशक्ति अंदर या रेचक क्रिया के बाद साँस को बाहर रोकना। इसलिए यह (कुंभक) दो प्रकार का होता है—अंतः कुंभक और बाह्य कुंभक।

पूरकः कुरुते वृद्धिं धातुसाम्यं तथैव च।
कुम्भके स्तम्भनं कुर्याज्जीवरक्षाविवर्द्धनम्॥

पूरक से शरीर की वृद्धि के लिए आवश्यक पोषण मिलता है और शरीर में रक्त, वीर्य आदि सप्त धातुओं में संतुलन आता है। कुंभक से उचित प्राण-संचार होता है और जीवनी शक्ति में वृद्धि होती है।

रेचको हरते पापं कुर्याद्योगपदं व्रजेत्।
पश्चातसंग्रामवत्तिष्ठेल्लयबन्धं च कारयेत्॥

रेचक करने से शरीर और मन के विकार दूर होते हैं। इसके अभ्यास से साधक योग पद प्राप्त करता है (अर्थात् योगी हो जाता है) और शरीर में सर्वांगीण संतुलन स्थापित होता है।

कुम्भयेत्सहजं वायुं यथाशक्ति प्रकल्पयेत्।
रेचयेच्चन्द्रमार्गेण सूर्येणापूरयेत्सुधीः॥

व्यक्ति को दाईं नासिका से साँस को अंदर लेना चाहिए, फिर यथाशक्ति सहज ढंग से कुंभक करना चाहिए और इसके बाद साँस को बाईं नासिका से छोड़ना चाहिए।

चन्द्रं पिबति सूर्यश्च सूर्यं पिबति चन्द्रमाः।
अन्योन्यकालभावेन जीवेदाचन्द्रतारकम्॥

जो लोग चंद्र नाड़ी से साँस अंदर लेकर सूर्य नाड़ी से रेचन करते हैं और फिर सूर्य नाड़ी से साँस अंदर लेकर चंद्र नाड़ी से उसका रेचन करते हैं, वे दीर्घजीवी होते हैं। यह अनुलोम-विलोम या नाड़ीशोधक प्राणायाम की विधि है।

स्वीयाङ्गे वहते नाडी तन्नाडीरोधनं कुरु।
मुखबन्धमर्मुचन्वह पवनं जायते युवा॥

जो नाड़ी प्रवाहित हो रही हो, उससे साँस अंदर भरकर और मुँह बंद कर यथाशक्ति आंतरिक कुंभक करने से वृद्ध भी युवा हो जाता है।

नीचे लिखे श्लोक में जिस मुद्रा के अभ्यास का जिक्र है, उसे 'षष्टमुखी मुद्रा' कहते हैं। 'षष्टमुखी मुद्रा' के अभ्यास की पूरी विधि हम 'तत्त्वों की पहचान' अध्याय में पहले ही बता चुके हैं।

तस्य रूपं गतिः स्वादो मण्डलं लक्षणं त्विदम्।
स वेत्ति मानवो लोके संसर्गादपि मार्गवित्॥

जो इस मुद्रा का प्रतिदिन अभ्यास करता है, वह तत्त्वों के आकार, गति, स्वाद, रंग और लक्षण को पहचानने में सक्षम हो जाता है। इससे उसके पास स्वस्थ और सफल संपर्क स्थापित करने की क्षमता आ जाती है।

निराशो निष्कलो योगी न किंचिदपि चिन्तयेत्।
वासनामुन्मनां कृत्वा कालं जयति लीलया॥

ऐसा व्यक्ति आशा और कामनाओं से मुक्त, चिंतारहित होकर संसार में रहते हुए भी उससे निर्लिप्त रहता है, जैसे रंगमंच पर अभिनय कर रहा हो! इस प्रकार वह कालजयी हो जाता है।

विश्वस्य वेदिकाशक्तिर्नेत्रभ्यां परिदृश्यते।
तत्रस्थं तु मनो यस्य याममात्रं भवेदिह॥

ऐसे व्यक्ति को विश्व को जाननेवाली आद्य शक्ति अपने नेत्रों से दिखाई देती है। उसे अपने मन को उसी में स्थिर करना चाहिए।

तस्यायुर्वर्द्धते नित्यं घटिकात्रयमानतः।
शिवेनोक्तं पुरा तन्त्रे सिद्धस्य गुणगह्वरे॥

इन साधनों का अभ्यास करनेवाले साधक की आयु तीन घटी (सवा घंटा) रोज बढ़ती है। इस परम गुप्त (गोपनीय) ज्ञान का उपदेश भगवान् शिव ने माँ पार्वती को सिद्ध के गुणों के उद्गम स्थल में दिया।

योगीपद्मासनस्थो गुदगतपवनं सन्निरुद्धोर्ध्वमुच्चौस्तं
तस्यापानरन्ध्रे क्रमजितमनिलं प्राणशक्त्या निरुद्धय।
एकीभूतं सुषुम्नाविवरमुपगतं ब्रह्मरन्ध्रे च नीत्वा
निक्षिप्याकाशमार्गे शिवचरणरता यान्ति ते कैपि धन्याः॥

योगी पद्मासन में बैठकर मूलबंध लगाकर अपान वायु को रोकता है और प्राणवायु को रोककर उसे सुषुम्ना नाड़ी के माध्यम से आकाश (सहस्त्रार चक्र) में ले जाता है। जो योगी ऐसा करने में सफल होते हैं, वे ही धन्य हैं।

एतज्जानाति यो योगी एतत्पठति नित्यशः।
सर्वदुःखविनिर्मुक्तो लभते वांछितं फलम्॥

जो योगी इस ज्ञान को जानता है और प्रतिदिन इसका अभ्यास करता है, वह सभी दुःखों से मुक्त होता है तथा अंत में उसकी सारी मनोकामनाएँ पूरी होती हैं।

स्वरज्ञानं भवेद्यस्य लक्ष्मीपदतले भवेत्।
सर्वत्र च शरीरैपिसुखं तस्य सदा भवेत्॥

जो स्वरज्ञान का नित्य अभ्यास कर इसे अपना बना लेता है, लक्ष्मी उसके चरणों में होती है। वह जहाँ कहीं भी रहता है, सभी शारीरिक सुख सदा उसके पास रहते हैं।

नाडीत्रयं विजानाति तत्त्वज्ञानं तथैव च।
नैव तेन भवेत्तुल्यं लक्षकोटिरसायनम्॥

तीन नाड़ियों और पाँच तत्त्वों का, जिन्हें सम्यक् ज्ञान होता है, उन्हें समग्र ज्ञान हो जाता है। विभिन्न प्रकार की औषधियों, जड़ी-बूटियों अथवा अनेक प्रकार के रसायनों का ज्ञान भी उनकी बराबरी नहीं कर सकता। तीन नाड़ियों और पाँच तत्त्वों के ज्ञाता को इन चीजों की आवश्यकता नहीं पड़ती, क्योंकि वह इनकी सहायता से सबकुछ करने में समर्थ होता है, यहाँ तक कि मृत्यु को भी पराजित करने में सक्षम होता है।

एकाक्षरप्रदातारं नाडीभेदविवेचकम्।
पृथिव्यां नास्ति तद्द्रव्यं यद्दत्त्वा चानृणी भवेत्॥

इस प्रकार के ज्ञान से संपन्न महात्मा यदि आपको इस विद्या का थोड़ा ज्ञान भी देता है तो इससे बढ़कर इस विश्व में कुछ भी नहीं है तथा उसके ऋण से कभी भी मुक्त नहीं हो सकते।

हम आपको कुछ ऐसी बातें बता रहे हैं, जिनका बिना किसी गुरु के अभ्यास किया जा सकता है और वे लाभप्रद भी रहें। इन बातों का नियमित पालन किया जा सकता है। इससे आपको दैनिक जीवन के कार्यों में सफलता मिलेगी, आपके आत्मविश्वास का स्तर काफी ऊँचा रहेगा और आपका स्वास्थ्य ठीक रहेगा।

1. सुबह उठकर बिस्तर पर ही बैठकर आँख बंद किए हुए पता करें कि किस नासिका से साँस चल रही है। यदि बाईं नाक से साँस चल रही हो तो दक्षिण या पश्चिम की ओर मुँह कर लें। यदि दाहिनी नाक से साँस चल रही हो तो उत्तर या पूर्व की ओर मुँह करके बैठ जाएँ। फिर जिस नाक से साँस चल रही है, उस हाथ की हथेली से उस ओर का चेहरा स्पर्श करें।
2. उक्त कार्य करते समय दाहिने स्वर का प्रवाह हो तो सूर्य का ध्यान करते हुए अनुभव करें कि सूर्य की किरणें आकर आपके हृदय में प्रवेश कर आपके शरीर को शक्ति प्रदान कर रही हैं। यदि बाएँ स्वर का प्रवाह हो तो पूर्णिमा के चंद्रमा का ध्यान करें और अनुभव करें कि चंद्रमा की किरणें आपके हृदय में प्रवेश कर रही हैं और अमृत उड़ेल रही हैं।

फिर जो स्वर चल रहा हो, उस हाथ से पृथ्वी का स्पर्श करें और वही पैर जमीन पर रखकर बिस्तर से नीचे उतरें।

अपनी दिनचर्या के निम्नलिखित कार्य स्वर के अनुसार करें—

1. शौच सदा दाहिने स्वर के प्रवाह काल में करें और पेशाब बाएँ स्वर के प्रवाह काल में।
2. भोजन दाहिने स्वर के प्रवाह काल में करें और भोजन के तुरंत बाद 10-15 मिनट तक बाईं करवट लेटें।
3. पानी सदा बाएँ स्वर के प्रवाह काल में पिएँ।
4. दाहिने स्वर के प्रवाह काल में सोएँ और बाएँ स्वर के प्रवाह काल में उठें।

निम्नलिखित कार्य स्वर के अनुसार करने पर शुभ परिणाम देखने को मिलते हैं—

1. घर से बाहर जाते समय जो स्वर चल रहा हो, उसी पैर से दरवाजे से बाहर पहला कदम रखकर जाएँ।
2. दूसरों के घर में प्रवेश के समय दाहिने स्वर का प्रवाह काल अच्छा होता है।
3. जनसभा को संबोधित करने या अध्ययन का प्रारंभ करने के लिए बाएँ स्वर का चुनाव करना चाहिए।
4. ध्यान, मांगलिक कार्य आदि का प्रारंभ, गृहप्रवेश आदि बाएँ स्वर में करने चाहिए।
5. लंबी यात्रा बाएँ स्वर के प्रवाह काल में और छोटी यात्रा दाहिने स्वर के प्रवाह काल में प्रारंभ करनी चाहिए।
6. दिन में बाएँ स्वर का और रात्रि में दाहिने स्वर का चलना शारीरिक, मानसिक, बौद्धिक और आध्यात्मिक दृष्टि से सबसे अच्छा माना गया है।

इन बातों को अपनाकर हम अपने जीवन को सफल और बेहतर बना सकते हैं।

संक्षिप्त पुनरावलोकन (Recap)

√ हम साँस बाहर निकालते हैं तो 'हं' की ध्वनि होती है। जब साँस भीतर लेते हैं तो 'सः' (सो) की ध्वनि होती है।

√ ध्यान की गहराई में साँस बहुत धीमी हो जाती है। उस वक्त इस 'हंसः' की ध्वनि को जाना जा सकता है।

√ यदि हम साँस को बाहर निकलने से सुनना शुरू करके साँस भीतर लेने तक सुनें तो यह ध्वनि 'हंसः' होती है। यदि इसका उलटा करें, यानी साँस भीतर लेने से सुनना शुरू करें और बाहर निकलने की ध्वनि को उसके बाद सुनें तो यही 'सोहं' बन जाती है।

√ सुषुम्ना नाड़ी के चलने पर जब इड़ा और पिंगला का मिलन होता है, उसी बीच एक क्षण ऐसा भी होता है, जब हमारी आनेवाली साँस और जानेवाली साँस का एक बिंदु पर मिलन होता है। इसी को 'हं' का 'सः' से मिलन बोलते हैं। 'हं' को शिव स्वरूप और 'सः' या 'सोऽऽ' को शक्ति-रूप माना जाता है।

√ सुषुम्ना नाड़ी में आकाश तत्त्व चलता है और उस दौरान बाहर निकलनेवाली साँस की लंबाई सिर्फ चार अंगुल होती है। धीरे-धीरे बाहर निकलनेवाली साँस की लंबाई और कम होने पर समाधि लगने लगती है।

□

अध्याय-10

मन की मुट्ठी में है सारी दुनिया

माना कि जीवन के लिए सबसे महत्त्वपूर्ण साँस है, लेकिन जरा सोचिए कि अगर हमने यह माना तो इसे हमारे भीतर किसने माना? जाहिर है कि मानने, न मानने का काम हमारे भीतर मन करता है, जिससे हमारी बुद्धि भी जुड़ी रहती है। यह आपका मन ही है, जो अभी, इन लाइनों को पढ़ते समय भी सक्रिय है। लेकिन हैरानी की बात यह है कि स्वर-शास्त्र में साँस के समानांतर महत्त्वपूर्ण 'मन' के विषय में कोई चर्चा नहीं की गई है। जबकि मन की हर अवस्था का हमारी साँस से अटूट संबंध होता है। मन को शामिल किए बगैर साँस की बात अधूरी है; क्योंकि साँसें हमारे मन का ही स्थूल रूप होती हैं।

अब हम मन के विषय में जो चर्चा करने जा रहे हैं, वह स्वर-शास्त्र से संबंधित नहीं है। सच बात तो यह है कि मन को जाने बगैर किसी भी प्रकार की आध्यात्मिक साधना की गहराई में नहीं उतरा जा सकता। भौतिक जीवन में भी मन को समझना उतना ही जरूरी है।

वास्तव में मन ही वह ताला है, जो हमारे वास्तविक स्वरूप को अपने पीछे कैद करके रखता है। जिस किसी को भी इस ताले की चाबी मिल गई, उसके बाद उसके लिए कुछ और पाना बाकी नहीं रह जाता। इस 'चाबी की तलाश' करने के लिए 'ताले' को ही बहुत ध्यान से, गहराई में जाकर समझने की जरूरत है, क्योंकि यह ऐसा ताला है, जिसने अपनी चाबी अपने ही भीतर छिपाकर रखी होती है।

हम सब खुश रहना चाहते हैं। हम हर चीज में बस खुशी ही तो तलाशते हैं। धन, दौलत, शोहरत, काम-वासना या कुछ भी लें, हर चीज के पीछे हम इसलिए भागते हैं, क्योंकि हम उसे पाकर खुश होना चाहते हैं। हम जिस चीज को पाना चाहते हैं, वह तब तक हमें आकर्षित करती है, जब तक हमें हासिल न हो जाए। लेकिन उसे पाते ही, हम नई तलाश शुरू कर देते हैं। हमें पैसा चाहिए, ताकि मकान बना

सकें, कार आदि सुख-सुविधा के सामान खरीद सकें। प्रमोशन चाहिए, ताकि रुतबा हासिल कर सकें। सुंदर लड़की या हैंडसम लड़का चाहिए, ताकि उसके साथ मजे में जीवन गुजार सकें। लेकिन जो हमें मिल जाता है, वह हमारे लिए कम महत्त्वपूर्ण होता जाता है। हम फिर खुशी की तलाश में कुछ और ढूँढ़ने लगते हैं।

ऐसा क्यों होता है ? कारण सिर्फ इतना सा है कि खुशी एक आंतरिक प्रक्रिया है, जो हमारे मन के भीतर घटित होती है, लेकिन आँख, नाक, कान आदि हमारी इंद्रियाँ हमें सिर्फ बाहर की ओर ले जाना जानती हैं और हम बाहरी चीजों और परिस्थितियों से खुद को इतना प्रभावित कर लेते हैं कि हम उन्हीं में खुशी ढूँढ़ने लगते हैं। जबकि बाहर किसी भी चीज में वह खुशी नहीं मिल सकती, जिसके बाद हमारी खुशी की तलाश बंद हो जाए।

पैसों से सबकुछ खरीदा जा सकता है, सबकुछ, लेकिन पैसों से खुशियाँ, सुकून और सच्चा प्यार नहीं हासिल किया जा सकता। पैसों से दुनिया रंगीन तो बनाई जा सकती है, जहाँ हर कोई मुसकराता नजर आता है, लेकिन वह मुसकान प्लास्टिक के फूलों की तरह होती है, जो दिखने में तो हूबहू असली लगते हैं, लेकिन उनमें जीवन की सुगंध नहीं होती।

यह बात कोई धनवान ही बता सकता है, जिसके पास सबकुछ होता है, लेकिन फिर भी भीतर कहीं कुछ कचोटता रहता है। वह अधूरापन, वह खालीपन, वह बेचैनी, उसका अंदाजा किसी निर्धन को तब तक नहीं होता, जब तक वह भी वैसा धनवान न हो जाए। अगर बाहर की चीजों से खुशी मिल सकती तो दुनिया के सभी धनवान कह सकते थे कि वे खुश हैं और उनके जीवन में अब कोई दुःख नहीं बचा। पर ऐसा नहीं होता। खुशी की तलाश तो उन्हें भी होती ही है।

क्या आपका मन हमेशा प्रसन्न रहता है ? यह सवाल जितने मर्जी उतने लोगों से पूछ लीजिए। सब यही कहेंगे कि यार, ऐसा कौन हो सकता है, जिसका मन हमेशा खुश रहे ? तो क्या मान लिया जाए कि मनुष्य विज्ञान के जरिए चाँद पर जाने का तरीका तो ढूँढ़ सकता है, लेकिन उस विज्ञान को अभी तक उस ज्ञान की कोई खबर नहीं, जिससे हम सदैव खुश रह सकते हों ? या फिर यह समझ लेना चाहिए कि जीवन है ही दुःख का सागर ? या फिर ऐसा मानें कि जीवन है तो उसमें खुशी भी होगी और दुःख भी ?

यहाँ याद रखिए कि विज्ञान कहता है कि कॉज (कारण) है तो ही इफेक्ट (असर) है। यानी जो कुछ भी होता है तो उसके पीछे कोई-न-कोई कारण जरूर होता है। तो अगर जीवन में दुःख है तो उसका कोई कारण भी जरूर होना चाहिए।

और अगर दु:ख का कारण पता चल जाए तो उसका समाधान खोजना कोई बड़ी बात नहीं। महात्मा बुद्ध ने भी यही कहा है। दु:ख, दु:ख का कारण और उसके निवारण के उपाय।

थोड़ा भीतर उतरिए। यह दु:ख या सुख का हमें अनुभव होता कैसे है? कहाँ होता है अनुभव? आप किसी से मिलते हैं, आपको अच्छा लगता है। आप बोलते हैं, 'आपसे मिलकर बड़ी खुशी हुई।' तो यह खुशी कहाँ होती है? खुशी तो आपके भीतर ही होती है। अब किसी से मिलकर हुई या अन्य किसी कारण से हुई, यह अलग बात है। पर जो कुछ भी घटा, वह आपके भीतर ही घटा।

दरअसल, खुशी या दु:ख हमारे मन की आंतरिक प्रक्रिया है। लेकिन हम खुशी और दु:ख के कारण बाहर खोजते हैं। बाहर का तो बस एक बहाना है। खुशी या दु:ख तो हम खुद ही पैदा करते हैं। हमारे बेटे ने किसी परीक्षा में टॉप कर लिया। हम बहुत खुश हो गए। लेकिन पड़ोसी के बच्चे ने हमारे बच्चे को पीछे छोड़ दिया तो हम दु:खी हो गए। तो इस सुख या दु:ख का कारण क्या वह परीक्षा हो सकती है? कदापि नहीं। इस सुख या दु:ख का कारण तो हमारा अपने बच्चे के साथ लगाव था।

अब जरा सोचिए कि यह सुख या दु:ख पता कैसे चला? क्या शरीर के हाथ, पाँव, मुँह आदि अंगों से पता चला? कभी आपके पाँव में दर्द होता है तो क्या पाँव बताता है कि दर्द हो रहा है? यह सब हमारा मन हमें बताता है। यानी हमारे भीतर सुख-दु:ख, जो भी घटता है, उसकी खबर हमारा मन ही हमको देता है। तो यदि दु:ख है तो उसका कारण भी मन में ही छिपा होता है और उसका निवारण भी वहीं छिपा होता है। लेकिन चूँकि हम मन की शक्ति से वाकिफ नहीं होते, इसलिए हम उसका निवारण नहीं ढूँढ़ पाते।

वैसे मन कोई छोटी-मोटी चीज है भी नहीं, जिसको इतनी आसानी से जाना जा सके। हमारा मन इतना शक्तिशाली होता है कि उसके लिए कुछ भी असंभव नहीं होता। मन की गति के आगे प्रकाश की गति भी बौनी है। मन की इच्छाशक्ति के आगे बड़ी-से-बड़ी शक्ति भी छोटी है। जरूरत इन बातों को ठीक से समझने की है।

मन हमें गुलाम बनाकर रखता है, लेकिन हम चाहें तो मन को भी गुलाम बनाया जा सकता है। और एक बार अगर हमारा मन हमारे काबू में आ जाए तो समझिए आपने जीवन में सबकुछ पा लिया। वह चाहे भौतिक जगत् की प्राप्ति हो या आध्यात्मिक, मन यदि हमारे काबू में है तो वह हमें कुछ भी दिला सकता है। लेकिन उसके लिए समझना होगा कि मन है क्या और यह कैसे कार्य करता है?

शुरुआत एक कहानी से करते हैं। एक घर में उसका मालिक और उसका नौकर रहते थे। मालिक हर सुबह काम पर निकल जाता। शाम को जब वापस घर आता तो पूरे दिन में उसने जो भी प्राप्त किया होता था, उसे नौकर को सौंप देता। नौकर उसे घर में कहीं रख देता। मालिक सो जाता और फिर सुबह उठकर काम पर निकल जाता। यही क्रम चलता रहा। मालिक रोजाना कुछ-न-कुछ नौकर को देता और नौकर उसे किसी बक्से में या गठरी में बाँधकर घर के खाली स्थान में रख देता था।

धीरे-धीरे वह सामान बढ़ने लगा। घर की सारी खाली जगह भर गई। एक दिन नौबत यह आई कि घर का मालिक शाम को जब घर लौटा तो नौकर ने दरवाजा खोलकर उसके हाथ से सामान तो ले लिया, लेकिन मालिक को घर में प्रवेश करने से रोक दिया। नौकर बोला, "घर में जगह ही कहाँ बची है कि वहाँ आप भी रह सकें। पूरे घर में आपका सामान भरा पड़ा है। आप कहें तो कुछ सामान बाहर फेंक दूँ, ताकि आपके रहने की जगह बन जाए?"

नौकर की बात सुनकर मालिक सोचने लगा कि इतने दिनों की मेहनत से जो सामान इकट्ठा किया है, उसे यूँ ही फेंक देना तो बेवकूफी होगी। उसने नौकर से कहा, "कोई बात नहीं, तुम सारा सामान हिफाजत से रखो। मैं घर के बाहर, यहीं-कहीं लेट जाता हूँ। सामान ज्यादा जरूरी है।" इसके बाद वह मालिक यही काम दोहराता रहा। रोजाना पूरे दिन में जो कुछ भी इकट्ठा करता, शाम को दरवाजे पर ही नौकर उसे ले लेता और मालिक बेचारा घर के बाहर ही थककर सो जाता।

नौकर को यह बात समझ में आ चुकी थी कि मालिक की जान तो सामान में ही अटकी है और सामान तो नौकर के कब्जे में था। नौकर को अपनी शक्ति का अहसास हुआ। उसे लगा, वह बेवजह नौकर बना हुआ है। जब सारा सामान, पूरा घर उसके कब्जे में है और मालिक की अपने घर आने में कोई दिलचस्पी भी नहीं, वह तो बाहर ही खुश है, तो क्यों न इस पर ही कब्जा कर लिया जाए? क्यों न मालिक को अपना नौकर बनाकर रखा जाए?

नौकर ने योजना बनाई। सबसे पहले उसने अपनी मर्जी से घर का कुछ सामान बेचकर घर को और बड़ा किया। दरवाजा जहाँ था, उसे और आगे ले गया। उस दिन जब मालिक वापस आया तो दरवाजे को आगे की ओर निकला हुआ देखकर भी उसे कोई अचरज नहीं हुआ; क्योंकि इतने सालों में उसकी तो बस एक ही आदत बन चुकी थी कि पूरे दिन जो इकट्ठा करना है, नौकर को

सौंप देना है। हमारी आदतें हमें बेहोश बना देती हैं। उस मालिक की आदत ने भी उसे बेहोश बना दिया था।

उस दिन भी सामान नौकर को सौंपकर मालिक ने ज्यों ही दरवाजे के बाहर फर्श पर बैठना चाहा, नौकर ने उसे दुत्कारते हुए कहा, "यह कोई बैठने की जगह है? देखते नहीं, निर्माण कार्य चल रहा है! घर बड़ा हो रहा है। रोज सामान लाते हो, उसे रखने की जिम्मेदारी मेरी है। इसके लिए जगह चाहिए। घर को अभी और बड़ा करना होगा। इसलिए यहाँ दरवाजे के पास नहीं, थोड़ा दूर कहीं सड़क पर जाकर बैठो।"

मालिक ने नौकर का कहा मान लिया। मानना उसकी मजबूरी थी। उसके लिए वह स्वयं नहीं, उसका सामान जरूरी था। वह घर से थोड़ा दूर जाकर बैठ गया।

वह आगे भी रोजाना सामान इकट्ठा करता और नौकर को सौंप देता। रोज के कठिन परिश्रम के बाद भी उसको कुछ देर सुकून से जीने के लिए जगह नहीं मिल पाती थी। उधर नौकर खा-पीकर दिन-पर-दिन और ज्यादा ताकतवर होता गया। उसने बहुत बड़ा घर बना लिया था।

अब नौकर मालिक बन चुका था और असली मालिक की हालत घर के बाहर बैठे किसी वाचमैन की तरह हो गई थी। वह भूल ही गया था कि असली मालिक तो वह खुद है। वह भूल ही चुका था कि यह घर तो उसका अपना है, जिसके बाहर वह नौकर जैसे रहकर जीवन गुजार रहा है।

उधर मालिक बन चुका नौकर भले ही बहुत शक्तिशाली बन चुका हो, लेकिन उसके भीतर भी एक भय था कि कहीं उसके मालिक को याद न आ जाए कि घर का मालिक तो वही है! अगर मालिक को यह याद आ गया तो उसका क्या ठिकाना कि वह क्या कर डाले? हो सकता है कि घर में भरे सामान में से कचरा अलग करने को बोले! यह भी हो सकता है कि उसको ही घर से बाहर निकाल दे!

इस भय से नौकर भी नहीं चाहता था कि मालिक को अपने मालिक होने की याद आए। वह हर पल मालिक को व्यस्त रखता था। नौकर एक के बाद एक काम मालिक से करवाता रहता, ताकि मालिक चैन से न बैठ सके। उसे ठीक से सोने भी नहीं देता था। नौकर का मकसद बस एक था कि मालिक को याद न आ जाए कि वही असली मालिक है। इसलिए कोई काम न भी हो तो भी नौकर उसे फालतू के काम दे देता और मालिक बेचारा हमेशा उन्हीं कामों में व्यस्त रहता।

इस कहानी में बताए गए मालिक हम हैं और नौकर है हमारा मन। और जो सामान रोजाना वह मालिक अपने नौकर को सौंपता था, वे हैं हमारी यादें। पूरे दिन

हम जो भी देखते हैं, जो सुनते हैं, जो करते हैं, हमारा मन उसे याद के रूप में हमारे चित्त में जमा करता रहता है। यह वही मन है, जिसे हम खुद ही पैदा करते हैं, हम ही उसके मालिक हैं और हमने ही उसे इतना शक्तिशाली बना दिया है कि आज उसने हमको ही अपना गुलाम बना लिया है।

हमारा मालिक बन बैठा हमारा मन ही तो हमको इधर-उधर चारों तरफ दौड़ाता रहता है और हमको एक पल भी चैन और सुकून से कहीं टिकने नहीं देता। मन इतना शक्तिशाली हो चुका है कि उसके आगे हमारा कोई जोर नहीं चलता। वह जो चाहता है, हम वही करने को मजबूर होते हैं। मन की चाहत पूरी हो जाए तो वह हमको शाबाशी दे देता है। हम थोड़ी देर को खुश हो जाते हैं। उसकी चाहत पूरी न हो तो वह हमसे हमारी खुशियाँ छीनकर हमें दु:खी बना देता है। पूरी जिंदगी हम मन की गुलामी में ही गुजार देते हैं।

हम अगर अपने मन से लड़ना चाहें तो जीत नहीं सकते। वह इतना शक्तिशाली होता है कि हमारी और उसकी लड़ाई किसी दुबले, कमजोर व्यक्ति और डब्ल्यू. डब्ल्यू.एफ. के पहलवान जैसी होगी। यानी मन से बगावत नहीं की जा सकती। तो फिर क्या कोई ऐसा तरीका भी हो सकता है, जिससे उसे हराया जा सके? उस पर काबू पाया जा सके? उसे अपना गुलाम बनाया जा सके?

ध्यान दें, हम मन पर काबू पाने के तरीके की बात कर रहे हैं। उसे अपना शत्रु समझकर नष्ट करने की बात नहीं कर रहे। नष्ट करने और उस पर काबू पाने में बहुत फर्क है। बहुत सारे लोग मन को बुरा समझकर उसे नष्ट करने की तरकीबें

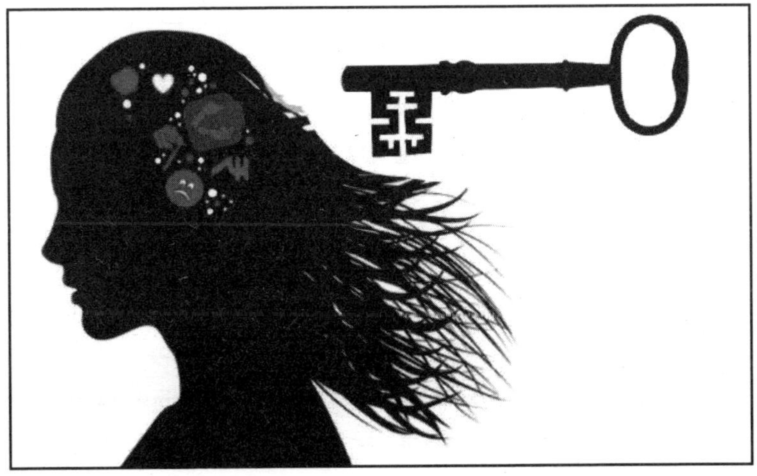

ढूँढ़ते हैं, लेकिन उसमें कामयाब तो नहीं होते। हाँ, ऐसे लोगों के हाथ उदासीनता जरूर लग सकती है।

सोचिए, जो चीज इतनी शक्तिशाली है कि हमें ही अपना गुलाम बना सकती है तो इतनी शक्तिशाली चीज को नष्ट करने की कोशिश करना क्या बुद्धिमानी का काम है? या फिर इतनी बड़ी शक्ति को अपने काबू में करके अपने पास रखना बुद्धिमानी है कि हम अपनी इच्छानुसार उस शक्ति का इस्तेमाल कर सकें? अभी हम जिसके गुलाम हैं, फिर वह हमारा गुलाम हो सकेगा। अभी वह हमें दौड़ाता है, फिर जरूरत पड़ने पर हम उसको दौड़ा सकेंगे। उसकी शक्ति का लाभ उठा सकेंगे। लेकिन यह काम होगा कैसे?

इतना शक्तिशाली मन होश में तो यह काम करने नहीं देगा। तो इसका बस एकमात्र तरीका यह है कि किसी तरह उस मन को बेहोश करके उसे जंजीर पहनाई जा सके। जी, बिल्कुल सही पढ़ा आपने। मन को बेहोश करके ही उस पर काबू पाया जा सकता है। यह काम ध्यान की गहराई में उतरकर किया जा सकता है, जिसमें हमारी साँसों का बहुत अहम रोल होता है। विषय में गहराई में उतरकर कुछ और जानकारी हासिल करना जरूरी है।

मन है क्या? कौन बनाता है इसे?

आखिर यह मन है क्या? यह हमारे शरीर में कहाँ होता है? इसका निर्माण कैसे होता है? कौन करता है हमारे मन का निर्माण? अधिकतर लोग अपने मन को ही अपना होना समझ लेते हैं। यानी उनको जो अपने होने का अहसास हो रहा है, वह उनके मन के कारण ही हो रहा है। वास्तव में ऐसा होता नहीं, यह अज्ञानवश लगता है; क्योंकि अगर आपको पूरी तरह बेहोश कर दिया जाए तो उस वक्त आपका मन कार्य नहीं कर सकेगा। लेकिन आप तो उस वक्त भी होंगे! तो उस वक्त जो आप होंगे, उसे क्या कहेंगे? गहरी नींद में भी तो हमें मन की कोई खबर नहीं होती। लेकिन हम तो तब भी होते ही हैं। यानी आप जो हैं, वह अलग हैं और आपका मन अलग है। यह दो अलग चीजें समझिए।

लेकिन मन हममें और हम मन में, इस कदर लिपट-चिपट जाते हैं कि सामान्यतौर पर यह फर्क ही नहीं पता चलता कि हम कौन हैं और हमारा मन क्या है? वास्तव में, हमारा स्वरूप शुद्ध चेतना होती है। उसी चेतना से हमें अपने होने का अहसास होता है। हमारा मन, चित्र और नाम (ध्वनि) के रूप में हर चीज को अलग-अलग सेव करता रहता है और जरूरत होने पर हमारा मन सेव की हुई

जानकारी दोबारा उपलब्ध कर लेता है। बच्चा जब पैदा होता है, उस वक्त उसे अपने इस जन्म के विषय में कोई जानकारी नहीं होती। पूर्व जन्म की जो जानकारी लेकर वह पैदा होता है, वह उसकी चेतना में इतनी ज्यादा परतों के पीछे छिपी होती है कि उसका उसे कोई होश नहीं होता।

फिर वह धीरे-धीरे बड़ा होने लगता है। वह बार-बार कुछ चेहरों को, कुछ वस्तुओं को देखता है और उसको चित्र के रूप में अपने मन में जमा करने लगता है। शुरुआत माँ-बाप के चेहरों से होती है। वह अनुभव करता है कि जब भी उसे भूख-प्यास आदि कुछ जरूरत होती है, तब वही चेहरा उसकी मदद करता है। फिर वही चेहरा, यानी उसके माता-पिता आदि अपने बारे में बच्चे को बार-बार बोलकर ध्वनि के माध्यम से जानकारी देते हैं।

माताएँ बोलती हैं, 'बोलो माँ, देखो वो रहे पापा…अच्छा भूख लगी है…अभी दुदु देते हैं।' अब बच्चे का मन चेहरे को दृश्य के रूप में और माँ आदि शब्दों को नाम यानी ध्वनि के रूप में दर्ज करने लगता है। थोड़े ही दिनों में जब कोई उसी ध्वनि को निकालकर बच्चे के सामने बोलता है तो बच्चा उस ध्वनि से जुड़े दृश्य यानी तसवीर को खोजने लगता है। यह सब बच्चे के मन में याद के रूप में दर्ज होता रहता है। इस प्रकार मनुष्य के इस जन्म में मन का निर्माण होना शुरू होता है।

हम होश सँभालने के बाद जो कुछ भी देखते, सुनते, सूँघते या स्पर्श करने लगते हैं, हमारे भीतर अंत:करण में मन, बुद्धि, चित्त और अहंकार का निर्माण होने लगता है। मन अंत:करण का ही एक हिस्सा है, जो चित्त और बुद्धि से लगातार जुड़ा रहता है। हम देखकर, सुनकर, खाकर, सूँघकर और छूकर जो भी अनुभव करते हैं, वह हमारे मन में याद के रूप में दर्ज हो जाता है। यह काम ठीक वैसे ही होता समझिए, जैसे मोबाइल फोन की मेमोरी में सबकुछ 'सेव' रहता है।

हम जैसे-जैसे बड़े होने लगते हैं, वैसे-वैसे चारों तरफ से जानकारियों का भंडार हमारे मन में दर्ज होने लगता है। इस तरह हमारे मन का विस्तार होता जाता है। चूँकि हमारा मन हर जानकारी को उसके नाम और दृश्य (चित्र) के ही रूप में रिकॉर्ड करता है, तो पहले से दर्ज किसी वस्तु, व्यक्ति, स्थान आदि का नाम सुनते ही हमारे जेहन में उसकी तसवीर यानी रूप का अनुभव हो जाता है। इसी तरह मन में पहले से दर्ज किसी रूप यानी चित्र के सामने आने पर या उसका जिक्र होने पर उसका नाम हमारे जेहन में कौंध जाता है।

मन इसी तरह काम करता रहता है। यानी हमारा मन सिर्फ उन्हीं चीजों के इर्द-गिर्द घूमकर विचार के रूप में हमें कुछ बताता रहता है, जो पहले से मन में

फीड हैं। जिस चीज को आपने कभी देखा नहीं, जिसके बारे में कभी कुछ सुना नहीं, पढ़ा नहीं या किसी भी तरह से अपने मन में कभी फीड नहीं किया, आपका मन कभी ऐसी कोई जानकारी आपको नहीं दे सकता। यह बात गहरी है, इसे ठीक से समझिए।

एक उदाहरण से इसे और स्पष्ट करते हैं। यदि आपसे कहा जाए, 'रोज' (गुलाब का फूल) तो उसका चित्र तो आपके जेहन में कौंधेगा ही, साथ ही गुलाब के फूल से संबंधित हर वह जानकारी, जो आप पहले से जानते हैं, उससे संबंधित विचार आपके मन में कौंध सकते हैं। लेकिन यदि आपसे कहा जाए, ब्रूसर (Bruser) तो अब अपने मन को चेक करके देखिए कि क्या विचार उठ रहा है?

यह 'ब्रूसर' क्या होता है? आपके मन में यह जिज्ञासा तो पैदा हो सकती है; लेकिन इस नाम से चूँकि आपके मन में पहले से कोई जानकारी फीड नहीं थी तो यह बात पूरी गारंटी से कही जा सकती है कि हमारे यहाँ इस शब्द को प्रयोग करने से पहले इससे संबंधित कोई विचार, कोई जिज्ञासा आपके मन में कभी नहीं उठी होगी।

चूँकि अब यह अजीब सा शब्द आपके मन में जा चुका है तो अब आपका मन इसके बारे में भी फीड कर चुका है। हो सकता है कि आपका मन आपको बोले कि पता करो यह 'ब्रूसर' होता क्या है? लेकिन इससे पहले कि आपका मन ऐसी कोई हरकत करे, हम बता देते हैं कि डेनमार्क में डेनिश भाषा में गुलाब को 'ब्रूसर' कहते हैं। देखिए, एक नई जानकारी आपके मन में कैसे फीड हो गई! अब अगर कोई आपके सामने 'ब्रूसर' बोलेगा तो आपके जेहन में गुलाब का फूल (रोज) ही कौंधेगा।

दरअसल, हमारा मन एक ही वस्तु को अनगिनत नाम देकर उन्हें अलग-अलग फीड कर लेता है। ऐसा करना जरूरी भी हो जाता है, वरना हम कुछ समझ या समझा नहीं सकते। समझने के लिए किसी चीज को अलग नाम दे देना एक बात है, लेकिन उसी को सच समझ लेना और बात।

इस वक्त आप घर-ऑफिस जहाँ भी हों, जरा अपने चारों तरफ देखिए। आपको क्या नजर आता है? आपको घर में दीवारें, दरवाजे और खिड़कियाँ नजर आती होंगी। इसके सिवा फर्नीचर, कारपेट आदि जो भी सामान वहाँ मौजूद होगा, दिख सकता है। उन सभी सामानों को आपने अलग नाम दे रखे होते हैं, जैसे—दरवाजा, खिड़की, कुरसी, मेज, सोफा, गुलदस्ता और बहुत सा सामान। लेकिन

सोचकर देखिए कि वास्तव में यह सब सामान आया कहाँ से? इसकी उत्पत्ति कहाँ से हुई? आप पाएँगे कि वह सब पृथ्वी से ही तो निकला है। लेकिन उसके रूप बदल गए। और रूप के साथ हमने उनको पृथक् तौर पर जानने के लिए उनके नाम भी अलग दे दिए। कुरसी, मेज, दरवाजा और खिड़की है तो लकड़ी ही, जो पेड़ से पैदा हुई और पेड़ पृथ्वी से पैदा हुआ।

इसी तरह कोई भी सामान हो, कार से लेकर बच्चे के खिलौने और आभूषणों से लेकर बाकी सब सामान भी पृथ्वी से ही उत्पन्न हुआ होता है। बस उसका रूप अलग-अलग होता है। और कोई सामान जल्दी तो कोई सालों बाद, लेकिन अंत में नष्ट होने पर उसी पृथ्वी में फिर समा जाता है।

लेकिन यह उदाहरण दिए बगैर यदि आपसे कहा जाता कि आपके चारों तरफ जो कुछ भी नजर आ रहा है, वह बस पाँच तत्त्व ही हैं, जिन्होंने अलग-अलग रूपांतरित होकर पूरा संसार बना दिया है तो बात आसानी से हजम नहीं हो पाती।

चेतन और अचेतन मन

इस तरह हमारा मन मूल तत्त्वों को अनगिनत नामों से अलग मानकर काम करना शुरू कर देता है। मन में इतने ज्यादा नाम दर्ज हो जाते हैं कि उनको एक जगह रख पाना संभव नहीं होता। इसलिए मनोविज्ञान कहता है कि हमारा मन दो भागों में बँटा हुआ होता है—पहला, चेतन मन और दूसरा, अवचेतन मन या अचेतन मन।

बस यहीं से मन के विषय में हमारी मुसीबत शुरू होती है। दरअसल, जिस मन को हम जानते हैं, वह चेतन मन ही होता है। लेकिन चेतन मन के पीछे हमारा अचेतन मन होता है। इसे हम नहीं जानते। जबकि हमारा अचेतन मन ही सबसे अधिक शक्तिशाली होता है।

जैसे किसी बर्फ के टुकड़े को पानी में डालें तो उसका सिर्फ एक भाग तो हमें दिखाई देता है, लेकिन उसका जो हिस्सा पानी में डूबा होता है, उसके आकार का हमें अंदाजा नहीं होता, वह पानी के ऊपरवाले भाग से नौ गुना अधिक होता है। ठीक इसी प्रकार हमारे चेतन मन के मुकाबले अचेतन मन की शक्ति उससे नौ गुना ज्यादा होती है।

चेतन मन में तो बहुत कम जानकारी होती है। बाकी की सारी जानकारी हमारे अचेतन गन में ट्रांसफर हो जाती हैं। हमारा चेतन मन तो हमारी बुद्धि का कहना सुन लेता है, लेकिन अचेतन मन से निकले हुक्म के आगे हमारी बुद्धि भी कोई काम नहीं कर पाती। हम ज्यादातर अपने अचेतन मन से ही संचालित होकर जीवन में

कार्य करते रहते हैं। हमारा अचेतन मन हमसे उलटे-सीधे सब काम करवा लेता है और हमारा चेतन मन और बुद्धि बेचारी इसके आगे बेबस-सी होकर रह जाती है।

मनोविज्ञान के अनुसार, चेतन मन और अचेतन मन, दोनों की अपनी अलग विशेषताएँ भी हैं और कमियाँ भी। थोड़ा इस तरफ नजर डालते हैं—

चेतन मन के कार्य और विशिष्टताएँ	अचेतन मन के कार्य और विशिष्टताएँ
यह सिर्फ जाग्रत् अवस्था में कार्य करता रहता है।	यह सोते-जागते 24 घंटे कार्य करता है।
कार्य करने में बुद्धि की सहायता लेता है।	इसे किसी की सहायता लेने की जरूरत नहीं होती।
किसी कार्य पर अमल करता है।	यह सिर्फ कार्य का आयोजन करता है।
बुद्धि से जुड़े होने के कारण तर्क समझता है।	यह कोई तर्क नहीं समझता। जो ठान ले, वह करता है।
अचेतन के लिए सूचनाएँ पहुँचाने में किसी फिल्टर की तरह काम करता है। जिन सूचनाओं को इकट्ठा करना चाहता है, बस उन्हीं को इकट्ठा करके अचेतन में भेज देता है।	इसके पास कोई फिल्टर नहीं होता। सूचनाओं का असीमित भंडार होता है। बहुत सी सूचनाओं को आपस में जोड़कर कोई भी सपना दिखा देता है। उसके ओर-छोर का कोई अंत नहीं होता।
इसकी शक्ति सीमित है।	इसकी शक्ति असीमित है।
स्थान और समय आदि की मर्यादा समझता है।	इसके आगे कोई मर्यादा नहीं चलती। इसे समय या स्थान की भी कोई परवाह नहीं होती।
इसे सीखने की आवश्यकता पड़ती है।	इसे कुछ सीखने की जरूरत नहीं पड़ती। चेतन मन की सीखी हुई बातों को अपने पास इकट्ठा करके नई-नई चीजें खुद सीख लेता है।
यह पृथकात्मक होकर कार्य करता है।	यह सृजनात्मक होकर कार्य करता है।

कुछ करने से पहले बुद्धि की भी सहायता लेता है। सोच-समझकर फैसला लेता है।	इसका बुद्धि से कोई कनेक्शन नहीं होता। यह कुछ नहीं सोचता।
यह लक्ष्य निर्धारित करता है।	यह लक्ष्य को अमल में ला देता है।
यह मालिक होता है, लेकिन जरा सा होश खोने पर अचेतन का गुलाम बन जाता है।	यह नौकर होता है, लेकिन चेतन मन को अपने कब्जे में करके उसका मालिक बन जाता है।
यह अलाउद्दीन है।	यह जिन्न है।
इसकी याददाश्त सीमित है। यह सूचनाओं को भूल भी जाता है। उन सूचनाओं को प्राप्त करने के लिए इसे अचेतन से माँग करनी होती है। उसी पर निर्भर रहना होता है।	इसकी याददाश्त असीमित है। इसके पास जो सूचना आ जाए, उसे यह नहीं भूलता। लेकिन चेतन मन को अपनी मर्जी से ही उन सूचनाओं को वापस देता है या नहीं भी देता।

चेतन मन और अचेतन मन के विषय में यह जानकारी बहुत सीमित है। इसकी लिस्ट बहुत लंबी है। हम अपनी दिनचर्या में 90 प्रतिशत से भी ज्यादा काम अचेतन मन से ही करते हैं। भूख, प्यास, सोना, जागना आदि सब अचेतन मन ही संचालित करता है। हम कब, क्या काम अवचेतन मन के कहने पर करते हैं और कब चेतन मन सक्रिय होता है, इसे ऐसे जानें—

हम किसी से बात करते वक्त हाथ भी हिलाते हैं और चेहरे के भाव भी बदलते हैं। लेकिन हम सोचकर ऐसा नहीं करते। आपको कभी किसी ने नहीं सिखाया होगा कि क्या बोलते समय आप कैसे हाथ हिलाएँ या अपनी किसी बात पर जोर डालने के लिए गरदन आदि भी हिलाएँ। चेतन मन को दूसरों की जो चीजें अच्छी लगती हैं, वह जिनसे प्रभावित होता है, तब उसके तार अचेतन से जुड़ जाते हैं और अचेतन एक झटके में यह सब सीखकर फिर इसे अपने आप करने लगता है। बात करते वक्त अलग-अलग मुद्रा में हमारे हाथ अपने आप हिलते हैं। यह सब अचेतन मन से हो रहा होता है।

लेकिन अगर अपने हाथ हिलाते समय अपना ध्यान हाथों पर ले जाएँ तो आप हाथ को हिलाने से रोक भी सकते हैं। यह ध्यान देने और हाथ रोकने का काम चेतन मन से संभव हुआ। इसी को होश में रहना कहते हैं, लेकिन हम ऐसा करते नहीं।

हमारा ज्यादातर जीवन ऑटोमोड में चलता है। कब, किस काम को करते समय, हमें क्या करना है, यह सब अचेतन में पहले से फीड होता है। और हम उस काम को ऑटोमैटिकली करते रहते हैं। उसके विषय में सोचते नहीं। सामने क्या परिस्थिति आए तो हमें कैसे रिएक्ट करना है, क्या प्रतिक्रिया देनी है, यह भी हमारा अचेतन ऑटोमोड में हमसे करवा लेता है।

कोई भी चीज, वस्तु हमारी आँख के पास आए, हमारी पलकें खुद बंद हो जाती हैं। हम यह सोचकर नहीं करते। कोई हमें गाली दे तो उस गाली पर हमें क्या प्रतिक्रिया करनी है, यह भी अचेतन में हम फीड कर चुके होते हैं। जैसी फीडिंग, वैसी प्रतिक्रिया! सामनेवाले ने गाली दी नहीं कि आपके भीतर से उसका जवाब आने में जरा भी देर नहीं लगती। उस वक्त आपका जरा सा भी ध्यान उस तरफ चला जाए तो आप अपनी प्रतिक्रिया सोच-समझकर देंगे। और इससे जीवन में लाभ होना निश्चित है। अचेतन मन हमारे चेतन मन को अकसर सुन्न-सा कर देता है।

अचेतन में पहले से जो इम्प्रेशन दर्ज होते हैं, वह उसकी प्रैक्टिस करता रहता है और वैसी परिस्थिति आने पर एक सेकंड में हमें बता देता है कि इस परिस्थिति में क्या करना है ? हम बगैर बुद्धि का इस्तेमाल किए किसी कठपुतली की तरह वैसा ही कर देते हैं। किसी ने कुछ गलत बोला नहीं कि हमें गुस्सा आते देर नहीं लगती। क्योंकि अचेतन में पहले की कोई घटना याद के रूप में दर्ज होती है कि उस सूरत में हमने पहले क्या किया था या किसी को क्या करते देखा था।

अचेतन अनुमान प्रमाण से प्रतिक्रिया करता है। एक उदाहरण से इसे समझते हैं—दो बच्चे हैं। एक बड़ा और एक छोटा। बड़ा बच्चा शैतान है और अकसर छोटे बच्चे को तंग करता है। आपके अचेतन में यह बात दर्ज है कि वह छोटे बच्चे को परेशान करता रहता है।

एक दिन छोटा बच्चा रोते हुए आता है और आपको बताता है कि बड़े बच्चे ने उसे मारा है। ऐसे में आप बगैर सोचे, बड़े बच्चे को डाँट देते हैं। जबकि सच यह होता है कि रोज-रोज परेशानी से तंग आकर उस दिन छोटे बच्चे ने उसकी झूठी शिकायत की होती है, तो यह जो आपने बड़े बच्चे को डाँटा, यह आपके अचेतन ने अनुमान प्रमाण के रूप में प्रतिक्रिया देकर आपसे करवाया। अचेतन ने अनुमान लगाया कि बड़ा बच्चा अकसर छोटे को तंग करता है तो उसने मारा भी होगा।

हम जीवन में इसी तरह धारणाओं के आधार पर प्रतिक्रिया देते रहते हैं, जबकि धारणाएँ बहुत सीमित जानकारी के आधार पर बनती हैं। इसलिए हमारी धारणाएँ अकसर गलत ही होती हैं। अगर हम प्रतिक्रिया देने से पहले एक साँस भी ले लें तो हमारे चेतन मन को बुद्धि की सहायता लेकर विश्लेषण करने का मौका मिल जाता है। ऐसे में हम सही फैसला ले पाते हैं।

भय और क्रोध भी अचेतन मन का ही खेल होता है। यह कहना बिल्कुल गलत होता है कि हमको दूसरे लोग गुस्सा दिला देते हैं। इसे भी उदाहरण से समझते हैं। आपकी कार को किसी रिक्शेवाले ने टक्कर मार दी। आप गुस्से में उसे क्या-क्या बोल देते हैं। हो सकता है कि एक-दो थप्पड़ ही लगा दें। आप कहेंगे कि अचानक गुस्सा आ गया और मुझसे रहा नहीं गया।

अब देखिए, आपकी कार में फिर कोई टक्कर मार देता है। आप गुस्से में कार से उतरते हैं। इस बार आपके सामने वरदी पहने हाथ में डंडा लिये कोई पुलिसवाला है। क्या आप उसके साथ भी ठीक उसी तरह गुस्सा दिखा पाएँगे ? यानी यह प्रतिक्रिया आप सोचकर नहीं देते, ऐसी परिस्थिति से संबंधित जो भी जानकारी अचेतन में पहले से दर्ज होती है, हम फौरन वैसी ही प्रतिक्रिया देते हैं।

ऐसे ही भय भी काम करता है। हम किसी सुनसान इलाके में रात के अँधेरे में गुजरें तो ऐसा लगता है कि हमारे पीछे कोई है तो नहीं? हम डर जाते हैं। जो लोग भूत-प्रेत में यकीन रखते हैं, उनकी हालत तो और भी खराब हो जाती है। उनके अचेतन में भूत के किस्से चलने लगते हैं। कभी-कभी तो उन्हें अपने ही पैरों की आहट किसी और के होने का अहसास करा देती है।

ऐसी परिस्थितियों में भी अचेतन का ही खेल चल रहा होता है। अगर हम पलटकर देखें तो क्या हमें भूत नजर आएगा? किसी भी प्रतिक्रिया से पहले अगर एक पल का भी गैप मिल जाए तो फिर हमारा चेतन मन सक्रिय हो जाता है।

हमारे आसपास जो भी घट रहा होता है, उसके विषय में अगर हमारा चेतन मन चौकन्ना नहीं है तो उन चीजों को अचेतन मन इतनी तेजी से रिसीव करके उसे दोहराने लगता है कि हमें खबर ही नहीं होती कि यह हमने कब सीखा? हमारी अच्छी और बुरी आदतें ऐसे ही पड़ती हैं, जो चीज अचेतन के जितने गहरे चली जाती है, वह उतनी ही बड़ी आदत बन जाती है। जिन्हें ज्यादातर लोग चाहकर भी फिर बदल नहीं पाते; क्योंकि बदलना चाहता है चेतन मन, जिसे बुद्धि से जुड़े होने के कारण अच्छे-बुरे की समझ होती है, लेकिन उस काम को करवाता है अचेतन मन, जिसकी ताकत के आगे कुछ भी नहीं ठहरता।

लेकिन हम चाहें तो हाथी जैसे ताकतवर इस अचेतन मन पर सवारी कर उसका लाभ भी उठा सकते हैं। अचेतन की शक्ति का इस्तेमाल करके प्रबल इच्छाशक्ति से असंभव लगनेवाले कार्यों को भी संभव बनाया जा सकता है। प्रबल इच्छाशक्ति (Strong Willpower) से दुनिया का कोई भी काम किया जा सकता है। फिर हम ऐसा क्यों नहीं कर पाते?

अगर गौर करें तो पाएँगे कि चेतन मन चाहे तो वह किसी भी सूचना या जानकारी को अचेतन तक जाने ही न दे! या जिस रूप में चेतन मन चाहे, उसी रूप में वह जानकारी अचेतन को भेजे! यही चेतन मन की सबसे बड़ी शक्ति है। इसमें अचेतन मन कुछ नहीं कर सकता। लेकिन अधिकतर लोगों का चेतन मन अपनी इस शक्ति का उपयोग नहीं करता।

जब हम कुछ सीख रहे होते हैं या अभ्यास कर रहे होते हैं तो वे चेतन मन के द्वारा करते हैं। लेकिन जैसे ही हम उस कार्य को सीख जाते हैं, हमारा चेतन मन उसे अचेतन को सौंप देता है। उसके बाद उस कार्य को हमारा अचेतन ही करता रहता है। चेतन मन उसमें कुछ और जानकारी जोड़ तो सकता है, लेकिन अचेतन में जा चुकी किसी जानकारी को मिटा नहीं सकता।

आपने लोगों को कहते सुना होगा—'क्या करें, हम तो बहुत कोशिश करते हैं, लेकिन मन नहीं मानता।' यहाँ 'बहुत कोशिश की बात करनेवाला चेतन मन है और जो नहीं मानता', वह अचेतन मन होता है; क्योंकि चेतन मन की इच्छाशक्ति कमजोर होती है।

उदाहरण के लिए स्वीमिंग, ड्राइविंग आदि कुछ सीखने को लें, उसे सीखते समय तो हम चेतन मन का इस्तेमाल करते हैं। सीखने के दौरान चेतन मन बहुत अलर्ट रहता है। वह हर क्रिया को बड़े ध्यान से करता है। लेकिन जैसे ही हम उसे सीख जाते हैं, उसके बाद वह काम मानो अपने आप होने लगता है। सीखने के बाद उसी जानकारी के आधार पर हमारा अचेतन उस कार्य को आराम से करता रहता है। नींद में भी अगर हमें मच्छर काटे तो हमारा हाथ अपने आप मच्छर मारने लगता है। यह कार्य अचेतन ही करता है, क्योंकि चेतन मन तो नींद में सोया होता है।

चेतन मन का कार्य चौकन्ना रहकर नई सूचनाओं को इकट्ठा करना होता है। उसमें से काम की सूचनाएँ वह अचेतन को सौंप देता है। इसके बाद चेतन मन या बुद्धि को जब भी जरूरत होती है, अचेतन पलक झपकते ही उन सूचनाओं को उपलब्ध करवा देता है। यह सब करने में अचेतन की स्पीड इतनी अधिक होती है कि दुनिया का कोई सुपर कंप्यूटर भी उसका मुकाबला नहीं कर सकता। आप कुछ भी सोचिए, अगर वह आपके अचेतन में दर्ज है तो वह पल भर में उसे सजीव करके आपके सामने रख देता है। लेकिन उसकी यही शक्ति हमें कभी चैन से नहीं बैठने देती।

चेतन मन एकाग्र होकर कुछ करना चाहता है, लेकिन अचेतन मन उसे एकाग्र नहीं होने देता। अचेतन एक के बाद एक लगातार विचार भेजकर हमें दूसरे, तीसरे काम करने को प्रेरित करता है। अगर काम बहुत ही जरूरी हुआ तो हम अपना सिर खुजलाकर माथापच्ची करते रहते हैं, लेकिन अगर बहुत जरूरी नहीं हुआ तो हम यह कहकर उस काम को करना बंद कर देते हैं कि मन नहीं लग रहा या बोर हो रहे हैं।

चेतन मन उस ऋषि की तरह है, जो तपस्या करना चाहता है और अचेतन उस इंद्र की तरह, जो कभी यज्ञ में हड्डी फेंककर तो कभी अप्सरा भेजकर ऋषि की तपस्या भंग करने में लगा रहता है। थोड़ा पहले हमने जिस नौकर और मालिक की कहानी सुनाई थी, उसमें चेतन मन को मालिक और अचेतन को नौकर की तरह लें तो बात पूरी तरह समझ सकते हैं।

सवाल फिर उठने लगता है कि आखिर नौकर से मालिक बन बैठे और अब हमको गुलाम बनाकर नचानेवाले इस शक्तिशाली नौकर (अचेतन मन) पर काबू कैसे पाएँ? अगर इसे काबू में कर लें तो उससे क्या होगा?

प्रबल इच्छाशक्ति बनाम अचेतन मन

जैसाकि हम पहले बता चुके हैं कि चेतन मन किसी जानकारी को अचेतन तक भेजने से पहले किसी फिल्टर की तरह काम करता है। इसके लिए वह बुद्धि का भी सहयोग लेता है। बुद्धि हर बात के लाभ-हानि जानने के लिए तर्क का इस्तेमाल करती है। इसलिए बहुत सारी वे बातें, जो हमारा चेतन मन करना तो चाहता है, लेकिन उसे अंजाम देने के लिए अचेतन मन तक नहीं पहुँचा पाता और अचेतन मन की सहायता के बगैर हम जीवन में कुछ भी बड़ा नहीं कर सकते।

जैसे गणित का कोई सवाल है, जिसे हम हल नहीं कर पा रहे हैं। बुद्धि अपना पूरा जोर लगा रही है, पर उसका सही जवाब नहीं आ पा रहा। तो हम पुस्तक बंद करके एक तरफ रख देते हैं। उस वक्त यह सवाल हमारे अचेतन तक नहीं जा पाता; क्योंकि चेतन मन खुद ही उस जवाब के बारे में श्योर नहीं तो अचेतन मन से उसके तार नहीं जुड़ पाते।

लेकिन आपको जानकर आश्चर्य होगा कि ऐसी सूरत में अगर बाईचांस वह सवाल अचेतन मन तक चला जाए तो जिस उत्तर को ढूँढ़ने में बुद्धि ने हाथ खड़े कर दिए थे, उसे एक सेकंड में अचेतन बता देता है! ऐसे में हम कहते हैं, अचानक आइडिया आया और हमें पता चल गया!

आखिर चेतन के तार अवचेतन से जुड़ते कैसे हैं? मोटे तौर पर तीन अवस्थाओं में यह तार जुड़ते हैं—पहली, जब चेतन मन लगातार किसी चीज का अभ्यास, अध्ययन कर रहा हो। दूसरी, जब कुछ करना उसके लिए जीवन-मरण का प्रश्न बन गया हो, यानी सबसे बड़ी प्राथमिकता हो। तीसरी, जब चेतन मन किसी विषय-वस्तु में रस ले रहा हो, उसे उसमें आनंद अनुभव हो रहा हो।

इन तीनों अवस्थाओं में चेतन और अचेतन मन संयुक्त हो जाते हैं। जाहिर है कि उनकी शक्ति भी संयुक्त हो जाती है। संयुक्त होने पर अचेतन फिर चेतन को भटकाता नहीं, बल्कि एकाग्र होने में चेतन मन की मदद करता है। हमें किस्से-कहानी में भी आनंद आता है, यानी किस्से-कहानी सुनते वक्त भी चेतन और अचेतन के तार जुड़ जाते हैं। तो क्यों न एक सच्चे किस्से के माध्यम से ही जानें कि चेतन मन में प्रबल इच्छाशक्ति होने पर कैसे कठिन और असंभव लगनेवाले कार्यों को भी अचेतन मन संभव बना देता है!

यह किस्सा एक सिख महिला का है। पंजाब के एक गाँव में रहनेवाली एक महिला पूरी तरह से नेत्रहीन है। उसे कुछ दिखाई नहीं देता। लेकिन एक भारतीय

टेलीविजन शो में जब वह स्टेज पर आई तो उसके दोनों हाथों में तलवार थीं और लोहे की जंजीरों के साथ जुड़े लोहे के कँटीले गोलों को चारों तरफ गोल घुमानेवाला एक शस्त्र उसने अपने सिर पर किसी टोपी की भाँति पहन रखा था। उसे चार तलवारबाजों से एक साथ मुकाबला करना था, जो आँखवाले पुरुष थे।

दर्शक हैरान थे कि उन चार पुरुषों का मुकाबला एक नेत्रहीन महिला आखिर कैसे कर सकती है? लेकिन फिर उस स्टेज पर जो हुआ, उसे देखकर कोई भी दंग रह जाएगा। दोनों हाथों से तलवार चलाते हुए और अपने सिर पर रखे शस्त्र का इस्तेमाल करते हुए वह महिला पूरे स्टेज पर इस तरह घूम रही थी, जैसे कोई चकरी घूमती है। कुछ ही मिनटों में उन चारों पुरुषों की तलवारें हाथ से छूटकर फर्श पर गिर चुकी थीं। वे स्टेज से कूदकर किनारे हो गए थे। वह महिला कदमों की जरा सी आहट सुनकर ही लक्ष्य पहचान लेती थी।

बाद में इस महिला की जो कहानी पता चली, वह और भी दंग करनेवाली थी। पहले उसकी आँखों की ज्योति गई, जब वह गर्भवती थी। और फिर बच्चे को जन्म देने से पहले ही उसके पति की मृत्यु हो गई। परिवार में सहारा देनेवाला और कोई नहीं था।

सोचिए, ऐसे में उसके मन का क्या हाल रहा होगा? महिला ने एक गुरुद्वारे में शरण ली। उसी गुरुद्वारे में एक वृद्ध निहंग सरदार जी भी रहते थे। उनके मन में करुणा का भाव पैदा हुआ कि यह नेत्रहीन महिला कैसे अपनी होनेवाली संतान का पालन करेगी? कैसे वह अपना पूरा जीवन गुजारेगी?

खैर, फिर उस महिला ने बच्चे को जन्म दिया। जब तक वह बच्चा छोटा रहा, तब तक वह हरदम उसे अपने सीने से चिपटाकर रखती थी। लेकिन असली दृश्य तब देखने को मिला, जब वह बच्चा थोड़ा बड़ा हुआ और उसने घुटनों के बल चलना शुरू कर दिया। कमाल की बात यह थी कि अपने बच्चे की जरा सी आवाज सुनकर वह सीधे उस तक पहुँच जाती थी।

वृद्ध निहंग सरदारजी ने जब यह देखा, उसी क्षण उन्होंने उसे तलवारबाजी सिखाने का निश्चय कर लिया। वे स्वयं बहुत अच्छे योद्धा थे। न जाने कितने शिष्यों को उन्होंने तलवार और दूसरी युद्ध कलाएँ सिखाई थीं। लेकिन योग्य गुरु को सर्वश्रेष्ठ शिष्य अब उस महिला के रूप में दिखा था, जो शब्दभेदी योद्धा बन सकती थी। उन्होंने उस महिला को तलवार चलाने की शिक्षा दी।

वह महिला अपने बच्चे की देखभाल के अलावा अपना सारा वक्त तलवार के अभ्यास में गुजार देती थी। सीखने की लगन ऐसी कि रात में नींद से उठकर भी

वह अभ्यास करने लगती। इस अभ्यास और लगन का नतीजा टेलीविजन शो में सारी दुनिया ने देखा।

अब देखिए, इस महिला के चेतन और अचेतन मन में घटा क्या होगा? आँखों की ज्योति जाने के बाद दुनिया की बहुत सारी चीजें तो पहले ही उसके लिए बेमानी हो गईं। हमारा चेतन मन अधिकतर आँख और कान से ही इधर-उधर जाता है। अब आँख न होने पर चेतन मन आधा एकाग्र तो पहले ही हो गया। यह जानकारी अचेतन में भी बहुत गहरे चली गई कि अब बगैर आँख के ही जीवन गुजरना है। ऊपर से जब उसके पति की मृत्यु हुई तो उसके लिए रही-सही दुनिया भी जैसे खत्म हो गई। दु:ख के पलों में भी चेतन और अचेतन के तार सीधे जुड़ जाते हैं, क्योंकि चेतन मन तो दु:ख के कारण होश खो ही चुका होता है। ऐसे में अचेतन ही उसे सँभालता है। अब दु:ख का पहाड़ सामने था और कोई सहारा न था।

जब तक विकल्प होते हैं, तब तक हम कोई संकल्प कर ही नहीं सकते, जबकि संकल्प से ही प्रबल इच्छाशक्ति पैदा होती है।

गुरुद्वारे में शरण लेते वक्त उस महिला के पास कोई विकल्प नहीं था। उसका चेतन मन बस एक चीज पर केंद्रित था कि वह अपने आनेवाले बच्चे की देखभाल कैसे करेगी? चेतन मन की यह चिंता अचेतन में दर्ज हो चुकी होगी। और हर पल उसका चेतन मन दोहराता रहा होगा कि चाहे जो भी हो, उसे अपने बच्चे की देखभाल करनी ही है। हर हाल में करनी है। कोई विकल्प नहीं।

बस यहीं से उस इच्छाशक्ति ने जन्म लिया और वह प्रबल होती चली गई। इसके बाद असंभव सा लगनेवाला सारा कार्य उसके अचेतन मन ने कर दिखाया। अचेतन की सारी शक्ति बस बच्चे की देखभाल पर केंद्रित हो गई, जिससे वह महिला आवाज सुनकर लक्ष्य पहचाने में सक्षम बन सकी। यही नहीं, तलवार सीखने के पीछे भी उसी अचेतन का हाथ था, जिसने यह भाव उत्पन्न किया होगा कि युद्ध सीखने से उसे आगे जीवन में अपनी और अपने बच्चे की सुरक्षा में बहुत मदद मिल सकती है।

हो सकता है कि कुछ लोगों को लगता हो कि उनको वैसी सफलता क्यों नहीं मिल पाती, जैसी उक्त महिला को मिली? दूसरे शब्दों में, कुछ लोग जानना चाहते होंगे कि वे ऐसा क्या करें कि वे भी उतना ही सफल हो सकें?

यहाँ एक महत्त्वपूर्ण बात समझनी जरूरी है। उक्त महिला ने अभ्यास करते समय कोई बड़ा लक्ष्य नहीं बनाया था। उसका लक्ष्य टेलीविजन में आकर अपनी सफलता का प्रदर्शन करना नहीं था। जब उसने अभ्यास किया होगा, तब उसका

लक्ष्य तो बस तलवार सीखना रहा होगा। उसकी लगन और मेहनत रुकी नहीं, बल्कि बगैर किसी बड़े लक्ष्य के वह मेहनत से अभ्यास करती रही। और तब जाकर एक दिन ऐसा आया, जब उसका लक्ष्य खुद चलकर उसके कदमों में आ गया।

आप किसी भी क्षेत्र के सफल इनसान के बारे में जानकर देख लीजिए। आपको यही पता चलेगा कि उनका फोकस सिर्फ और सिर्फ उसी चीज पर रहा, जिस क्षेत्र में वे आपको अब सफल दिखते हैं। रातोरात कोई सुपरस्टार नहीं बन जाता। उसके पीछे बहुत मेहनत और त्याग छिपा होता है। जो रातोरात स्टार बन जाते हैं, वे रातोरात वापस जमीन पर भी आ जाते हैं।

सफलता के लिए चेतन मन में किसी कार्य पर पूरी तरह फोकस होना जरूरी है। आपको दृढ़ विश्वास होना चाहिए कि आप उस कार्य को करना चाहते हैं, आप कर सकते हैं और करके रहेंगे। मन में यह खयाल भी न आने दें कि यह तो नहीं हो पाएगा या पता नहीं हो भी पाएगा या नहीं? विश्वास पूरा होना चाहिए कि हम कर सकते हैं।

शुरू में ही कोई बड़ा लक्ष्य मत तय कीजिए। बस वह करिए, जो आप दिल से करना चाहते हैं। चेतन मन उस कार्य पर फोकस होना चाहिए। आपको उस कार्य में आनंद आना चाहिए और उसका लगातार अभ्यास करना चाहिए। जब चेतन मन किसी काम का पक्का संकल्प कर लेता है तो अचेतन उस कार्य से संबंधित आयोजन में 24 घंटे जुटा रहता है। चेतन मन सिर्फ लक्ष्य निश्चित करता है, अचेतन उस लक्ष्य को सिद्ध करके ही दम लेता है।

आपको यह जानकर हैरानी हो सकती है कि अचेतन मन अपने लक्ष्य के लिए अनुकूल परिस्थिति पैदा करवाने के लिए दूसरों के अचेतन का भी इस्तेमाल कर सकता है!

जी हाँ, हमारा अचेतन बाकी लोगों के अचेतन मन से भी जुड़ा होता है और जरूरत पड़ने पर वह दूसरों के अचेतन तक विचार संप्रेषण का कार्य भी करता है। इस विषय में हम आगे विस्तार से चर्चा करेंगे। जरूरत सिर्फ प्रबल इच्छाशक्ति की होती है, जो दृढ़ विश्वास से पैदा होती है।

जब तक हमारे सामने विकल्प होते हैं, हम कोई संकल्प नहीं ले सकते। तो हर विकल्प को क्रॉस लगा दें। सिर्फ उसी पर ध्यान केंद्रित करें, जो करना चाहते हैं। सुनने में यह आसान लगता है, पर करने में थोड़ा कठिन है। पर यकीन मानिए कि अगर आपने ठान लिया तो इससे आसान कुछ भी नहीं, क्योंकि अभी जो ऊर्जा सैकड़ों चीजों में बँट जाती है, फिर सारी ऊर्जा सिर्फ एक काम में लगेगी, जिसके

बाद वह काम खुद ही आसान होता चला जाएगा।

उपरोक्त महिला की कहानी तो प्रबल इच्छाशक्ति होने पर अचेतन मन की शक्ति का एक छोटा सा उदाहरण भर है। वास्तव में अचेतन मन की शक्ति बहुत विशाल होती है। उसे मनोविज्ञान से नहीं, बल्कि आध्यात्मिक स्तर पर जाना जा सकता है।

'गीता' में भगवान् कृष्ण ने अर्जुन को मृत्यु शैया पर पड़े भीष्म के पास कुछ सीखने के लिए भेजा। ध्यान दीजिए कि भगवान् कृष्ण ने अर्जुन से यह तब करने को कहा, जब वे 'गीता' का पूरा ज्ञान अर्जुन को दे चुके थे! आखिर भीष्म के पास ऐसा क्या था, जिसे 'गीता' के पूरे ज्ञान के बाद भी जानना जरूरी था? यह समझना भी जरूरी है।

भीष्म को उनकी प्रतिज्ञा यानी संकल्प के कारण जाना जाता था। प्रतिज्ञा वही ले सकता है, जिसकी प्रबल इच्छाशक्ति हो। 'गीता' के पूरे ज्ञान को लेने के बाद भी बगैर प्रबल इच्छाशक्ति के उस पर अमल नहीं किया जा सकता, इसलिए भगवान् कृष्ण ने अर्जुन को भीष्म पितामह के पास प्रबल इच्छाशक्ति का ज्ञान सीखने के लिए भेजा।

ईश्वर से की जानेवाली हमारी प्रार्थनाएँ भी प्रबल इच्छाशक्ति से ही सुनी जाती हैं। हम अपनी इच्छापूर्ति के लिए उनसे प्रार्थना करते हैं, जिनको हम मानते हैं, जिनकी हम पूजा करते हैं। हमारी बहुत सी प्रार्थनाएँ वह सुन लेता है और हमारी मनोकामना पूरी हो जाती है। लेकिन बहुत बार हमारी मनोकामना पूरी नहीं होती। कभी आपने सोचा कि ऐसा क्यों होता है? एक किस्से के माध्यम से इसे भी समझने की कोशिश करते हैं।

एक व्यापारी था। वह गणेशजी का भक्त था। वह रोजाना गणेशजी की पूजा करता था। उसकी जो भी कामना होती, वह पूजा के बाद गणेशजी से उसके बारे में प्रार्थना कर लेता था। लेकिन एक प्रार्थना वह रोजाना दोहराता था कि मैं और मेरा परिवार सकुशल, सही-सलामत रहें। यह प्रार्थना वह पिछले 20-25 साल से करता था, जब से उसने होश सँभाला था।

एक बार उसके व्यापार से संबंधित उसकी किसी से बहुत जरूरी मीटिंग होनी थी। वह मीटिंग सफल होने पर व्यापारी को बड़ा लाभ होना था। वह मीटिंग सफल करने के लिए गणेशजी से प्रार्थना करने लगा। अब उसकी प्रार्थना होती कि—'हे मेरे गणपति बप्पा, मुझे और मेरे परिवार को सकुशल, सही-सलामत बनाए रखिए और ऐसी कृपा कीजिए कि मेरी यह मीटिंग सफल हो जाए।'

एक-एक करके दिन गुजरे और मीटिंग का दिन आ गया। पूजा करके वह एयरपोर्ट के लिए घर से निकला। लेकिन रास्ते में ही उसकी कार का टायर पंचर हो गया। उसने ड्राइवर से जल्दी स्टेपनी लगाने को बोला। लेकिन दुर्भाग्य से स्टेपनी में भी हवा नहीं थी। अब तो उस व्यापारी का गुस्से से बुरा हाल हो गया। उसने ड्राइवर को डाँटना शुरू किया। जिस मीटिंग का इतने दिनों से इंतजार था, वह नहीं हो सकी। उसका मूड ऑफ होना स्वाभाविक था।

उस दिन ऑफिस में भी वह सब पर भड़कता रहा। गणेशजी ने उसकी प्रार्थना नहीं सुनी, यह विचार भी मन में आ रहा था। शाम को वह घर पहुँचा। उसने टी.वी. ऑन किया तो न्यूज में देखा कि जिस फ्लाइट से उसे जाना था, वह हवाई जहाज दुर्घटनाग्रस्त हो गया था। वह भीतर तक काँप गया। वह अपने घर में बने मंदिर की ओर भागा और जाकर गणेशजी से प्रार्थना करने लगा, 'हे प्रभु, आपका लाख-लाख शुक्रिया, आपने आज मेरी जान बचा ली।' वह मीटिंग, जिसके लिए वह बेचैन था, उसका खयाल उसके मन से निकल चुका था।

अब देखिए, उसने गणेशजी से दो प्रार्थनाएँ की थीं। एक वह, जो वह बहुत सालों से कर रहा था कि वह और उसका परिवार सकुशल रहे। इतने लंबे समय से लगातार यही प्रार्थना दोहराने से यह भाव उसके अचेतन में बहुत गहरे जा चुका था, जिसने सुरक्षा की प्रबल इच्छाशक्ति पैदा कर दी थी, जबकि मीटिंग सफल होने की दूसरी प्रार्थना उसने बस कुछ समय पहले से ही शुरू की थी। जाहिर है कि यह दूसरी प्रार्थना उसके अचेतन में उतना गहरे नहीं जा सकी।

सोचिए कि जिस परिस्थिति में व्यापारी था, उसमें क्या दोनों प्रार्थनाएँ एक साथ पूरी हो सकती थीं? बिल्कुल नहीं। तो सकुशल रहने की प्रार्थना पूरी हुई, जो उसके लिए अधिक महत्त्वपूर्ण थी। इसलिए कहते हैं कि ईश्वर जो भी करता है, अच्छा ही करता है। लेकिन प्रार्थना में जितना गहरा भाव (प्रबल इच्छाशक्ति) होगा, उतनी ही वह पूरी होगी।

प्रबल इच्छाशक्ति की असीमित शक्ति को मनोविज्ञान भी मानता है और यह भी कि इच्छाशक्ति हमारे अचेतन से उत्पन्न होती है। कुछ मनोवैज्ञानिकों ने मन के तीन स्तर—चेतन, अवचेतन और अचेतन को भी माना है। जबकि वास्तव में मन की चेतना के 7 स्तर होते हैं, जिनके विषय में अब हम आगे चर्चा करेंगे। किसी भी विषय की गहराई में उतरने से पहले उसके विषय में बुनियादी जानकारी होना जरूरी होता है, इसलिए अभी तक हम सिर्फ चेतन मन और अचेतन मन की ही बात करते रहे।

संक्षिप्त पुनरावलोकन (Recap)

√ हम हर चीज में बस खुशी तलाशते हैं। धन, शोहरत, काम-वासना या कुछ भी लें, हर चीज के पीछे हम इसलिए भागते हैं, क्योंकि हम उसे पाकर खुश होना चाहते हैं। लेकिन उसे पाते ही हम फिर खुशी की तलाश में कुछ और ढूँढ़ने लगते हैं।

√ ऐसा क्यों होता है? कारण सिर्फ इतना सा है कि खुशी एक आंतरिक प्रक्रिया है, जो हमारे मन के भीतर घटित होती है, लेकिन हम उसकी तलाश बाहर करते हैं, क्योंकि हमारी आँख, नाक, कान आदि हमारी इंद्रियाँ हमें सिर्फ बाहर की ओर ले जाना जानती हैं।

√ जबकि बाहर किसी भी चीज में वह खुशी नहीं मिल सकती, जिसके बाद हमारी खुशी की तलाश बंद हो जाए। अगर बाहर की चीजों से खुशी मिल सकती तो दुनिया के सभी धनवान कह सकते थे कि वे ख़ुश हैं और उनके जीवन में अब कोई दु:ख नहीं बचा। पर खुशी की तलाश तो उन्हें भी होती ही है।

√ अधिकतर लोग अपने मन को ही अपना होना समझ लेते हैं। वास्तव में ऐसा होता नहीं; क्योंकि अगर आपको पूरी तरह बेहोश कर दिया जाए तो उस वक्त आपका मन कार्य नहीं कर सकेगा। लेकिन आप तो उस वक्त भी होंगे!

√ गहरी नींद में भी हमें मन की कोई खबर नहीं होती। लेकिन हम तो तब भी होते ही हैं। यानी आप जो हैं, वह अलग है और आपका मन अलग है।

√ जिस मन को हम जानते हैं, वह चेतन मन ही होता है। लेकिन चेतन मन के पीछे हमारा अचेतन मन होता है, जो चेतन मन से नौ गुना शक्तिशाली होता है। हमारे ज्यादातर विचार अचेतन मन से ही पैदा होते हैं।

√ मन में एक ही समय में सैकड़ों विचार उठते रहते हैं, इससे उन विचारों की शक्ति बिखरकर बहुत कमजोर हो जाती है, जबकि किसी एक ही विचार की प्रबल इच्छाशक्ति से असंभव कार्य को भी संभव किया जा सकता है (इसे बहुत ही विस्तार से बताया गया है)।

□

अध्याय-11

मन के 7 स्तर

आपने सुना होगा कि हमारा शरीर एक घर है, जिसमें आत्मा निवास करती है। हालाँकि विज्ञान अभी तक आत्मा को नहीं मानता। विज्ञान पहले मन को भी नहीं मानता था। विज्ञान के अनुसार, चेतना मनुष्य की वह विशेषता है, जो उसे जीवित रखती है और जो उसे उसके विषय में और उसके आसपास के वातावरण के विषय में ज्ञान कराती है। इस ज्ञान को उस व्यक्ति की विचारशक्ति या बुद्धि माना जाता है। विज्ञान के हिसाब से हम सिर्फ एक शरीर हैं और हमारा जो मन है, वह यादों यानी मेमोरी की गठरी जैसा है। यादें मस्तिष्क में होती हैं। मस्तिष्क नामक कंप्यूटर में यादें किसी सॉफ्टवेयर जैसे काम करती हैं।

यह और बात है कि विज्ञान अभी वहाँ तक नहीं पहुँचा है कि वह बता सके कि पूरी तरह से स्वस्थ व्यक्ति के साथ भी अचानक क्या घट जाता है कि जो शरीर कुछ सेकंड पहले तक सजीव था, अचानक वह काम करना बंद कर देता है ? डॉक्टर पोस्टमार्टम करके उसकी मृत्यु की वजह बता सकते हैं, लेकिन बहुत से सवाल ऐसे हैं, जिनका संतोषजनक उत्तर विज्ञान से हमें नहीं मिल पाता। जैसे विज्ञान हमारे खून की जाँच करके उसके विषय में हर छोटी-से-छोटी जानकारी बताने में सक्षम है, जिसकी मदद से डॉक्टर हमें खून बढ़ाने या उसे शुद्ध करने की दवा दे सकते हैं। लेकिन विज्ञान अभी खून बनाना नहीं सीख पाया। टेस्ट ट्यूब में बच्चा तो जन्म ले सकता है, लेकिन टेस्ट ट्यूब में खून अभी तक नहीं बन पाया।

हमारा शरीर और सभी अंग 7 धातुओं के मिश्रण से बने हैं। इनके नाम हैं—अस्थि, मांस, मज्जा, मेद, रक्त, चर्म और त्वचा। यह सात धातु कोई मौलिक पदार्थ नहीं, जो हर जगह उपलब्ध हों और जरूरत पड़ने पर उसे खरीदकर किसी रोबोट की तरह मानव शरीर का निर्माण किया जा सके।

यह 7 धातु हमारे शरीर में ही बनती हैं। इनका निर्माण हमारे शरीर में

सक्रिय सूक्ष्म तत्त्वों—पृथ्वी, जल, अग्नि, वायु और आकाश से होता है। और यह सम्मिश्रण चेतना शक्ति और मानसिक शक्ति के कारण पूर्व निर्धारित योजना के अनुसार ही होता है। चाहे कोई जीव हो या पेड़-पौधा, उसका निर्माण उसके बीज में छिपे गुणों के अनुरूप ही होता है। विज्ञान जिसे अब 'जीन्स' कहता है। विज्ञान तब तक किसी चीज को मान्यता नहीं देता, जब तक उस चीज पर खोज पूरी न हो जाए। उसके विषय में सबकुछ जाने बिना विज्ञान उसे नहीं मानता।

विज्ञान की खोज मन तक कुछ हद तक पहुँच गई है, लेकिन चेतना तक पहुँचना अभी बाकी है। जबकि चेतना ही वह शक्ति है, जो जीवित और मृत का फर्क पैदा कर देती है। लेकिन क्या आपको लगता है कि आप बस एक शरीर हैं, जिसे आपका मस्तिष्क, अपने भीतर फीड की हुई मेमोरी यानी मन से चलाता रहता है? या आपको अपने होने का कुछ अलग से भी अहसास होता है?

अगर हम खुद को शरीर मानते हैं तो खुशी या दुःख भी शरीर को होना चाहिए। लेकिन होता कौन है? शरीर में कहीं चोट लगे तो उस अंग में दर्द होता है, तब हमें दर्द का अनुभव हमारा मन ही कराता है। लेकिन अनुभव करनेवाला कौन होता है? वह होता किसे है?

थोड़ी देर को मान लेते हैं कि आपका शरीर ही आप हैं, जिसे आपका मस्तिष्क मेमोरी से चला रहा है तो ऐसे में अगर आपकी सारी यादों को मिटा दिया जाए (बहुत से लोगों की याददाश्त खत्म हो जाती है) तो उस सूरत में आप बचेंगे या नहीं? जाहिर है कि याददाश्त जाने के बाद भी शरीर के साथ कुछ तो और बचा ही होता है।

उसे विज्ञान के अनुसार मन तो नहीं कहा जा सकता, क्योंकि याददाश्त तो मिट चुकी है तो मन तो नहीं रहा। तो फिर वह कौन होता है? अगर याददाश्त मिटने के बाद भी आपको अपने होने का अनुभव होता है तो वह अनुभव किसे हो रहा होता है कि मैं अभी हूँ?

अब इसे दूसरे तरीके से समझते हैं। मस्तिष्क हमारे सिर में होता है। ऐसे में मन अगर हमारे मस्तिष्क में ही होता है तो पूरी दुनिया के लोग चाहे कोई भाषा बोलें, अपने सीने पर दिल के पास हाथ रखकर ही 'आई लव यू' क्यों बोलते हैं? चलिए, बाकी लोगों की बात छोड़िए, डॉक्टर और वैज्ञानिक को अगर किसी से प्यार का इजहार करना होता है तो कम-से-कम उनको तो सिर पकड़कर ही 'आई लव यू' बोलना चाहिए!

विज्ञान तर्क की भाषा समझता है तो अपनी इस बात में तर्क है कि नहीं?

हो सकता है कि आप लोगों में भी कोई डॉक्टर या वैज्ञानिक हो। हमारी बातों को अन्यथा न लें। हम तो कुछ समझने-समझाने के लिए यह सब बातें कर रहे हैं।

चलिए, इसको भी छोड़िए। एक और उदाहरण लीजिए। आपने अकसर लोगों को अपने सीने पर हाथ रखकर बोलते सुना होगा, 'मैं बोल रहा हूँ या यह मेरा वचन है या मुझसे पंगा मत लेना आदि।' तो प्रश्न यह है कि वह सीने पर ही क्यों हाथ रखता है, खुद के 'मैं' को बताने के लिए?

जब हम बस शरीर मात्र हैं तो शरीर के किसी भी अंग पर हाथ मारकर यही बातें बोली जा सकती हैं! और फिर शरीर तो सबके अलग होते हैं तो होना तो यह चाहिए कि लोग अपनी मर्जी से अपने शरीर का कोई अंग चुनें और उसे हाथ से ठोंककर बोलें कि 'मैं बोल रहा हूँ'!

सोचिए, कैसा लगेगा, अगर कोई अपनी जाँघ ठोंककर बोले, कोई अपना सिर पीटकर बोले, कोई अपनी तोंद पर हाथ रखकर बोलने लगे, 'मैं बोल रहा हूँ'? लेकिन ऐसा कोई भी नहीं करता। हर कोई अपने सीने पर ही हाथ रखकर अपने भाव को व्यक्त करता है। कभी सोचा आपने कि ऐसा क्यों होता है?

भाषा, भाव और मौन

दरअसल, विचार की उत्पत्ति भाव से होती है। भाव हम प्राकृतिक तौर से जन्मजात लेकर उत्पन्न होते हैं। किसी को भय, क्रोध आदि भाव सिखाने की जरूरत नहीं पड़ती। लेकिन विचार का संप्रेषण मस्तिष्क से होता है। इसलिए हमें भले ही लगता हो कि हमारे मस्तिष्क से विचार उत्पन्न हो रहे हैं, लेकिन वास्तव में उसके मूल में भाव होता है, जिसका केंद्र हमारे सीने में हमारे हृदय के पास (अनाहत चक्र) होता है। इसलिए हमें हृदय के आसपास अपने होने की अनुभूति होती है। विचार तो बहुत स्थूल होते हैं, उसके पीछे जो भाव होता है, वह बेहद सूक्ष्म होता है।

आपको जब भय लगता है तो भी सीने में ही कुछ अनुभव होता है। कलेजा धक से हो जाता है। आपको प्रेम, दया, करुणा और क्रोध की अनुभूति भी हृदय के आसपास ही होती है। ईर्ष्या होने पर कहते हैं कि दिल में जलन हो रही है। और तो और, आप अनुभव करके देखिए कि आपको सुख या दु:ख की अनुभूति कहाँ होती है? छाती के बीचोबीच, हृदय के पास या सिर में दिमाग के पास? खुश होने पर हम कहते हैं कि 'दिल खुश हो गया'। कोई नहीं कहता कि 'दिमाग खुश हो गया'!

जरूरी नहीं कि हम भाषा के द्वारा जो बोल रहे हों, हमारा भाव भी वही हो।

हम अपने बॉस को खुश करने के लिए उसके सामने अच्छी भाषा बोलकर उसकी प्रशंसा करते हैं। जरूरी नहीं कि हमारा भाव भी प्रशंसा का हो। अकसर भाव उलटा होता है। कभी-कभी तो ऐसी तारीफ के समय अंदर से घृणा या क्रोध जैसा भाव भी चल रहा होता है। तो भाषा झूठी हो सकती है, अकसर झूठी ही होती है, लेकिन भाव कभी झूठा नहीं होता। लेकिन हम भाषा के चंगुल में फँसकर भाव को समझने की चेष्टा कम ही करते हैं।

यहाँ यह समझना भी जरूरी है कि भाषा का आविष्कार मनुष्य ने किया। दूसरों से संवाद करने की मनुष्य की चाह ने उससे भाषा का आविष्कार करवाया। कोई पाँच हजार साल पहले, जब यह आविष्कार हुआ, तब मनुष्य गुफाओं में रहता था। मनुष्य जाति का इतिहास कोई एक लाख साल पुराना है, यानी कोई 95 हजार साल तक मनुष्य बगैर किसी भाषा के रहा। भाषा नहीं थी, पर मनुष्य के भीतर भाव तब भी वही थे, जो आज हैं। प्रेम, करुणा, काम, क्रोध, ईर्ष्या और घृणा तब भी थीं, जैसी आज हैं। बस भाषा नहीं थी।

कोई विश्वविद्यालय नहीं था, जब मनुष्य ने पहली बार हलक से लेकर जीभ और होंठों से निकलनेवाली ध्वनियों के आधार पर भाषा और उसकी लिपि का आविष्कार कर डाला! जरा सोचिए, यह कमाल उस वक्त मनुष्य ने कैसे किया होगा? हम सोच सकते हैं कि जब भाषा ही नहीं थी तो भाषा पैदा करने का ज्ञान मनुष्य को कैसे मिला होगा? फिर उसने पहली बार भाषा गढ़ने जैसा महान् कार्य कैसे किया होगा?

आज जबकि हम भाषा के दम पर थोड़ी-बहुत जानकारी दिमाग में डालकर खुद को ज्ञानी समझते हैं तो भी क्या हम किसी नई भाषा और उसकी लिपि को जन्म देने में सक्षम हैं? यह आसान काम नहीं।

दरअसल, तब के मनुष्य द्वारा यह कार्य उसके भीतर के मौन से उत्पन्न विचार से संभव हुआ। सारी गड़बड़ यहाँ से शुरू हुई कि जिस भाषा की जरूरत दूसरों से संवाद स्थापित करने के लिए की गई थी, उसका प्रयोग हम खुद से संवाद करने में भी करने लगे। हम इसका लंबा अभ्यास कर बैठे। यह आदत छूटने का नाम नहीं लेती।

अब यह आदत हमें भीतर से मौन नहीं होने देती। इसके कारण हमारा ध्यान अपने भीतर के भाव पर जा ही नहीं पाता। जबकि खुद से संवाद के लिए किसी भाषा की नहीं, बल्कि भाव की ही जरूरत होती है।

अपने भाव को समझने के लिए हमारे भीतर का मौन जरूरी है। लेकिन हमने

अपने आप को भाषा से जकड़ रखा है। और यह हाल तब है, जबकि अमेरिका में हुई एक ताजा रिसर्च कहती है कि भाषा से हम केवल 2 प्रतिशत ही संवाद कर पाते हैं, बाकी का 98 प्रतिशत संवाद हम एक-दूसरे से आपस में प्राप्त होनेवाले भाव और बॉडी लैंग्वेज आदि से करते हैं।

गौर करें, हम जिस भाषा में सोचते हैं, लगभग हर वक्त उसी भाषा में मन-ही-मन बुदबुदाते रहते हैं! हम तब भी यही कर रहे होते हैं, जब कुछ पढ़ या सुन रहे होते हैं। अधिकतर तो ऐसा होता है कि हम दूसरों की बात सुनते ही नहीं हैं। या तो हम उसके चुप होने और अपने बोलने का इंतजार करते हैं! या वह जो बोल रहा होता है, हम मन-ही-मन उसकी बात के सही या गलत होने पर टिक लगा रहे होते हैं।

कभी शांत होकर किन्हीं दो लोगों की बात को सुनिए! आप पाएँगे कि दोनों बस अपनी-अपनी बात बोले जा रहे हैं और दोनों की बात एक-दूसरे तक नहीं पहुँच पा रही। लेकिन हम उसको भी संवाद समझ लेते हैं।

हम भीतर से मौन रह ही नहीं पाते। मन की आदत हो जाती है हर वक्त कुछ-न-कुछ बुदबुदाने की। हम इसे विचार का चलना समझते हैं। जबकि यह विचार नहीं होता। विचार तो बहुत ही सूक्ष्म क्रिया है। किसी माइक्रो चिप की तरह! विचार को तो हम भीतर-ही-भीतर बस जान लेते हैं। और जब हमें उस विचार को किसी के समक्ष व्यक्त करना होता है, तब हम भाषा का सहारा लेकर उसे व्यक्त करते हैं। एक विचार को व्यक्त करने में किसी भाषा के हजारों शब्द लग सकते हैं।

हम सड़क पर अकेले चलते हैं तो भी खुद से बात कर रहे होते हैं। बाकायदा भाषा में भीतर बुदबुदाहट चलती रहती है। यही काम तो पागल भी करते हैं। फर्क बस इतना है कि पागल जोर-जोर से बोलता है और हम मन-ही-मन। तो हम कौन हुए?

जब हम किसी से बात न कर रहे हों, उस दौरान हमें भीतर से मौन रहने का अभ्यास करना चाहिए। चिंता बिल्कुल न करें, ऐसा करने से कोई गड़बड़ नहीं होगी; बल्कि मौन की अवस्था में हम शुद्ध रूप से मौलिक विचार प्राप्त कर सकते हैं। कोई मौलिक विचार आता ही तब है, जब हम भीतर से मौन हों। यह अनायास होता है। भाषा का संबंध मस्तिष्क से होता है, इसलिए भाषा के साथ धोखा किया जा सकता है, भाव के साथ नहीं। इसलिए खुद से या परमात्मा से संवाद तो भाव से ही संभव है।

आपने पूजा-पाठ आदि में पुरोहितों को कहते सुना होगा—'भाव से गणेशजी

का आह्वान कीजिए। भाव से लक्ष्मीजी को वस्त्र प्रदान कीजिए।' भाव से यह सब इसलिए करने को बोला जाता है, क्योंकि 'देवी-देवता' सिर्फ भाव की ही 'भाषा' समझते हैं।

लेकिन हम करते क्या हैं? पूजा करानेवाला कलावे का एक टुकड़ा पकड़ाकर कहता है कि लक्ष्मीजी को भाव से वस्त्र पहनाइए। इस दौरान वह बोलता है—'वस्त्रम् समर्पयामी'। क्या कलावे का एक टुकड़ा लक्ष्मीजी की मूर्ति के आगे रखने से यह भाव उत्पन्न हो सकता है कि आप उन्हें, जो देवी हैं, को वस्त्र समर्पित कर रहे हैं?

किसी इनसान को, जिसे आप प्रसन्न करना चाहते हों, कभी उसे कलावे का एक टुकड़ा देकर उससे बोलकर देखिए कि 'वस्त्रम् समर्पयामी', तब पता चलेगा कि आप करते क्या हैं?

आप उन पुरोहित से पूछ भी सकते हैं कि भैया, भाव नहीं उठ रहा। बताइए, कैसे पैदा करें भाव? देखिए, वे क्या जवाब देते हैं!

भाव की उत्पत्ति हृदय से होती है। हम भाषा के प्रयोग से भाव उत्पन्न नहीं कर पाते; क्योंकि भाव चेतना की जिस गहराई से उठते हैं, उसके बारे में हम नहीं जान पाते। इसलिए भाव अनायास उत्पन्न होते हैं। सायास हम भाव उत्पन्न नहीं कर पाते।

भाव का वेग इतना शक्तिशाली होता है कि उसके आगे हमारी बुद्धि की कोई अहमियत नहीं रह जाती। वह बेबस-सी हो जाती है। काम का भाव हमारे सोचने-समझने की सारी शक्ति की धज्जियाँ उड़ा देता है। बुद्धि जड़ होकर समर्पण कर देती है और विचार काम भाव के इर्द-गिर्द केंद्रित हो जाते हैं। क्रोध के भाव में इनसान अपना आपा खो देता है। मोह का भाव अपनों की तमाम खामियों पर परदा डाल देता है। भय का भाव हमारी परछाईं से भी हमारी कँपकँपी छुड़ा देता है।

भाव के तार हमारी इंद्रियों, आँख, कान, नाक, मुँह और त्वचा से भी जुड़े होते हैं और इंद्रियाँ रस से संचालित होती हैं। आँखें हमेशा अच्छा देखना चाहती हैं, कान अच्छा सुनना चाहते हैं, नाक सुगंध चाहती है। सच तो यह है कि हमारा पूरा जीवन भाव से ही संचालित होकर हमें सुख-दुःख की अनुभूति करवाता रहता है, लेकिन हम अज्ञानतावश इसे समझ नहीं पाते।

अपने अस्तित्व का अहसास भी हमको भाव से ही होता है। आपको जो हमेशा लगता रहता है कि आप हैं। आपको जो लगता है कि दूसरा भी है। आपको जो लगता है कि आप दूसरों से अलग हैं। आपको जो अपने-पराए का अहसास

होता है, आप जो बोलते हैं कि मैं बोल रहा हूँ, यह सब अनुभव भाव से ही शरीर में हृदय के आसपास ही होता है। यह अनुभव हमें हमारा चेतन मन करवाता है।

अधिकतर लोग पैदा होने से मृत्यु तक बस इतना ही अनुभव कर पाते हैं; क्योंकि हृदय के पास जहाँ उन्हें अपने होने का अनुभव हो रहा होता है, उसके ऊपर या उसके नीचे भी कुछ है, इसकी उनको खबर ही नहीं होती। जबकि चेतना का बस एक केंद्र नहीं होता। हमारी चेतना का विस्तार बहुत व्यापक होता है।

चेतना के स्तर को ऐसे समझिए। एक इनसान किसी सात मंजिला मकान में रहता है। जिस जगह वह रहता है, वह बीच के फ्लोर पर है। उसके ऊपर भी तीन फ्लोर और हैं तथा उसके नीचे भी तीन फ्लोर और हैं। लेकिन उस इनसान को बाकी के उन 6 फ्लोर की कोई खबर ही नहीं है।

वह जिस फ्लोर पर रहता है, उसने कभी उसकी कोई खिड़की, कोई दरवाजा नहीं खोला। अगर एक खिड़की भी कभी खुल जाती तो उसको अपने फ्लोर से ऊपर या नीचे के किसी फ्लोर की जानकारी भी हो गई होती। उसे थोड़ी सी भी जानकारी हो जाती तो उसके बाद ऊपर के तीन फ्लोर और नीचे के तीन फ्लोर के बारे में जानकारी मिलने में ज्यादा समय नहीं लगता।

लेकिन उसने कभी कोई खिड़की, कोई दरवाजा खोलने की कोशिश ही नहीं की। कोशिश तो तभी करता, जब उसको जिज्ञासा होती कि उन खिड़की-दरवाजों के पार क्या है?

वह उसी एक फ्लोर पर घुट-घुटकर जीवन गुजार देता है। फिर एक दिन (मृत्यु होने पर) वह उस फ्लोर से निकलता है, जहाँ उसने पूरा जीवन गुजार दिया। तब उसके पास पछताने के सिवा और कोई चारा नहीं होता। वह इनसान यही पछतावा लिये दम तोड़ देता है कि काश, उसने एक फ्लोर पर घुट-घुटकर जीने के बजाय कभी कोई खिड़की खोलने का सोचा होता, तब उसको इतनी तंग जगह में सारा जीवन नहीं गुजारना पड़ता! क्योंकि तब उसे यह भी पता चल जाता है कि वे जो बाकी के फ्लोर थे, दरअसल, उसका मालिक भी वही था, कोई दूसरा नहीं।

हममें से ज्यादातर लोग उपरोक्त इनसान जैसे ही जीवन गुजार देते हैं। ऊपर जिन 7 फ्लोर की बात कही गई है, यही मनुष्य की चेतना के 7 स्तर हैं। हममें से ज्यादातर चेतन मन (Conscious Mind) के स्तर पर ही चेतना को जानकर पूरा जीवन गुजार देते हैं। चेतना के बाकी स्तर की हमें खबर ही नहीं होती। चेतन मन अनाहत चक्र से जुड़ा होता है। उसके ठीक नीचे चेतना की एक और सतह होती है। उसे अचेतन मन (Unconscious Mind) कहते हैं। यह मणिपूरक चक्र से

मन के 7 स्तर

7 ब्रह्म चेतन मन
6 समष्टि चेतन मन
5 अति चेतन मन
4 चेतन मन
3 अचेतन मन
2 समष्टि अचेतन मन
1 ब्रह्म अचेतन मन

संबंधित होता है। उसके भी नीचे, थोड़ा और गहरे में चेतना की जो सतह होती है, उसे समष्टि अचेतन मन (Collective Unconscious Mind) कहते हैं, जो स्वाधिष्ठान चक्र से संबंधित होता है। उसके भी नीचे सबसे नीचे चेतना की जो सतह होती है, उसे ब्रह्म अचेतन मन (Cosmic Unconscious Mind) कहते हैं, जो मूलाधार चक्र से जुड़ा होता है।

जैसे चेतन मन के नीचे चेतना की तीन सतह होती हैं, वैसे ही उसके ऊपर भी तीन सतह होती हैं। चेतन मन (अनाहत चक्र) के ठीक ऊपर चेतना की जो सतह होती है, उसे अति चेतन मन (Super Conscious Mind) कहते हैं, जो हमारे विशुद्ध चक्र से जुड़ा होता है। फिर इसके भी ऊपर जो सतह होती है, उसे समष्टि चेतन मन (Collective Conscious Mind) कहते हैं, जो आज्ञाचक्र से जुड़ा होता है। इसे 'छठी इंद्री/तीसरी आँख' (Six Sense/Third Eye) भी कहते हैं। फिर सबसे ऊपर जो सतह होती है, उसे ब्रह्म चेतन मन (Cosmic Conscious Mind) कहते हैं। यह हमारे सहस्त्रार चक्र से जुड़ा होता है।

इस तरह प्रत्येक मनुष्य की चेतना के 7 स्तर होते हैं। इन्हें चेतना की अति सूक्ष्म परत भी समझ सकते हैं। इनमें हमारे और संपूर्ण सृष्टि के अतीत से जुड़ी हर जानकारी से लेकर हमारे और संपूर्ण सृष्टि के भविष्य की अनंत संभावनाएँ छिपी होती हैं, जिन्हें जाना जा सकता है। बुद्ध आदि महापुरुषों ने उसे जाना भी।

जाग्रत् अवस्था में हमारी चेतना का स्तर चेतन मन और अचेतन के बीच ही रहता है, लेकिन नींद में अकसर चेतना नीचे के तलों में जाने से कभी-कभी हमें

विचित्र सपने आते हैं। जब हम विचार-शून्य होकर कहीं खोए हों, तब भी हमारी चेतना कुछ ऊपर या नीचे के तलों में चली जाती है।

ऐसे में अकसर कुछ ऐसे अनुभव भी होते हैं, जो हमें विस्मित कर देते हैं। हम नहीं जानते कि वह कैसे संभव हुआ होगा? हम उन्हें संयोग, इत्तेफाक (Coincidence) कहकर भूल जाते हैं। आपके जीवन में भी ऐसा कई बार हुआ होगा कि आप जब किसी को याद कर रहे होते हैं, उसके बारे में सोच ही रहे होते हैं कि आपका फोन बजता है और उधर से वही इनसान बोल रहा होता है, जिसे आप याद कर रहे थे। हैरान होकर आप बोल उठते हैं—"क्या कोइंसिडेंस है, अभी बस तुमको याद ही किया था और तुम्हारा फोन आ गया!" सामनेवाला जवाब देता है—"मुझे भी लगा कि बहुत समय हो गया आपसे बात किए, तो फोन कर लिया।"

ऐसी घटनाओं को हम संयोग या इत्तेफाक मानते हैं, पर हम नहीं जानते कि यह इत्तेफाक, इत्तेफाकन नहीं होते, बल्कि इनके पीछे भी राज छिपा होता है। जिसे हम संयोग मानते हैं, वास्तव में वह हमारे और उस व्यक्ति के समष्टि अचेतन मन (Collective Unconscious Mind) के कारण होता है। Collective समष्टि का अर्थ ही आपस में जुड़ा होना या एकत्र होना होता है। यानी इस स्तर पर सभी मन आपस में जुड़े होते हैं, लेकिन हम उनके बीच संपर्क करने की कोई विधि नहीं जानते। इसलिए हम कभी चाहकर भी उन्हें जोड़कर कोई संदेश नहीं भेज पाते। लेकिन यह काम कभी-कभी अचानक हो जाता है।

यह उसी तरह संभव होता है, जैसे मान लीजिए कि हम किसी ऐसे आदिवासी के पास, जिसे टी.वी. की कोई जानकारी न हो, उसके पास टेलीविजन रख दें और उसका रिमोट भी वहीं कहीं डाल दें। ऐसे में वह टी.वी. ऑन करना तो नहीं जानता, पर अगर किसी भी तरह उसके हाथ से रिमोट का बटन दब गया तो टी.वी. ऑन हो जाएगा। तब पहली बार टी.वी. में अपने जैसे इनसान को देखकर उसकी क्या हालत होगी? कल्पना कीजिए! कुछ ऐसा ही हमारे साथ भी होता है, जिसे हम संयोग समझ लेते हैं और हमें थोड़ी हैरत होती है। जबकि इसमें कोई आश्चर्य जैसी बात नहीं होती।

टेलीपैथी जाननेवाले अपने मन से हजारों किलोमीटर दूर बैठे किसी व्यक्ति के मन तक कोई भी संदेश पहुँचा देते हैं; क्योंकि वह अचेतन और चेतन के अलग स्तर की चेतना को समझकर उसके अभ्यास से चेतना के आपस में संबंधों का इस्तेमाल करने की क्रिया जानते हैं। दूसरे के मन को प्रभावित करने के लिए तंत्र में भी उच्चाटन आदि के जो प्रयोग किए जाते हैं, वे भी समष्टि अचेतन मन (Collective Unconscious Mind) से ही संभव हो सकते हैं।

समष्टि अचेतन मन (Collective Unconscious) के विषय में अगर अनुभव के स्तर पर जानकारी करनी हो तो एक छोटा सा प्रयोग कर सकते हैं। आप किसी मंदिर, गुरुद्वारे, चर्च आदि में जाइए, जब वहाँ कोई भी न हो। वहाँ के वातावरण को अनुभव करिए। फिर सुबह के समय किसी बार में जाइए, जब वहाँ भी कोई न हो। आपको उन दोनों स्थानों में अलग अनुभूति होगी। जबकि वहाँ उस वक्त कोई नहीं होगा। आप उसे जो चाहें नाम दे दें, पर दोनों स्थानों पर आपको अलग अनुभव होना तय है। इसका कारण उस स्थान पर बहुत से लोगों द्वारा एक जैसे या मिलते-जुलते भाव में रहकर वक्त गुजारना होता है। जैसे भाव में लोग जिस स्थान पर रहते हैं, वहाँ वैसी ही ऊर्जा बन जाती है।

जैसे हम सबके समष्टि अचेतन मन आपस में जुड़े होते हैं, वैसे ही समष्टि चेतन मन (Collective Conscious Mind) भी जुड़े होते हैं। इसे गण भी बोलते हैं। हमारे मन का जाल ठीक इंटरनेट की तरह हर किसी से आपस में जुड़ा होता है। लेकिन साधारण मनुष्य में उस स्तर की जागृति (Higher Level Awareness) नहीं होती कि उसे अनुभव किया जा सके। सिर्फ ध्यान की अवस्था में हम चेतना के उस स्तर तक पहुँच सकते हैं।

हमारे मन के अचेतन स्तर में ऐसी बातें रहती हैं, जिनकी फौरन हमें जरूरत नहीं होती। लेकिन जरूरत पड़ने पर हम उन बातों को याद कर सकते हैं। कुछ बातें

याद करने पर भी हमें याद नहीं आतीं, लेकिन वे हमारी चेतना से कभी मिटती नहीं, बल्कि चेतना के और गहरे तल में चली जाती हैं।

चेतना की गहराइयों में सभी यादें दर्ज रहती हैं, जिन्हें विशेष प्रक्रिया से याद कराया जा सकता है। जो अनुभूतियाँ एक बार चेतना को होती हैं, वह हम भले ही भूल जाएँ, पर अचेतन की गहराई से वह कभी निष्क्रिय नहीं होतीं और अनजाने में हमें प्रभावित करती रहती हैं।

इसी को चित्त के संस्कार आदि बोला जाता है। जितनी पुरानी यादें, उतना ही निचला चेतना का तल होगा। चेतना के सबसे निचले तल को 'ब्रह्म अचेतन मन' (Cosmic Unconscious Mind) नाम दिए जाने का अर्थ यही है कि उस गहराई में सृष्टि का संपूर्ण अतीत छिपा हुआ है, यानी वहाँ हमारे जन्म-जन्मांतर की यादें छिपी हैं।

जिस प्रकार चेतना के निचले तलों पर अतीत की यादें दर्ज रहती हैं, उसी प्रकार चेतना के ऊपरी स्तर पर वर्तमान और भविष्य का ज्ञान छिपा होता है। चेतना यदि अति चेतन मन (Super Conscious Mind) के स्तर पर सक्रिय हो तो ऐसे व्यक्ति को अलौकिक अनुभूति होनी शुरू हो जाती है। चेतना का स्तर यदि समष्टि चेतन मन (Collective Conscious Mind) तक पहुँच जाए तो ऐसे व्यक्ति को दूसरों के विषय में जानकारी होने के साथ भविष्य में घटित होनेवाली बातों के पूर्वाभास होने लगते हैं। और जिसकी चेतना ब्रह्म चेतन मन (Cosmic Conscious Mind) तक पहुँच जाए, उसको फिर और कुछ जानने की जरूरत नहीं होती। वह स्वयं त्रिलोक का ज्ञाता हो जाता है।

सात चक्रों की साधना से चेतना के विभिन्न स्तरों की यात्रा संभव है। लेकिन यह कुछ दिनों में होने जैसा काम नहीं होता। इसके लिए सही विधि से निरंतर अभ्यास की जरूरत है। साँस के प्रयोग से किया जानेवाला ध्यान ही इसका एकमात्र रास्ता है। वैसे ध्यान की भी कई विधियाँ हैं और यह व्यक्ति पर निर्भर करता है कि वह किस विधि से तेजी से प्रगति कर सकता है! आगे हम आपको कुछ ऐसी जानकारी दे रहे हैं, जिससे आप ध्यान में आनेवाली अड़चनों से आसानी से मुक्ति पा सकते हैं।

संक्षिप्त पुनरावलोकन (Recap)

√ आपको जो हमेशा लगता रहता है कि आप हैं। आप जो बोलते हैं कि मैं बोल रहा हूँ, यह सब अनुभव शरीर में हृदय के आसपास ही होता है। अधिकतर लोग पैदा होने से मृत्यु तक बस इतना ही अनुभव कर पाते हैं; क्योंकि उन्हें जहाँ (हृदय के पास) अपने होने का अनुभव हो रहा होता है, उसके ऊपर या उसके नीचे भी कुछ है, इसकी उनको खबर ही नहीं होती।

√ प्रत्येक मनुष्य की चेतना के 7 स्तर होते हैं। हममें से ज्यादातर चेतन मन (Conscious Mind) के स्तर पर ही चेतना को जानकर पूरा जीवन गुजार देते हैं; क्योंकि चेतना के बाकी स्तर की हमें खबर ही नहीं होती।

√ चेतन मन (Conscious Mind) के ठीक नीचे चेतना की एक और सतह होती है। उसे अचेतन मन (Unconscious Mind) कहते हैं।

√ उसके भी नीचे थोड़ा और गहरे में चेतना की जो सतह होती है, उसे समष्टि अचेतन मन (Collective Unconscious Mind) कहते हैं।

√ उसके भी नीचे सबसे नीचे चेतना की जो सतह होती है, उसे ब्रह्म अचेतन मन (Cosmic Unconscious Mind) कहते हैं।

√ जैसे चेतन मन के नीचे चेतना की तीन सतह होती हैं, वैसे ही उसके ऊपर भी तीन सतह होती हैं। चेतन मन के ठीक ऊपर जो चेतना की सतह होती है, उसे अति चेतन मन (Super Conscious Mind) कहते हैं।

√ इसके भी ऊपर जो सतह होती है, उसे समष्टि चेतन मन (Collective Conscious Mind) कहते हैं। इसे 'छठी इंद्री', 'तीसरी आँख' (Six Sense/Third Eye) भी कहते हैं।

√ फिर सबसे ऊपर जो सतह होती है, उसे ब्रह्म चेतन मन (Cosmic Conscious Mind) कहते हैं।

√ हमारे मन के अचेतन स्तर से कोई घटना कभी मिटती नहीं। हमारी चेतना के निचले तलों में (हमारे पूर्वजन्मों सहित) संपूर्ण सृष्टि की यादें दर्ज हैं और ऊपरी तलों में भविष्य की हर जानकारी होती है।

√ चेतना यदि अति चेतन मन (Super Conscious Mind) के स्तर पर सक्रिय हो तो ऐसे व्यक्ति को अलौकिक अनुभूति होनी शुरू हो जाती है। चेतना का स्तर यदि समष्टि चेतन मन (Collective Conscious Mind) तक पहुँच जाए तो ऐसे व्यक्ति को दूसरों के विषय में जानकारी और भविष्य में घटित होनेवाली बातों के पूर्वाभास होने लगते हैं।

□

अध्याय-12

चंचल मन और बेहोशी

किसी भी कार्य का परिणाम यानी फल इस बात पर निर्भर करता है कि उसे कितने होश में किया गया है? बेहोशी में किए गए किसी भी काम का नतीजा वैसा नहीं आता, जैसा हम चाहते हैं। भौतिक जगत् के कार्यों को अगर आधे होश या बेहोशी में किया गया हो तो भी उसके उलटे-सीधे, अच्छे-बुरे नतीजे आ जाते हैं। लेकिन किसी भी साधना को अगर अर्धहोश या बेहोशी में किया गया हो तो उसके कोई नतीजे नहीं आते। उसका नतीजा सिर्फ टाइम वेस्ट ही होता है।

आप सोच सकते हैं कि हम किस होश की बात कर रहे हैं, क्योंकि हममें से ज्यादातर को तो यही लगता है कि वे सभी काम होश में ही तो करते हैं! लेकिन यह बिल्कुल भी सच नहीं। सच तो यह है कि ज्यादातर लोगों का पूरा जीवन बेहोशी में निकल जाता है और उन्हें होश की खबर ही नहीं होती। अनेक को यह बात हजम नहीं हुई होगी। तो इसे ठीक से समझना जरूरी है कि आखिर होश में रहना होता क्या है? किसी भी साधना के लिए तो 'होश' को जानना अंग्रेजी सीखने के लिए एबीसीडी जानने जितना जरूरी है।

हमारा पूरा जीवन तीन अवस्थाओं में गुजर जाता है—जाग्रत् अवस्था, निद्रा और स्वप्नावस्था।

निद्रा में हमें अपना कोई होश नहीं होता। स्वप्न में हमें लगता है कि जो कुछ हम देख रहे हैं, वह सच है। लेकिन जागने पर पता चलता है, वह सच नहीं था, बल्कि सपना था। जीवन भर इन दो अवस्थाओं में तो हम बेहोश होते ही हैं।

सारा झमेला जाग्रत् अवस्था को लेकर है। जाग्रत् अवस्था में ही हम कर्म कर पाते हैं। लेकिन उन कर्मों के दौरान हमारा शरीर जहाँ होता है, हमारा मन वहाँ नहीं होता।

आप ऑफिस जाने के लिए घर से निकले। आपने कार स्टार्ट की और रास्ते

पर चल पड़े। अभी आप ऑफिस पहुँचे नहीं हैं, लेकिन आपका मन ऑफिस पहुँच गया। आपने सोचना शुरू कर दिया कि आज यह हुआ तो ऐसा करेंगे, वह हुआ तो वैसा करेंगे। आज इस चीज को तो निबटा ही देंगे। हैं आप अभी सड़क पर ही, लेकिन आपका मन सड़क पर न होकर ऑफिस पहुँच चुका है।

अचानक कार के आगे एक ट्रक आ जाता है, तब घबराकर आप वापस सड़क पर आते हैं। अपने आप को कोसते हैं। बाल-बाल बच गए आज! भगवान् को याद करके 'थैंक गॉड' बुदबुदाते हैं। सोचते हैं कि अगर आपको कुछ हो जाता तो आपके परिवार के लोग क्या करते?

अब आपका मन ऑफिस के बजाय घर पहुँच जाता है। बीवी-बच्चे का चेहरा जेहन में घूमने लगता है। अब याद आया कि आज बच्चे के लिए कुछ लेकर जाना है। चलो, ऑफिस से वापसी में ले लेंगे। कहाँ से लेंगे, यह भी सोच लिया।

और इसी तरह सड़क से गुजरते हुए आप ऑफिस पहुँच जाते हैं। कायदे से अब आपको पूरी तरह ऑफिस में होशपूर्वक रहना चाहिए; क्योंकि इसी ऑफिस के बारे में तो मन उस वक्त सोच रहा था, जब आप सड़क पर बाल-बाल बचे थे। लेकिन ऐसा होता नहीं। जब आप ऑफिस में हैं तो अब मन कहीं और होगा।

मन इसी तरह से सक्रिय रहता है। वह आपको शरीर के रूप में कहीं और छोड़कर इधर-उधर चला जाता है। हम कुछ भी कर रहे हों, हमारा मन वहाँ नहीं टिकता। और तो और, मन वहाँ भी नहीं टिकता, जो करने के लिए वह हमसे बार-बार जिद करता रहता है।

उदाहरण के लिए, कोई खास चीज खाने के लिए आपका मन हुआ। आप वे चीज खाने के लिए उसे खरीदने बाजार जाते हैं। अपना आधा-एक घंटा उसे पाने के लिए खर्च करते हैं, तब जाकर वह चीज आपको मिलती है। लेकिन जैसे ही आप उसे खाने लगते हैं, जैसे ही उसके स्वाद लेने की बारी होती है, तब आपका मन उसके स्वाद पर नहीं होता। मन कहीं और जा चुका होता है।

यह मन आपको कभी शांत नहीं बैठने देता और इसके चक्कर में आप कोई भी काम पूरे होश के साथ नहीं कर पाते। जबकि पूरे होश के साथ किए गए हर कार्य के साथ गजब की संतुष्टि और आनंद भी इसी मन को प्राप्त होता है।

हो सकता है कि इस वक्त आपका वही मन कह रहा हो कि किस फालतू के चक्कर में पड़े हो! छोड़ो, चलने दो जैसा चल रहा है! अगर आपके मन में ऐसा कोई विचार आ रहा हो तो और सावधान हो जाइए; क्योंकि यह इस बात का सूचक है कि अब उसी मन के सूक्ष्म तल पर भय उत्पन्न हो रहा है कि कहीं उसका साम्राज्य

खत्म न हो जाए! याद करिए अध्याय आठ में बताई गई सूक्ष्म शरीर की बात।

विषय बहुत गंभीर है, इसलिए समझने में थोड़ी उलझन हो सकती है। लेकिन यहाँ ऐसा कुछ भी नहीं कहा जा रहा है, जिसे समझा न जा सके। इसके बावजूद समझने में उलझन इसलिए हो सकती है, क्योंकि मन जुड़ा होता है सूक्ष्म शरीर से और सूक्ष्म शरीर के पास एक-दो नहीं, बल्कि कई जन्मों के बहुत सारे मन होते हैं। कई जन्म के मन की गठरी को ही चित्त कहते हैं। तो इस तरह लंबे समय से हमारे मन को गलत समझने की आदत पड़ चुकी होती है। इस आदत को बदला जा सकता है। उसका एक ही उपाय है—ध्यान।

क्या बुरी है मन की चंचलता?

जब भी हम ध्यान की बात करते हैं तो शुरुआत में ही यह प्रश्न आ जाता है कि मन को स्थिर कैसे करें? मन का स्वभाव ही ऐसा है कि वह एक जगह केंद्रित ही नहीं होता। यह बहुत महत्त्वपूर्ण प्रश्न है, इसलिए इसको बड़े सूक्ष्म में उतरकर जान लेना जरूरी है। सबसे पहले तो यह गौर कर लें कि हजारों वर्षों से इनसान को बताया जाता रहा है कि मन बहुत चंचल होता है और यह चंचलता सही नहीं है। मन की चंचलता को बुरा बताया गया है।

समझना यहीं से होगा कि हजारों सालों से जो हमें समझाया जा रहा है, क्या वह सही है? कहीं ऐसा तो नहीं कि इन हजारों वर्षों में एक मुँह से दूसरे मुँह होते हुए 'चायनीज विस्पर' की तरह असली बात ने अपना अर्थ ही बदल लिया हो?

मन निश्चित ही चंचल है, पर उसकी चंचलता कोई बुरी या गलत बात नहीं। दरअसल, मन की चंचलता उसके जीवंत होने की पहचान है। जहाँ भी जीवन है, वहाँ गति का होना आवश्यक है। जहाँ कोई गति नहीं, वहाँ जड़ता है, वहाँ जीवन नहीं हो सकता। यानी मन की चंचलता हमारे जीवित होने का प्रमाण है, जड़ होने का नहीं।

दूसरे शब्दों में कहें तो मन की चंचलता से बचने का एक ही रास्ता है कि हम किसी तरह जड़ हो जाएँ। ऐसे बहुत तरीके हैं, जिसमें मन को शिथिल किया जा सकता है। जैसे किसी भी एक शब्द की पुनरुक्ति से मन जड़ होने लगता है, जिसे हम मंत्र आदि समझ लेते हैं।

इसमें कोई शक नहीं कि ऐसे उपायों से मन को क्षीण किया जा सकता है या उसकी गति को कुछ हद तक कम किया जा सकता है। लेकिन क्या यह कुछ पाने जैसी बात है? क्या मन की चंचलता क्षीण होने भर से कुछ प्राप्त हो जाता है?

इस पर विचार करना जरूरी है। गहन निद्रा में या बेहोशी में भी मन की चंचलता नहीं होती। तो इसमें ऐसा खास क्या हुआ? नशे में भी मन क्षीण हो जाता है। शायद इसलिए दुनिया के बहुत से साधु चिलम-गाँजा पीते हैं। लेकिन क्या नशे में होने भर से कुछ प्राप्त हो जाता है?

मन की चंचलता कम करने भर से कोई प्राप्ति होने से रही। चंचलता रोक देना कोई बड़ी बात नहीं। चंचलता को रोकने के ज्यादातर अभ्यास मनुष्य की बुद्धि को, उसके विवेक को क्षीण करते हैं। उसके मस्तिष्क को जड़ करते हैं। जड़ मस्तिष्क मेधावी नहीं रह जाता।

तो क्या हम मन की चंचलता को अच्छा मानें? निश्चित ही यह शुभ है, लेकिन चंचल तो पागल का मन भी होता है, उसे शुभ नहीं कह सकते। यानी विक्षिप्त चंचलता शुभ नहीं है। गति तो जीवंत होने का लक्षण है, लेकिन विक्षिप्त गति नहीं।

जैसे कोई नदी अपने प्रवाह में समुद्र की ओर बहती जाती है तो इस गति को बुरा नहीं कह सकते। लेकिन वहीं कोई बादल कभी दाएँ जाए, कभी बाएँ, कभी आगे, कभी पीछे जाए तो वह कभी सागर तक नहीं पहुँच सकता।

उस बादल में भी गति तो होगी, लेकिन वह गति उसको गंतव्य तक पहुँचने में खुद बाधा बन जाएगी। ऐसी गति को हम विक्षिप्त गति कहेंगे। यानी गति बुरी नहीं है, पागल गति बुरी है।

आपने यहाँ तक पढ़ा तो मन की गति ही आपको यहाँ तक लाई। यदि कभी आप एक शब्द को पढ़ें, फिर किसी और पैरे के किसी दूसरे वाक्य को, फिर कहीं, तो आप यहाँ तक पहुँच नहीं सकते थे। बस भटकते ही रहते।

यानी बुराई गति में नहीं है, बल्कि गति के पागल होने में है। वह मन, जो पागल की भाँति भटकता है, वह घातक है। लेकिन मन की गति घातक नहीं है। जिस मन में गति ही नहीं है, वह मन तो जड़ हो गया।

हम बस दो ही बातें जानते हैं या विक्षिप्त मन की गति जानते हैं या फिर कोई एक नाम की माला जपने जैसी जड़ता को! इन दो के सिवा क्या कोई और रास्ता भी हो सकता है? यह बात हममें ज्यादातर नहीं जानते। ध्यान के लिए चाहिए ऐसा चित्त, जिसमें गति तो हो, पर वह गति विक्षिप्त जैसी गति न हो। अब सवाल उठता है कि ऐसा चित्त कैसे तैयार हो?

मन की एक खासियत यह है, वह हर चीज से हमको ऊबा देता है और आगे के लिए गतिमान कर देता है। एक आदमी चाहे जितना धन इकट्ठा कर ले, मन तृप्त नहीं होता। वह उकसाता है—और धन लाओ और लाओ! इतने से कुछ न

होगा। वह और धन ले आए तो भी मन कहेगा और लाओ! कितना ही धन मिल जाए, कितना ही यश मिल जाए, मन तृप्त नहीं होता। कितनी भी शक्ति मिल जाए, यह तृप्त नहीं होता।

मन की यह अतृप्त अवस्था बड़ी अद्‌भुत है। अगर यह अतृप्त न हो तो संसार में कोई आध्यात्मिक नहीं हो पाता। अगर बुद्ध का मन तृप्त हो जाता उस धन से, उस राज्य से, जो उन्हें मिला था तो वह कभी बुद्धत्व को प्राप्त नहीं होते। लेकिन उनका मन भी अतृप्त था। उन महलों से वह तृप्त न हुआ। तभी उनके जीवन में क्रांति घटनी संभव हो सकी। मन का असंतोष ही तो क्रांति बनता है जीवन में। अगर मन चंचल न हो तो धन से, यश से, काम से तृप्त हो जाता, पर होता नहीं है।

एक कहानी से इसे समझा जा सकता है। एक बार एक राजा एक फकीर के घर उससे मिलने गया। फकीर की पत्नी ने राजा को देखकर कहा, "आप बैठ जाइए, मैं अपने पति को बुलाकर लाती हूँ। वे पीछे बगीचे में काम कर रहे हैं।"

राजा बैठा नहीं और बोला, "तुम उनको बुला लाओ, मैं प्रतीक्षा करता हूँ।"

फकीर की पत्नी ने उसको घर के भीतर आने को कहा और एक चटाई बिछा दी और फिर कहा, "आप यहाँ बैठ जाएँ, मैं अपने पति को बुलाकर लाती हूँ।"

राजा फिर भी नहीं बैठा और टहलने लगा।

फकीर की पत्नी जब उसको बुलाने गई तो उसने फकीर से कहा, "यह राजा तो पागल लगता है, मैंने उसको आसन दिया, पर वह बैठा नहीं!"

फकीर ने उत्तर दिया, "राजा पागल नहीं, मैंने उसको कई बार बैठे हुए देखा है। वह इसलिए नहीं बैठा, क्योंकि हमारे घर में उसके बैठने लायक कोई आसन नहीं है। वह राजा है, वह यूँ ही कहीं नहीं बैठ सकता।"

यह राजा हमारा मन ही है। हम अपने मन को भी बैठने लायक स्थान नहीं दे पाते। अगर योग्य स्थान मिल जाए तो मन तत्क्षण बैठ जाएगा। उसकी सारी चंचलता फौरन दूर हो जाएगी।

हम अच्छी पिक्चर देखते हैं, उस वक्त तो मन इतना नहीं भटकता। थोड़ा-बहुत ही भटकता है, लेकिन फिर अपने आप पिक्चर में लग जाता है। किसी पहाड़ पर या समुद्र के किनारे, जब हम कुछ अद्‌भुत दृश्य देखते हैं, तब हम थोड़ी देर को उसी में खो जाते हैं। तब तो मन नहीं भटकता! याद करें कि हमें आनंद ही तब आता है, जब हम कहीं खो जाते हैं। दरअसल, खो जाने के दौरान ही मन को विश्राम मिलता है। और मन का विश्राम ही आनंद का दूसरा नाम है। लेकिन भौतिक जगत् में ज्यादा देर मन खोई हुई अवस्था में नहीं टिक पाता।

परमात्मा के सिवा मन कहीं भी नहीं टिकता, वही उसके बैठने का स्थान है। इसलिए यह परमात्मा की ही कृपा समझिए कि मन कहीं भी नहीं बैठ जाता। वरना वह तो कूड़े-करकट में कहीं भी बैठ जाता। जिस दिन आपका मन सही स्थान पर बैठेगा, उसी दिन आपको उसकी कृपा का अंदाजा होगा। तब आप मन की चंचलता के कृतज्ञ होंगे कि वह आपको परमात्मा तक ले आया। मन आपको हर जगह ले जाएगा। लेकिन हर जगह आपको अतृप्त कर देगा। वह कहीं नहीं ठहरेगा, जब तक उसके परम विश्राम की जगह न मिल जाए। जिस जगह जाकर आपका जीवंत मन ठहर जाए, समझ लीजिए कि परमात्मा निकट आ गया।

यानी बात यह नहीं कि मन स्थिर हो जाए तो परमात्मा मिल जाएगा, बल्कि परमात्मा मिल जाएगा तो मन स्थिर हो जाएगा। परमात्मा की एक झलक भी मिल जाए तो मन स्थिर हो जाएगा। लेकिन वह स्थिरता, जड़ता नहीं होगी। वह स्थिरता बड़ी जीवंत होगी, बड़ी जागरूक होगी। लेकिन हम करना चाहते हैं उलटा। हम करना चाहते हैं मन को जड़, हम रोकना चाहते हैं विचार। उससे परमात्मा नहीं मिलेगा।

मन को स्थिर करने के लिए ज्यादातर जिसको हम अभ्यास कहते हैं, वह सभी अभ्यास लगभग इसी तरह के हैं, जिससे मन जड़ होता है। ध्यान के मामले में जरूरत अभ्यास की नहीं, बल्कि अन-अभ्यास की है।

मन ने अभी तक जो अभ्यास किए हैं, थोड़ी देर को उन्हें छोड़ देना चाहिए। कोई नया अभ्यास नहीं करना है; क्योंकि हम जो भी अभ्यास करते हैं, वह मन ही तो करता है। तो अगर किसी अभ्यास में मन सक्रिय है तो मन को विश्राम कैसे मिल सकता है?

कोई भी अभ्यास कभी विश्राम नहीं दे सकता। जरूरत मन को विश्राम देने की है। समझना यह है कि हम अन-अभ्यास कैसे करें? अन-अभ्यास से ही मन को विश्राम मिलेगा। तब मन स्वयं ही शांत होने लगेगा।

यानी मन को नियंत्रित करने के लिए किसी अभ्यास की जरूरत नहीं। जरूरत हर काम को होश से करने की है। मन अपने आप नियंत्रित होने लगेगा। हर कार्य, वह चाहे छोटे-से-छोटा कार्य हो, उसे करते समय अपने ऊपर नजर रखें। देखें कि मन में तब क्या विचार उठ रहे हैं? बस किसी दर्शक की तरह मन के विचारों को देखते रहें। उन्हें रोकने की कोशिश बिल्कुल भी न करें।

बस देखें कि आप जो कार्य कर रहे हैं, उस दौरान आपके मन में भी उसी कार्य से संबंधित विचार चल रहे हैं या मन कहीं और जाकर कार्य कर रहा है! आपको यह देखकर आश्चर्य होगा कि आपके दर्शक बनकर मन को देखने भर

से मन इधर-उधर दौड़ना बंद करने लगेगा! इसी अभ्यास को करते-करते आप हर वक्त अपनी साँसों और उसमें चलनेवाले तत्त्वों पर बड़ी ही सहजता से नजर रख सकते हैं।

इस संबंध में भगवान् महावीर ने तो यहाँ तक कहा है कि एक क्षण भी बेहोश नहीं रहना चाहिए। आप उठें, तो पता होना चाहिए कि उठ रहे हैं। बैठें तो जानते हुए कि बैठ रहे हैं। भगवान् महावीर कहते हैं, "साँस भीतर जाए तो जान भी भीतर गई। साँस बाहर जाए तो जान कि बाहर गई। तेरे भीतर कोई भी हरकत हो, तू कुछ भी क्रिया करे, उसमें ऐसा कुछ भी न हो पाए, जो तेरे बगैर जाने हो रहा हो।"

यह बहुत कठिन साधना है। लेकिन यही एकमात्र साधना है। अनेक रास्तों से घूम-फिर कर लोग इसी साधना पर पहुँचते हैं। इसी से भीतर का जागरण होता है।

'गीता' में भी भगवान् कृष्ण कहते हैं, "जब संसार नींद में डूबा सोया रहता है, तब भी योगी जागता रहता है।" इसका अर्थ भी भीतर की जागृति से है। जब व्यक्ति निरंतर अपनी जागरूकता बनाए रखने की चेष्टा करते रहता है, भोजन करे तो जागृति-पूर्वक, करवट ले तो जागृति-पूर्वक, अर्थात् जो जाग्रत् अवस्था में जीता है, वह एक दिन ऐसी अवस्था में पहुँच जाता है कि उसका स्थूल शरीर सो भी जाए, तब भी वह भीतर से जाग रहा होता है। उसको पता होता है कि उसका स्थूल शरीर सोया हुआ है; लेकिन वह यह भी अनुभव करता है कि वह स्थूल शरीर से अलग है और जाग रहा है।

भगवान् कृष्ण ने जागृति के इस स्तर पर पहुँचे व्यक्ति को ही 'योगी' कहा है। क्योंकि जागृति ही धीरे-धीरे सघन होकर अंतरजर्योति बनती है। चेतना की सघनता ही भीतर की ज्योति है। जागृति का बिखर जाना ही भीतर का अंधकार है। जैसे-जैसे जागृति सघन होती जाती है, वैसे-वैसे हमारे भीतर ही रोशनी होती जाती है।

जब भीतर का दीया जलता है तो आसक्ति बिखर कर समाप्त हो जाती है। आसक्ति तो अँधेरे में, अज्ञान में होती है। इसी जागृति से आंतरिक परिवर्तन होने लगता है। फिर जैसे कीचड़ में रहकर भी कमल खुद को उससे दूर रख पाता है, वैसे ही साधक के आस-पास पहले जैसे ही सबकुछ घटित होता रहता है, लेकिन वह उससे अछूता रह जाता है। कमल जैसा यही अछूतापन वास्तव में 'संन्यास' है।

संक्षिप्त पुनरावलोकन (Recap)

√ हमारा पूरा जीवन तीन अवस्थाओं में गुजर जाता है। जाग्रत् अवस्था, निद्रा और स्वप्नावस्था। निद्रा में हमें अपना कोई होश नहीं होता। स्वप्न में हमें लगता है कि जो कुछ हम देख रहे हैं, वह सच है। लेकिन जागने पर पता चलता है, वह सच नहीं था।

√ जीवन भर इन दो अवस्थाओं में तो हम बेहोश होते ही हैं। जाग्रत् अवस्था में ही हम कर्म कर पाते हैं। लेकिन उन कर्मों के दौरान हमारा शरीर जहाँ होता है, हमारा मन वहाँ नहीं होता। यानी हम जागते हुए भी पूरी तरह होशपूर्वक नहीं रह पाते।

√ हजारों वर्षों से इनसान को बताया जाता रहा है कि मन बहुत चंचल होता है और यह चंचलता सही नहीं है। कहीं ऐसा तो नहीं कि इन हजारों वर्षों में एक मुँह से दूसरे मुँह होते हुए 'चायनीज विस्पर' की तरह असली बात ने अपना अर्थ ही बदल लिया हो?

√ मन की एक खासियत यह है, वह हर चीज से हमको ऊबा देता है और आगे के लिए गतिमान कर देता है। एक आदमी चाहे जितना धन इकट्ठा कर ले, मन तृप्त नहीं होता।

√ अगर मन चंचल न हो तो धन से, यश से, काम से तृप्त हो जाता, पर होता नहीं है। अगर मन अतृप्त न हो तो संसार में कोई आध्यात्मिक नहीं हो पाता। अगर राजसी वैभव से महात्मा बुद्ध का मन तृप्त हो गया होता तो वे महलों के सुख छोड़कर जंगल में क्यों भटकते?

√ मन को स्थिर करने के मामले में जरूरत अभ्यास की नहीं, बल्कि अन-अभ्यास की है; क्योंकि हम जो भी अभ्यास करते हैं, वह मन ही तो करता है। तो अगर उस अभ्यास में भी मन सक्रिय है तो मन को विश्राम कैसे मिल सकता है?

√ मन को परम विश्राम की तलाश होती है। इसलिए मन भटकता है। परमात्मा के सिवा मन कहीं भी टिकता नहीं है, वही उसके एकाग्र होने का स्थान है।

□

अध्याय-13

ध्यान करते नहीं, हो जाता है

मेडिटेशन! आजकल यह शब्द बहुत कॉमन और फैशन में है। लोग बोलते हैं कि वे मेडिटेशन करते हैं। ऐसे लोगों को एक बुनियादी प्रश्न पर गौर करना चाहिए। क्या मेडिटेशन कोई प्रक्रिया यानी प्रोसेस है? या मेडिटेशन किसी प्रक्रिया का परिणाम है? कुछ लोग बोल सकते हैं कि मेडिटेशन एक क्रिया है। कुछ कह सकते हैं कि मेडिटेशन किसी क्रिया का परिणाम है। कुछ के लिए यह दोनों होगा। कुछ के लिए मेडिटेशन एक संज्ञा भर है। लेकिन ऐसा वही सोच सकते हैं, जिन्हें लगता है कि ध्यान को ही इंगलिश में 'मेडिटेशन' कहते हैं। वास्तव में मेडिटेशन का अर्थ ध्यान नहीं होता। ध्यान कुछ अलग ही चीज का नाम है।

अगर 'मेडिटेशन' शब्द ध्यान का ही इंगलिश ट्रांसलेशन है तो सोचिए आसन, जप, यम, नियम, धारणा, प्राणायाम और समाधि को इंगलिश में क्या कहेंगे? मजेदार बात यह है कि बगैर यम, नियम, आसन, धारणा आदि को जाने 'मेडिटेशन करना' ठीक वैसी ही बात है, जैसे कोई कहे कि वह बगैर पहली 6 सीढ़ियों पर पैर रखे सीधे

7वें पायदान पर पहुँच गया; क्योंकि बाकी की यह सीढ़ियाँ ध्यान से ही संबंधित हैं। लेकिन इंगलिश डिक्शनरी में इन शब्दों के लिए कोई इंगलिश शब्द नहीं है।

हम पहले मेडिटेशन की ही बात करेंगे। आप मेडिटेशन करते क्यों हैं? मन को विचार-शून्य करने के लिए? या फिर मेडिटेशन के समय किसी एक चीज पर विचार केंद्रित करने के लिए? क्या आप जीवन में शांति के लिए मेडिटेशन करते हैं? यदि आप इसलिए मेडिटेशन करते हैं, तो यकीन मानिए कि लोग आपको और परेशान करने लगेंगे।

वे बोलेंगे कि उन्होंने आपको टेस्ट करने के लिए ऐसा किया। आपको इरिटेट करके वे बोलेंगे, 'आपका मेडिटेशन किसी काम का नहीं, क्योंकि आप तो अभी भी गुस्सा, लड़ाई और बहस करते हैं!'

आजकल बड़े-बड़े एयर कंडीशन हॉल में बहुत से लोग किसी योगी का फोटो लगाकर कुछ इसी तरह के मेडिटेशन की क्लास लेते-देते हैं। कुछ दिन मेडिटेशन की क्लास के बाद आपसे अपेक्षा की जाती है कि आपको भी उन फोटोवाले योगी की तरह शाकाहारी हो जाना चाहिए।

अगर किसी मेडिटेशन हॉल में जाने से पहले या बाद में दस-बीस लोगों से गॉसिप ही करनी है तो इससे बेहतर है कि अपने दोस्तों के साथ वक्त गुजारिए। बैडमिंटन, क्रिकेट या वह खेल, जो आपको पसंद है, खेलिए। यकीन मानिए, ऐसा करने से आपको उस मेडिटेशन से कहीं बेहतर नतीजे मिलेंगे, जो आप गॉसिप के बाद करते थे।

सबसे बड़ा सवाल ही यह होना चाहिए कि क्या आप मेडिटेशन करके वह बनना चाहते हैं, जो आप नहीं हैं? यदि ऐसा कोई मामला है तो यकीन मानिए कि आपके साथ कठिन होने जा रहा है। आपसे बेहतर आपको कोई नहीं जान सकता। और अगर आप खुद को बदलने के लिए, कुछ और बनने के लिए मेडिटेशन का सहारा लेने की कोशिश कर रहे हैं तो यह अपने आप को अपने ही भीतर घोंटने जैसी घुटन से ज्यादा कुछ भी नहीं है।

हर इनसान का अपना स्वभाव होता है। 'स्व' का अर्थ अपने से होता है, यानी स्वभाव का मतलब अपना भाव, वह भाव जो आपका अपना है। क्या आपको लगता है कि एकाध घंटे मेडिटेशन करके आप अपने आप को बदल सकते हैं? आप जो नहीं हैं, वह बनने की कोशिश किसी प्रताड़ना जैसा अनुभव करा सकती है। तो फिर क्यों करना चाहते हैं मेडिटेशन? कहीं इसलिए तो नहीं कि यह 21वीं सदी में एक फैशन-सा हो गया है, जिसे सिखाने के लिए बहुत से

पार्लर खुल गए हैं?

हमारा मकसद मेडिटेशन को लेकर आपको हतोत्साहित करना बिल्कुल भी नहीं है। हम सिर्फ यह स्पष्ट करना चाहते थे कि कहीं आप ध्यान को वैसावाला मेडिटेशन न समझ लें, जिसका अभी जिक्र किया।

दरअसल, ध्यान एक अवस्था का नाम है, जो हो जाता है, किया नहीं जाता। ठीक वैसे ही कि अगर आपको बोला जाए गुस्सा करो तो आप कैसे करेंगे? आपसे कहा जाए कि किसी से प्यार करो, नफरत करो या किसी के प्रति दया का भाव लाओ; तो आप इसे कोशिश से नहीं कर सकते। बनावटी तौर पर हम यह सब कर सकते हैं। उसे 'एक्टिंग' कहा जा सकता है। लेकिन गुस्सा, प्यार, नफरत और दया आदि भाव जब आने होते हैं तो वे भीतर से खुद ही आ जाते हैं। हमें कोई कोशिश नहीं करनी पड़ती। ठीक वैसे ही ध्यान जब होना होता है, घटित हो जाता है।

हम ध्यान के अनुकूल माहौल तो तैयार कर सकते हैं, लेकिन ध्यान कर नहीं सकते। बहुत से लोग ध्यान को एकाग्रता 'कॉन्संट्रेशन' समझने की भूल करते हैं। जबकि यह दोनों अलग चीज हैं। मन को किसी एक बिंदु या विचार पर केंद्रित किया जा सकता है। उसकी अलग विधियाँ हैं, लेकिन वह ध्यान की विधि नहीं होगी। ध्यान के लिए तो हमें 'कुछ भी नहीं करना' सीखना है।

हम जब जमीन पर होते हैं तो अपने शरीर पर खास तरह से संतुलन बनाए रखते हैं। लेकिन जब स्वीमिंग सीखने के लिए हम पानी में उतरते हैं तो शरीर को संतुलित करने की वही आदत स्वीमिंग सीखने में आड़े आ जाती है। हम पानी में जब तक जमीनवाले शरीर के संतुलन की आदत को de-learn नहीं कर पाते, तब तक हम स्वीमिंग नहीं कर सकते।

दरअसल, जैसे ही हम पानी में अपने शरीर को बिल्कुल ढीला छोड़ देते हैं, हम तैरने लगते हैं। हम जमीन पर ऐसा नहीं कर सकते। जमीन पर अगर शरीर को ढीला छोड़ा तो गिर पड़ेंगे। यानी पानी में जाते ही हमें जमीन पर रहनेवाली बातों को भूलना होता है। इसी तरह ध्यान के लिए भी हमें वह सब भूलना होता है, जो भी हम सीख चुके हैं।

हम सबकुछ सीख सकते हैं, पर यह नहीं सीख पाते कि अगर कुछ भी न करना हो तो उसे कैसे करें? हम जैसे ही ध्यान के लिए बैठते हैं, आँख बंद करते हैं तो हम अपने चेतन मन को शांत करने की कोशिश करने लगते हैं। इस कोशिश में प्रैक्टिस के बाद थोड़ी सफलता भी मिल जाती है, लेकिन हमारा अचेतन मन शांत नहीं होता। कोई विचार, कोई दृश्य वह हमें दिखाता ही रहता है।

चूँकि हम अपने अचेतन मन में यह फीड कर चुके होते हैं कि इस वक्त हम ध्यान कर रहे हैं तो अधिक-से-अधिक यह होने लगता है कि हमें साधना से संबंधित कोई विचार आने लगता है या कोई दृश्य दिखने लगता है। कुछ को लग सकता है कि वे आकाश में उड़ रहे हैं। कोई अंधी सुरंग में गुजरने जैसा अनुभव करने लगते हैं। किसी को लग सकता है कि वह आग के दरिया से गुजर रहा है, आदि-आदि।

वह कुछ भी हो सकता है, लेकिन उसे ध्यान नहीं कहा जा सकता। ध्यान तभी घटित होगा, जब हम कुछ, मतलब कुछ भी, न कर रहे हों। उसे 'शून्य मन की अवस्था' कहा जा सकता है। यानी हमारे मन की झील में जब किसी भी विचार की कोई लहर न उठे। झील पूरी तरह शांत हो तो वह दर्पण जैसी बन जाती है। उस दर्पण में जो दिखता है, वह उससे बहुत भिन्न होता है, जिसका अनुभव हम अपनी आँखों से कुछ देखकर कर रहे होते हैं। पर यह यात्रा का अंत नहीं, बल्कि शुरुआत है।

ध्यान का स्वरूप क्या है? जब शरीर, मन, विचार और इंद्रियों की सभी क्रियाएँ बंद हो जाती हैं, तब सिर्फ शुद्ध चेतना यानी आत्मा शेष रह जाती है। इसी को 'ध्यान' कहते हैं। यह तभी संभव हो पाता है, जब हमारे तीनों शरीर (स्थूल शरीर, सूक्ष्म शरीर और कारण शरीर) पूरी तरह निष्क्रिय रहें। जितनी देर तक हम इस अवस्था में रहते हैं, वह 'समाधि' कहलाती है।

अब यह कैसे हो? सबसे पहले शरीर के स्तर पर साधना जरूरी है कि बगैर किसी दिक्कत के हम एक-दो घंटे एक ही आसन में बैठ सकें। कैसे बैठना है, यह चिंता न करें। ध्यान के लिए आसन का अर्थ बस यही है कि जिस तरह बैठने में आपका शरीर आपको परेशान न करे। चूँकि हम हर समय अपने मन को सक्रिय रखने की आदत बना चुके होते हैं, तो होता यह है कि जब तक मन इधर-उधर दौड़ता रहता है, तब तक तो हमें हमारे शरीर का कुछ पता नहीं चलता, लेकिन जैसे ही आप ध्यान के लिए बैठेंगे तो 5 मिनट में ही शरीर में कभी खुजली मचेगी तो कभी लगेगा कि बस थोड़ा सा पैर वैसे हो जाता तो ठीक रहता।

ऐसे में कुछ समय तो शरीर को ही साधने में लग जाता है। एक बार शरीर को एक घंटा एक जैसे, बगैर किसी परेशानी के बैठने की आदत पड़ जाए, फिर मन को भी सुलाने का उपाय किया जा सकता है। इसलिए सबसे पहले आसन का अभ्यास करना चाहिए। फिर मन का साक्षी बन के विचारों से भी मुक्ति पाई जा सकती है।

मन के विषय में ऐसे समझें कि आप एक पॉइंट पर खड़े हैं। उस पॉइंट के आगे भी रास्ता है और उसके पीछे भी रास्ता है। लेकिन आपको नहीं पता कि पीछे

भी कोई रास्ता है? इसलिए आप आगेवाले रास्ते पर काफी आगे निकल गए हैं। और अब आपको पता चलता है कि आपको उस पॉइंट के पीछे जाना है। तो क्या करेंगे? पहले हम उस पॉइंट तक पहुँचेंगे, जहाँ से हम आगे बढ़ गए थे। फिर उसके पीछे की यात्रा शुरू होगी।

हम जहाँ वास्तव में हैं, मन की गति हमें वहाँ से बहुत आगे ले आ चुकी होती है। इसलिए पहले तो हमें मन की सतह तक पहुँचना होता है, जिसे शून्य मन कह सकते हैं। उसके बाद ही अंतर्मन की यात्रा शुरू हो सकती है।

मजेदार और रहस्यमयी बात यह है, मन जिन विचारों की सहायता से हमारी आगे की यात्रा शुरू करवा चुका होता है, जो विचार हमें फिर पीछे लौटने ही नहीं देते, उन्हीं विचारों का इस्तेमाल हम पीछे लौटने के लिए कर सकते हैं। यह काम दर्शक बनकर किया जा सकता है। यह कैसे करें? यह और इस जैसी कुछ बातें समझकर हम स्वयं को ध्यान के अनुकूल बनाने का काम कर सकते हैं।

दृष्टा भाव : विचारों के बीच गैप ढूँढ़ना सीखें

यह अभ्यास आप दिन या रात किसी भी समय कर सकते हैं। पर यदि सुबह सोकर उठने के बाद जितना जल्दी संभव हो, उतना जल्दी करने से जल्द परिणाम आएँगे। इसे सोने से पहले भी किया जा सकता है। बस एक बात का खयाल रखें कि आपका पेट या तो खाली हो या भोजन किए कम-से-कम 2 घंटे गुजर चुके हों।

किसी ऐसे स्थान पर बैठ जाएँ, जहाँ कोई आवाज न हो। अगर ऐसा स्थान मिलना मुश्किल है तो अपने कानों को एयर प्लग से बंद कर दें। कोशिश करें कि वहाँ बहुत धीमी रोशनी हो। बैठने के लिए योगा मैट या किसी ऊनी कंबल का इस्तेमाल करें। शरीर का कोई भाग जमीन या दीवार के संपर्क में नहीं होना चाहिए। यदि आप जमीन पर नहीं बैठ सकते तो कुरसी का भी प्रयोग कर सकते हैं। लेकिन बेड पर स्प्रिंगवाले गद्दे पर न बैठें। इससे आपकी रीढ़ की हड्डी का सही संतुलन नहीं होता। अपने शरीर के हिसाब से उस तरह से बैठें, जिसमें आप आराम से बगैर किसी असुविधा के कम-से-कम 40 मिनट (इतना समय जरूरी है) बैठ सकते हों।

अपनी रीढ़ की हड्डी को बिल्कुल सीधा रखें। गरदन को बहुत हलका सा आगे की ओर झुका लें। अपनी आँखों को हलके से बंद कर लें। जोर से न भींचें। पाँच मिनट तक गहरी साँस भीतर भरें और उसे पूरा बाहर निकाल दें। साँस लेते वक्त आपका पेट फूलना चाहिए और बाहर निकालते समय पूरा पेट पिचकना

चाहिए। यदि आपको साँस के स्वर जानने (पुस्तक की शुरुआत में बताया गया है) का अभ्यास हो गया है तो बस एक बार गौर कर लें कि कौन सी नाड़ी सक्रिय है।

यदि आप नाड़ी के विषय में नहीं जानते तो भी फिक्र करने की कोई जरूरत नहीं। बस यहाँ बताए तरीके से पाँच मिनट साँस लें। अब शांत भाव से बैठकर देखें कि आपका मन क्या विचार प्रस्तुत कर रहा है? उस विचार को बस देखें, उस विचार से खुद को जोड़ें न, उसमें खोना नहीं है। बस किसी दर्शक की भाँति विचार को देखना है। विचार को किसी दिशा में मोड़ना भी नहीं है। न उसे रोकने की कोशिश करनी है। बस सजग रहना है। उस दौरान अगर हमें कोई भी अनुभूति होती है तो उसको भी सजग होकर अनुभव करना है। उस अनुभूति में भी डूबना नहीं है, उसमें खोना नहीं है।

आप अपने विचारों पर गौर करना शुरू करें। देखें कि वे कैसे आते हैं, कैसे एक के बाद एक विचार अपनी चैन बनाते हैं! उस पैटर्न को गौर से देखिए। सिर्फ देखते रहिए।

यह काम ठीक वैसे ही करना है, जैसे किसी सड़क को क्रॉस करने से पहले हम ट्रैफिक को देखते हैं। एक कार आ रही है, उसके पीछे दूसरी कार आ रही है। आप सड़क के किनारे खड़े होते हैं। जब सामने से कोई कार गुजर जाती है तो आप उसके साथ नहीं चले जाते। आप वहीं खड़े होते हैं। आपका ध्यान अगली कार पर होता है।

ठीक इसी तरह विचारों को बस देखें। एक विचार आया, फिर उसके बाद दूसरा, फिर तीसरा विचार आया। थोड़े दिनों के अभ्यास के बाद ही आप पाएँगे कि दो विचारों के बीच एक बहुत ही छोटा सा गैप होता है। इसे तभी अनुभव किया जा सकता है, जब हम उन विचारों को सिर्फ दर्शक की तरह देखें। उनके साथ खुद को जोड़ें न। यह काम हम अपने चेतन मन की मदद से बड़ी आसानी से कर सकते हैं।

कुछ दिन बस यही अभ्यास करें। दिन गुजरने की बिल्कुल फिक्र न करें। ध्यान की कोई ट्रेन छूटी नहीं जा रही। उसे हम आराम से पकड़ लेंगे। कुछ दिन के अभ्यास में आप दो बातें अनुभव करेंगे। जैसे ही आप खुद को अलग करके दर्शक की तरह अपने मन के विचारों को देखने लगते हैं, मन से पैदा होनेवाले विचार खुद ही कम हो जाते हैं।

दरअसल, अचेतन ही हमें ऐसे विचार भेजता है और अचेतन की कमजोरी यही है कि उसे किसी की उस पर चौकसी की बिल्कुल आदत नहीं होती, तो वह शांत होने लगता है। जब आपको अनुभव होने लगे कि विचार उठने कम हो रहे हैं

तो किन्हीं दो विचारों के बीच के गैप पर गौर करना शुरू करें। यह गैप कभी बहुत कम होता है, कभी थोड़ा ज्यादा।

ठीक वैसे ही जैसे सड़क पर ट्रैफिक में होता है। जब दो गाड़ियों के बीच पर्याप्त गैप होता है, हम तभी सड़क क्रॉस कर पाते हैं। बस बिल्कुल वैसे ही हम दो विचारों के बीच के गैप से गुजरकर मन की एक सतह से दूसरी सतह तक पहुँच जाते हैं। ऐसा करते समय अपनी साँस की ओर सजग रहें और ध्यान दें कि साँस में क्या बदलाव हो रहा है?

आप पाएँगे कि आपकी साँस की गति धीमी और धीमी होती जाएगी। साँस पर नजर बनाए रखें और साँस में होनेवाले बदलाव को भी दर्शक की तरह बस देखते रहें। इस अभ्यास से अंतर्मन की यात्रा शुरू हो जाती है। थोड़े ही दिनों में विचार आने बहुत कम हो जाते हैं, तब आप इसी तरह दर्शक बनकर अपनी साँसों को देखना शुरू कर दें।

जैसे-जैसे आप यह अभ्यास करते जाएँगे, वैसे-वैसे आप अपनी चेतना के अन्य स्तर की यात्रा अनुभव करने लगेंगे। लेकिन आपको किसी भी अनुभूति में खोना नहीं है। बस एक ही बात याद रखनी है कि आपको करना कुछ भी नहीं है, जो भी अनुभव हो रहा है, उसको सिर्फ दृष्टा बनकर देखना है।

यह सजगता सदैव बनाए रखें। यही अभ्यास लगातार करते रहने से एक दिन ध्यान घटित हो जाता है। उसके बाद की अनुभूति को आप स्वयं अनुभव कर सकते हैं। शब्दों से उसे व्यक्त नहीं किया जा सकता। इसलिए उसे 'अव्यक्त' कहा जाता है। समय को आप 40 मिनट से बढ़ाकर ज्यादा कर सकते हैं, यह आपके पास उपलब्ध समय और आपके बैठ सकने की शक्ति पर निर्भर करता है।

40 मिनट क्यों जरूरी?

कुछ लोगों को लग सकता है कि ध्यान के अभ्यास के लिए कम-से-कम 40 मिनट जरूरी क्यों हैं? 30 मिनट या उससे कम क्यों नहीं? कुछ ऐसा भी सोचते हैं कि शुरुआत 10-15 मिनट से करते हैं, फिर धीरे-धीरे समय बढ़ा लेंगे।

सच्चाई यह है कि 40 मिनट से कम बैठने से आप खुद को बस तसल्ली दे सकते हैं कि हाँ भई, हमने काम शुरू कर दिया। लेकिन ध्यान के लिए यह पर्याप्त नहीं। क्या हम पानी को 30-30 डिग्री के तापमान पर चार बार गरम करके 100 डिग्री का तापमान पैदा करके खौला सकते हैं? यह नहीं हो सकता, क्योंकि पानी को खौलने के 100 डिग्री का ही तापमान चाहिए।

इस पुस्तक की शुरुआत में ही हमने बड़े विस्तार से साँस की गति, उसके साथ जुटी नाड़ियों के भेद और साँस में चलनेवाले तत्त्वों के विषय में बताया है। तत्त्वों की जानकारी के अभाव में ज्यादातर लोग जान ही नहीं पाते कि साँस में कब कौन सा तत्त्व प्रवाहित हो रहा है? लेकिन 40 मिनट में यह संभावना बहुत अधिक रहती है कि उस दौरान कभी-न-कभी आपकी सुषुम्ना नाड़ी चलेगी। यानी वह आकाश तत्त्व का समय होगा। ध्यान के लिए सुषुम्ना नाड़ी और आकाश तत्त्व ही सर्वोत्तम होता है, इसलिए कम-से-कम 40 मिनट बैठना जरूरी होता है।

इस अभ्यास के लिए किसी गुरु की जरूरत नहीं। आपका असली गुरु आपके भीतर ही बैठा हुआ है, बाकी के गुरु तो आपका बस मार्गदर्शन ही कर सकते हैं। करना आपको स्वयं ही है। आपके अंतर्मन की यात्रा कोई दूसरा पूरी नहीं कर सकता। हाँ, यदि किसी ने वह यात्रा कर ली है या कर रहा है और आपसे थोड़ा आगे निकल चुका है तो वह आपको रास्ते में आनेवाली कुछ कठिनाई या अड़चन से बचने का उपाय जरूर बता सकता है, क्योंकि वह उस अनुभव से गुजर चुका होता है।

दूसरों के अनुभव से आप लाभ तो ले सकते हैं, लेकिन वे अनुभव कभी आपके अपने अनुभव नहीं बन सकते। आपके सामने समुद्र के विषय में दुनिया भर की पुस्तकें रख दी जाएँ। समुद्र के भीतर जाकर कैमरे से शूट करके कोई फिल्म आपको दिखा दी जाए। समुद्र की गहराई में जा चुका कोई इनसान आपको अपने अनुभव की एक-एक बात बता दे, तो भी आपको समुद्र के विषय में अपना कोई अनुभव नहीं हो सकता। आपको समुद्र के विषय में कुछ जानकारी जरूर हो जाएगी। अनुभव तो तभी होगा, जब खुद समुद्र में कूदने का साहस होगा। और वह अनुभव उन सभी पुस्तकों और फिल्मों से बहुत बड़ा होगा, जिनसे आपको समुद्र की जानकारी मिली थी।

ध्यान से क्या होगा?

कुछ लोग, खासकर युवा, ऐसा भी सोच सकते हैं कि जीवन में जो चल रहा है, सब मस्त चल रहा है तो उन्हें ध्यान की क्या जरूरत? या ध्यान के लिए बैठ भी गए तो उससे क्या हो जाएगा? कुछ लोगों को यह भी लगता है कि ध्यान के लिए बैठना तो परमात्मा की प्राप्ति के लिए किया जाता है। जबकि उन्हें अभी दुनिया में बहुत से और काम करने जरूरी हैं। ऐसे लोगों को समझना चाहिए कि वे जीवन में जो कुछ भी करना चाहते हैं, उसे और बेहतर ढंग से करने का भी बस एक ही

तरीका है कि आप ध्यान के लिए बैठें।

यह सच है कि ध्यान के बगैर परमात्मा को पाना नामुमकिन काम है। लेकिन परमात्मा तक पहुँचना तो अल्टीमेट गोल है। उससे पहले भी पाने के लिए बहुत कुछ है, जिसे आप पाना चाहते हैं। जैसाकि हम पहले ही बता चुके हैं कि ध्यान किया नहीं जा सकता, हम बस ध्यान के अनुकूल माहौल तैयार कर सकते हैं, जिसमें ध्यान घटित हो सकता है। आपको जानकर हैरत होगी कि एक घंटे ध्यान की 'खातिर' बैठने मात्र से हम वह ऊर्जा प्राप्त करने लगते हैं, जिसके इस्तेमाल से हम अपनी दिनचर्या के सभी काम आसानी से करने लगते हैं।

वह होगा, जो ऐसे नहीं होता

हम अपने शरीर को तंदुरुस्त रखने और उसे सुडौल व शक्तिशाली बनाने के लिए जिम जाते हैं। जिम में हम पहले मसल्स को पंप करते हैं, जिससे मसल्स के टिश्यू ब्रेक हो जाते हैं। फिर मसल्स को रेस्ट के लिए कुछ समय दिया जाता है। उस दौरान हम प्रोटीन लेते हैं, जो उन ब्रेक हुए टिश्यू को बढ़ने में मदद करते हैं। ऐसे हमारी बॉडी का विकास होता है। लेकिन क्या बस इतना ही काफी है ? सोचकर देखिए कि यह जो ऊपर लिखा है, यह सब काम तो आप करें, लेकिन सोएँ न, तो क्या होगा ?

अगर हम 3-4 दिन न सोएँ तो खड़ा रहना भी मुश्किल हो जाएगा; क्योंकि एक्सरसाइज और प्रोटीन से शरीर विकसित तो हो जाता है, पर शरीर को चलाने के लिए हमें जो ऊर्जा चाहिए होती है, वह हमें नींद के समय प्राप्त होती है। अगर हमें ठीक से नींद न आए तो शरीर ढीला रहता है। हम रोजाना नींद से जो ऊर्जा प्राप्त करते हैं, वह दिनभर के काम में खत्म हो जाती है। हम थक जाते हैं। सोने पर हम फिर से ऊर्जा प्राप्त कर लेते हैं। उसे फिर खत्म कर देते हैं।

हम 8 घंटे की नींद से जितनी ऊर्जा प्राप्त करते हैं, उतनी ऊर्जा हमें एक घंटे ध्यान में बैठने से मिल जाती है, जिसके कारण हमारे भीतर ऊर्जा की कोई कमी नहीं होती। ध्यान के लिए बैठने के थोड़े से ही अभ्यास से आप पूरे दिन तरोताजा रह सकते हैं।

हमारे आसपास रोजाना बहुत कुछ ऐसा घटित होता है, जिससे हमें किसी प्रकार का कोई लेना-देना नहीं होता। हम जब सड़क पर या ऐसी अन्य किसी जगह होते हैं तो हम बहुत-कुछ ऐसा देखते और सुनते हैं, जिसकी हमें कोई जरूरत नहीं होती। लेकिन यह हमारे मन की गहराई में किसी गैर-जरूरी याद के रूप में जमा

होता रहता है। यह किसी मोबाइल या कंप्यूटर में कुकीज के आने से उसकी स्पीड कम होने जैसा ही समझिए।

जब आप साँस पर या विचार पर गौर कर रहे होते हैं तो हमारे अचेतन से बहुत सारी अनवांटेड मेमोरी ठीक वैसे ही डिलिट होने लगती हैं, जैसे हम अपने कंप्यूटर या मोबाइल से कुकीज को क्लीयर करने के लिए करते हैं। इससे हमारी बुद्धि की गति बनी रहती है।

एक लाभ यह भी होता है कि हमारे भीतर एकाग्रता बढ़ने लगती है। वह चाहे कोई भी कार्य हो, अगर आप उसे एकाग्र होकर करेंगे तो उसके परिणाम निश्चित तौर पर उससे बेहतर होंगे, जो हम आधे-अधूरे मन से कर पाते हैं। यानी जैसे शरीर के स्वास्थ्य के लिए एक्सरसाइज जरूरी है, वैसे ही मन-मस्तिष्क के विकास हेतु ध्यान के लिए बैठना जरूरी है। इसके लाभ-ही-लाभ हैं, नुकसान कोई नहीं।

हम दुनिया भर की चीजों में खुशियों को ढूँढ़ते ही इसलिए हैं, क्योंकि हम खुशी के स्रोत ढूँढ़ना चाहते हैं। दरअसल, वास्तविक खुशी, यानी आनंद हमारे अपने ही स्वरूप में होता है। 'स्वरूप' शब्द दो शब्दों को जोड़कर बना है—स्वरूप, स्व मतलब स्वयं और रूप माने दिखना। यानी स्वरूप का अर्थ है—हमारा वास्तविक रूप। हमारा वास्तविक रूप कुछ और नहीं, आनंद ही है। उसी को 'सच्चिदानंद' कहा जाता है। यानी सत्य, चित्त, आनंद।

वास्तव में हर मनुष्य को चित्त के वास्तविक रूप की ही खोज होती है; क्योंकि वास्तविक आनंद होता ही वही है, लेकिन अज्ञानवश हम बाकी चीजों में आनंद खोजते रहते हैं, जो खोज भीतर की यात्रा के बिना कभी पूरी नहीं होती। हम आनंद की ही उत्पत्ति होते हैं। हमारे माता-पिता आनंद ही खोज रहे होते हैं। हमारा जन्म ही आनंद के कारण होता है। आनंद ही हमारा स्वरूप है। अपना वास्तविक स्वरूप देखने को ही 'दर्शन' कहते हैं।

अज्ञानवश, हम अपने वास्तविक रूप को नहीं जान पाते। अज्ञान की तुलना हम अँधेरे से करते हैं, जबकि ज्ञान की प्रकाश से तुलना की जाती है। आपको क्या लगता है कि क्या अँधेरा और प्रकाश दो अलग-अलग चीजें होती हैं? आप कह सकते हैं कि यह कैसा प्रश्न है! रात में अँधेरा होता है, दिन में प्रकाश, तो यह दोनों अलग ही हुए। लेकिन यह सच नहीं है।

दरअसल, यह भी संवाद या अभिव्यक्ति में भाषायी सीमा को ही दर्शाता है। प्रकाश तो होता है, लेकिन सच यह है कि अँधेरे का अपना कोई अस्तित्व ही नहीं होता।

इसे ठीक से समझ लें। हमको अँधेरे का आभास जरूर होता है। और जब घुप्प अँधेरे का अहसास हो तो हमें कुछ भी नजर नहीं आता। इसलिए हमें लगता है कि अँधेरा होता है। जबकि वास्तव में प्रकाश की अनुपस्थिति के कारण हमें अँधेरे का अहसास होता है। प्रकाश के आते ही अँधेरा गायब हो जाता है। लेकिन क्या अँधेरे के आने से प्रकाश पर कोई फर्क पड़ता है? नहीं पड़ता।

उदाहरण के लिए, एक कमरे में अँधेरा है। हमें वहाँ कुछ भी नजर नहीं आ रहा, तो हमें अँधेरे का आभास होगा। लेकिन अगर हम वहाँ उसी वक्त लाइट जला दें तो अँधेरा बचता है क्या? यानी जहाँ प्रकाश नहीं होता, वहाँ हमें अँधेरा लगता है। यह प्रकाश की अनुपस्थिति कहा जाना चाहिए। लेकिन अगर उस कमरे में लाइट जली हो, तब क्या वहाँ अँधेरा आ सकता है? नहीं आ सकता।

अँधेरे की तरह अज्ञान का भी अपना कोई अस्तित्व नहीं होता। ज्ञान के न होने से ही अज्ञान का आभास होता है। अज्ञान बस तभी तक होता है, जब तक उस विषय का ज्ञान न हो। ज्ञान होते ही अज्ञान गायब हो जाता है, यानी शाश्वत तो सिर्फ प्रकाश और ज्ञान ही है। उसके न होने भर से अँधेरे या अज्ञान होने का भ्रम होता है।

हम बाहर की रंगीन दुनिया और अपने भीतर के प्रकाश को भी ऐसे ही समझ सकते हैं। बाहर जो दुनिया हमें नजर आती है, वह भी उस अँधेरे जैसी ही होती है, जो वास्तव में वैसी नहीं, जैसी हमें लगती है। उसमें हर पल बदलाव हो रहा होता है, लेकिन हम उसको देख नहीं पाते; क्योंकि हमारे भीतर के दीये की रोशनी बाहर तक हम नहीं ला पाते।

हमें अपने चारों तरफ जो खूबसूरत दुनिया नजर आती है, उसके विषय में हम अपनी इंद्रियों, आँख, नाक, कान और मुँह आदि से ही जानकारी पाते हैं। हमारी इंद्रियों को सिर्फ बाहर की सूचना एकत्र करने की आदत होती है, जबकि हमारी इंद्रियाँ द्विमुखी होती हैं। वे बाहर भी जाकर कार्य कर सकती हैं और हमारे भीतर भी।

हम जो सपने देखते हैं, उस वक्त आँख तो बंद ही होती हैं, तो हमें देखने की अनुभूति कैसे हो रही होती है? कुछ तो होता ही है कि हमारी आँख बंद होने पर भी हमें बिल्कुल असली लगनेवाले दृश्यों की अनुभूति होती है! लेकिन भीतर का कोई अनुभव हमें इसलिए नहीं हो पाता, क्योंकि हमारी इंद्रियों को उसका कोई अभ्यास नहीं होता। बाहर की चकाचौंध तो एक परिधि के जैसी है, उसका केंद्रबिंदु हमारे अपने ही भीतर होता है, जिसकी खबर हमें नहीं होती। ध्यान इसी बिंदु की खोज को पूरा कर देता है।

बाहर और भीतर दो अलग चीजें हैं ही नहीं। वास्तव में जो बाहर है, वह भी

उसी परमात्मा का प्रतिबिंब ही है। यह ठीक वैसा ही है, जैसे हम किसी झील में चाँद का प्रतिबिंब देखकर उसी को चाँद मान बैठें! अगर हम उस प्रतिबिंब को चाँद समझकर उसे पाने के लिए झील में उतरें तो क्या होगा? चाँद तो नहीं ही मिलेगा, वह प्रतिबिंब भी नहीं बचेगा।

हम दुनिया में जिस चीज के पीछे भागते हैं, उसे पाने के बाद उससे जुड़ी हमारी खुशी धीरे-धीरे वैसे ही बिखरती चली जाती है, जैसे झील में हमारे पैर पड़ते ही चाँद का प्रतिबिंब टूटकर बिखर जाता है। जो दिखता तो बिल्कुल चाँद जैसा ही है, लेकिन होता नहीं। इसी प्रकार पूरा संसार बस परमात्मा का प्रतिबिंब भर है।

चूँकि वह महज एक प्रतिबिंब है, इसलिए ही उसे 'माया' कहते हैं। 'माया' संस्कृत के दो शब्दों से मिलकर बना शब्द है। 'मा' का अर्थ है, जो दिखता है और 'या' का अर्थ है, जो होता नहीं। बाहर की दुनिया में जो कुछ भी हमें आकर्षित करता है, वह तो सिर्फ प्रतिबिंब होता है, उसका बिंब तो हमारे ही अपने भीतर होता है। प्रतिबिंब की उलटी दिशा में बिंब होता है। अगर बिंब को पाना है तो प्रतिबिंब की विपरीत दिशा में ही उसकी खोज की जा सकती है।

लेकिन हम उलटा करते हैं, हम प्रतिबिंब की दिशा में ही दौड़ने लगते हैं। इसलिए खुशी की तलाश में एक के बाद एक करके हर चीज के पीछे भागकर अपना पूरा जीवन गुजार देते हैं, लेकिन फिर भी खुशी की हमारी तलाश अधूरी ही रह जाती है।

वेद, उपनिषद् आदि के अद्वैतवाद का अर्थ यही है कि दो नहीं हैं। यहाँ ध्यान देनेवाली बात यह है कि यह नहीं कहा गया कि एक ही है, बल्कि कहा गया कि दो नहीं हैं। अगर कहा जाए कि जो कुछ है, बस एक ही है, तो उससे वह भ्रम दूर नहीं हो सकता, जो बिंब के हूबहू प्रतिबिंब से उत्पन्न होता है; क्योंकि प्रतिबिंब भी होता तो है ही, तो उसके प्रतिबिंब होने से इनकार नहीं किया जा सकता। इसलिए सोच-समझकर कहा गया कि दो नहीं हैं।

हमारी शुद्ध चेतना यानी आत्मा और परमात्मा भी अलग नहीं हैं। आत्मा भी परमात्मा का ही अंश है। यानी हम और परमात्मा भी अलग नहीं। इसलिए आत्म साक्षात्कार (Self Realisation) को ही परमात्मा के दर्शन माना जाता है।

आत्म साक्षात्कार (Self Realisation) के विषय में एक बात पर गौर करें, हम 'गेट टू सेल्फ', यानी खुद को पाने की बात नहीं कर रहे, बल्कि हम जो वास्तव में हैं, उसे जानने की बात कर रहे हैं। 'सेल्फ रियलाइजेशन' का मतलब है, हम जो हैं, उसको रियल आइज से जानना। 'रियल आई' हमारी छठी इंद्री को बोलते हैं।

हम खुद को अपनी आँखों से देखकर नहीं जान सकते। आँखों से तो हम कभी अपना चेहरा भी नहीं देख सकते। हाँ, शीशे में चेहरे का प्रतिबिंब जरूर देख लेते हैं। पर वह प्रतिबिंब है, उसे सीधे देखना नहीं कह सकते। प्रतिबिंब में दाईं चीज बाएँ, यानी उलटी दिखती है। हम उसी के अभ्यस्त हो जाते हैं। लेकिन 'रियल आई' यानी छठी इंद्री का अहसास हमारे आज्ञाचक्र के सक्रिय होने पर होता है और आज्ञाचक्र तक पहुँचने के बाद ही हम अपने वास्तविक स्वरूप को जानने की ओर बढ़ते हैं।

इस दर्शन के लिए हमें अपने मन-मंदिर को साफ करना होता है। यह सफाई ध्यान के लिए बैठने पर संभव है। बाकी सब काम तो उसका है, जिसे हम परमात्मा कहते हैं। शरीर के तौर पर हम अपने माता-पिता की संतान हैं, लेकिन आत्मा के रूप में हम सबका परमपिता परमात्मा ही है। एक वही है, जो हमें सच्ची खुशी, सच्चा प्यार दे सकता है। बाकी सब मिलावट है।

हम 'आई लव यू' बोलते हैं। इसका मतलब ही है कि हम दो हैं। एक वह, जो यह बोल रहा है और दूसरा वह, जिसके लिए बोल रहा है। जहाँ दो हैं, वहाँ कोई-न-कोई उम्मीद तो हम करते ही हैं। हमने ऐसा किया तो सामनेवाले को भी कम-से-कम इतना तो करना ही चाहिए। या फिर हम सारी उम्र ऐसा कर सकते हैं, बस तुम वैसा कभी मत करना। यानी अगर वैसा किया तो हम ऐसा नहीं कर पाएँगे। तो यह कंडीशन (शर्त) हो गई!

यानी जहाँ दो हैं, वहाँ प्यार तो हो सकता है, लेकिन बिना शर्तवाला सच्चा प्यार (अनकंडिशनल लव) नहीं हो सकता। कुछ लोग अपनी खुशी को मारकर दूसरों की खातिर प्यार में किसी कुरबानी को 'अनकंडिशनल लव' समझने की भूल करते हैं। जबकि यह सिर्फ त्याग कहा जा सकता है। 'अनकंडिशनल लव' तो वह है, जहाँ कोई दूसरा होता ही नहीं। जब कोई दूसरा है ही नहीं, तो त्याग किसके लिए करेंगे?

ऐसा प्यार हमें सिर्फ और सिर्फ बचपन में माँ से मिलता है या परमात्मा दे सकता है। इधर हमारा मन साफ हुआ, हमारा अहंकार गया, उधर वह आया! अहंकार का अर्थ ही यही है कि आपने खुद के अस्तित्व को परमात्मा से अलग समझ लिया है। जबकि आप उससे अलग नहीं हैं। दो नहीं हैं। बस एक ही हैं। बस इतनी छोटी सी बात है, लेकिन हमारा मन हमारी समझ के आड़े आ जाता है। इसलिए हम नहीं समझते।

बच्चों को भगवान् का रूप इसलिए कहा जाता है, क्योंकि छोटे बच्चों का मन

निश्छल होता है। उनके मन में कोई छल-कपट नहीं होता। वे कितनी आसानी से इतना खुश रह लेते हैं! मिट्टी का एक खिलौना भी उन्हें वह गहरी ख़ुशी दे सकता है, जिसे हम बेशुमार दौलत से नहीं खरीद सकते। आप एक कीमती हीरों का हार या कार खरीदते हैं तो थोड़ी देर को बहुत खुशी मिलती है, लेकिन बड़ी जल्दी एक भय या चिंता भी उत्पन्न हो जाती है कि अब इसको सुरक्षित कैसे रखा जाए? भय और चिंता का भाव उस खुशी को हलका बना देता है। जैसे-जैसे बच्चे बड़े होते जाते हैं, वे अपने मन का निर्माण करते जाते हैं।

हम पहले बता चुके हैं कि कैसे जो हम देखते हैं, सुनते हैं, उसे याद के रूप में जमा करने से मन का निर्माण होता है। बिल्कुल साफ जान लें कि हमने ही अपने मन को बनाया है। मन के ठीक ऊपर हमारी बुद्धि की परत होती है तथा मन और बुद्धि (Intelligence) के बीच में जागृति (Awareness) होती है।

शांत होकर अगर हम देखें तो इसी जागृति (Awareness) के इस्तेमाल से हम किसी भी परिस्थिति में सोच-समझकर सही निर्णय कर सकते हैं। इसी जागृति से हम खुद को फिर से बच्चों जैसा सरल, सहज और निश्छल बना सकते हैं। फर्क सिर्फ इतना होगा कि बच्चे में उतनी बुद्धि (Intelligence) नहीं होती, जितनी आप रखते हैं।

यानी तब हमारी बुद्धि का विकास तो जारी रहेगा, लेकिन वे अवांछित चीजें, जो अनजाने में सीखकर हमारा मन हमें दोहराने के लिए प्रेरित करता रहता था, वे मन की मेमोरी से डिलिट होने लगेंगी। जीवन सरल और सहज होने लगेगा और शुद्ध चेतना और असीमित बुद्धि की ओर आपकी यात्रा प्रारंभ हो जाएगी। वह बुद्धि, जो होती तो हम सबके पास ही है, लेकिन वह कई परतों के बीच दबे होने से निष्क्रिय पड़ी रह जाती है।

हम चेतन मन के आगे के अति चेतन मन (Super Conscious Mind) और समष्टि चेतन मन (Collective Conscious Mind) लेकर ब्रह्म चेतन मन (Cosmic Conscious Mind) की यात्रा की बात कर रहे हैं। जहाँ पहुँचने के बाद कुछ भी जानना बाकी नहीं रह जाता। उस ज्ञान के आगे भाषा गौण हो जाती है। उसे कैसे भी व्यक्त किया जा सकता है। कबीर आदि संतों ने अशिक्षित होते हुए यह करके भी दिखाया है।

आपका मन तब भी आपके ही पास होगा, लेकिन तब वह आपको अपने इशारे पर नहीं नचा पाएगा। फिर आप अपनी मर्जी से मन का इस्तेमाल कर पाएँगे। तब आपका मन ऑटोमोड में रिएक्ट नहीं करेगा। वह किसी भी परिस्थिति में

प्रतिक्रिया से पहले बुद्धि की भी सुनेगा। बुद्धि के विकास से ही विवेक उत्पन्न होता है। हम विवेक शब्द तो जानते हैं, पर बहुत कम लोग ही विवेक का इस्तेमाल करना जानते हैं।

हम अकसर लोगों को बोलते सुनते हैं, "मैं तो बिल्कुल शांत था, पर उसने बात ही ऐसी बोल दी कि किसी को भी गुस्सा आ जाएगा। इसलिए मैं क्रोध में आ गया।" दूसरे शब्दों में, वे बोल रहे होते हैं कि जैसे उनका रिमोट किसी और के पास होता है। कोई भी रिमोट का बटन दबाकर उनसे गुस्सा करवा सकता है!

सोचिए, अगर हमारा रिमोट किसी और के पास है तो कोई भी हमसे कुछ भी करवा सकता है! हमारी आँख, नाक, कान को किसी रिमोट जैसे ही इस्तेमाल करके कोई हमसे कुछ भी करवा सकता है! गौर करेंगे तो हमारी ऐसी प्रतिक्रियाएँ हमारे मन में पहले से फीड धारणाओं के कारण होती हैं।

यह सब जानकारी, जो सही माने में ज्ञान होता है, वह आपको अपने ही भीतर मौजूद सद्गुरु से मिलने लगती है। तब आप भी संन्यासी होंगे, वैसे संन्यासी नहीं, जो सिर्फ संन्यासी जैसे वस्त्र पहनकर या कुछ शास्त्रों की बातें रटकर बन जाते हैं। संन्यास का सही अर्थ है कि जीवन को उस तरह जीना, जैसे ईश्वर चाहता है, न कि वैसे जीना, जैसे लोग देखना चाहते हैं, क्योंकि ईश्वर ने हमें गुलाम बनने के लिए जीवन नहीं दिया, बल्कि अपनी इच्छा से वास्तविक खुशी प्राप्त करने के लिए, अपने स्वरूप को जानने के लक्ष्य के कारण ही हमें मनुष्य बनाया है।

परमात्मा के दर्शन ही मनुष्य जीवन का एकमात्र और परम लक्ष्य है। इस लक्ष्य की प्राप्ति के लिए खुद को मिटाना होता है। खुद को मिटाने का अर्थ खुद को नष्ट करने से नहीं, बल्कि शरीर, मन, विचार आदि से जो हमें अपने अलग अस्तित्व का अहंकार हो जाता है, उसे दूर करने से है। यही कार्य ध्यान से होता है। जब हम शरीर, मन, विचार और इंद्रियों की अनुभूति से अलग हो जाते हैं तो जो बचता है, वही परमात्मा है, वही हमारा वास्तविक स्वरूप है।

कबीर ने इस खोज को बस दो लाइनों में बड़े ही सरल शब्दों में बहुत सहजता से कह दिया है—

तेरो तेरे पास है, अपने मा ही टटोल,
राई बढ़ी न तिल घटा, हरि बोलो हरि बोल।

कबीर कहते हैं कि हमारे लिए जो सबसे महत्त्वपूर्ण (परमात्मा) है, वह कहीं और नहीं, बल्कि हमारे ही पास है। जो चीज हमारे ही पास है, उसे बाहर कहीं तो ढूँढ़ा नहीं जा सकता। उसे तो अपने भीतर ही ढूँढ़ा जा सकता है। अब भीतर

कैसे ढूँढ़ेंगे? आँख खोलेंगे तो आपका मन आपको बाहर ले जाएगा। कान में कोई आवाज गई नहीं कि आपका मन उस आवाज के पीछे दौड़ेगा। तो उसे ढूँढ़ने का एक ही रास्ता बचा कि आँख बंद कर ली जाए और किसी ऐसी शांत जगह बैठें, जहाँ कानों में कोई और आवाज न जाए।

यहाँ गौर करिए कि कबीर ने 'अपने में ही ढूँढ़' नहीं कहा है; क्योंकि ढूँढ़ने के लिए तो आँख की जरूरत होती है। कबीर ने 'टटोल' शब्द का इस्तेमाल किया है। हम किसी चीज को टटोलकर तभी ढूँढ़ते हैं, जब वह हमें दिखाई न दे।

हम जब आँख बंद कर लेते हैं तो अँधेरा हो जाता है। उस अँधेरे में ही टटोलने की बात की जा रही है। सरल शब्दों में, ध्यान की बात हो रही है। चूँकि हम नहीं जानते कि अपने भीतर परमात्मा हमें कहाँ मिलेगा, इसलिए उसको ढूँढ़ तो वैसे भी नहीं सकते। हाँ, अपने भीतर की एक-एक चीज को टटोलकर हम उस तक पहुँचने की कोशिश जरूर कर सकते हैं।

दूसरी लाइन और महत्त्वपूर्ण है। कबीर कहते हैं कि जो तेरे भीतर है, उसमें और जो दूसरों के भीतर है, उसमें, यानी जो हम सबके भीतर है, उसमें और परमात्मा में एक राई या तिल के बराबर भी कम या ज्यादा होने का फर्क नहीं है। यानी सबकुछ हमारे ही भीतर है, उसके लिए कहीं बाहर जाने की कोई जरूरत नहीं है।

ऐसा नहीं कि जो हिमालय या जंगल में जाकर साधना करने लगे, उन्हें कुछ ज्यादा प्राप्त हो जाएगा, जो अगर आप अपने घर के किसी शांत कोने में करें तो नहीं मिले या कम मिलेगा। जंगल या हिमालय इसलिए जाया जाता है, क्योंकि लोगों की भीड़ में मन को भटकने से रोकना ऐसे लोगों को कठिन लगता है।

यह और बात है कि हिमालय जाकर भी मन उसी भीड़ में लगा रह सकता है! हो सकता है कि तब ज्यादा लगे। भीड़ से मुक्त तो भीड़ में रहकर भी रहा जा सकता है। सब मन की अवस्था पर निर्भर करता है कि हमारा मन बाहरी चीजों से हमें कितना प्रभावित करता है? बाकी परमात्मा एक ही है और सबके भीतर वह एक जैसा ही है।

कबीर अंत में कहते हैं—'हरि बोलो, हरि बोल'। 'हरि' उसी को कहते हैं, जो हमारे सारे दु:खों को हर लेता है। ऐसे परमात्मा को पाने के लिए हमें खुद ही खुद के भीतर डूबना होता है। इस विषय में दो पंक्तियाँ कहकर इस बात को यहीं समाप्त करते हैं—'कितना विस्मय है बस खुद में डूब जाने में, जैसे दीया लिये उतरे कोई तहखाने में।'

संक्षिप्त पुनरावलोकन (Recap)

√ मेडिटेशन का अर्थ ध्यान नहीं होता। ध्यान कुछ अलग ही चीज का नाम है। अगर 'मेडिटेशन' शब्द ध्यान का ही इंगलिश ट्रांसलेशन है तो सोचिए, आसन, जप, यम, नियम, धारणा, प्राणायाम और समाधि को इंगलिश में क्या कहेंगे?

√ बगैर यम, नियम, आसन और धारणा आदि को जाने 'मेडिटेशन करना' ठीक वैसी ही बात है, जैसे कोई कहे कि वह बगैर पहली 6 सीढ़ियों पर पैर रखे सीधे 7वें पायदान पर पहुँच गया।

√ हम जब जमीन पर होते हैं तो अपने शरीर पर खास तरह से संतुलन बनाए रखते हैं। लेकिन स्वीमिंग सीखने के लिए पानी में हम जब तक जमीनवाले शरीर के संतुलन की आदत को भुला (de learn) नहीं पाते, तब तक हम स्वीमिंग नहीं कर सकते।

√ जैसे ही हम पानी में अपने शरीर को बिल्कुल ढीला छोड़ देते हैं, हम तैरने लगते हैं। इसी तरह ध्यान के लिए भी हमें वह सब भूलना होता है, जो भी हम सीख चुके हैं।

√ समझना यह है कि अगर कुछ भी न करना हो तो उसे कैसे करें? दृष्टा भाव से स्वयं को विचारों से अलग करके यह संभव होने लगता है। ध्यान तभी घटित होगा, जब हम कुछ, मतलब कुछ भी न कर रहे हों। उसे 'शून्य मन की अवस्था' कहा जा सकता है।

√ प्रतिबिंब की उलटी दिशा में बिंब होता है। बाहर यह संपूर्ण सृष्टि उसी परमात्मा का प्रतिबिंब है, जबकि बिंब यानी परमात्मा हमारे भीतर ही है।

□

अध्याय-14

चक्र-साधना

इड़ा, पिंगला और सुषुम्ना नाड़ी के संगम से बननेवाले 7 चक्रों और तत्त्वों से उनके संबंध के विषय में हम पहले बता चुके हैं। आजकल इन 7 चक्रों को जाग्रत् करने का भी जैसे फैशन चल पड़ा है। आप इंटरनेट पर बस टाइप कर दीजिए और आपको 7 चक्र की ऐसी-ऐसी जानकारी मिल जाएगी कि आप खुद ही चक्कर में पड़ जाएँगे।

भारत में और उससे भी अधिक पश्चिमी देशों में बस कुछ ही दिनों में चक्र जाग्रत् करने या कुंडलिनी जागरण करवाने का दावा करनेवाले इतने सेंटर खुल गए हैं कि उनकी गिनती करना मुश्किल है। दुकानों की गिनती करने का वैसे भी कोई लाभ नहीं। हँसी तो यह देखकर आती है कि इनमें कुछ लोग तो दावा करते हैं कि पहले आप खुद अपने चक्र या कुंडलिनी जाग्रत् करिए, फिर आप टीचर बनकर दूसरों की भी कर सकते हैं। यानी पहले ग्राहक बनिए, फिर आप भी दुकानदार बन सकते हैं!

यह सब देखकर पहले तो लगा कि इस विषय को छोड़ ही दिया जाए, लेकिन फिर लगा कि जब इस पुस्तक का उद्देश्य ही यही है कि लोगों को सरलतापूर्वक कुछ गूढ़ विषयों की जानकारी दी जाए तो ऐसे में चक्र-साधना की चर्चा न करना, उन लोगों के साथ नाइनसाफी होगी, जो वाकई जिज्ञासु हैं और चक्र-साधना के विषय में ठीक से जानकारी चाहते हैं।

हमारा शरीर किसी विशाल नगर की भाँति है, जिसके 10 द्वार होते हैं। भारतीय अध्यात्म तथा दर्शन परंपरा में यह 'दस द्वार' शरीर के दस छिद्रों को कहते हैं। ये दस द्वार हैं—एक द्वार मुँह का, दो द्वार नासिका के, दो आँखों के, दो कानों के, एक जननांग का और एक गुदा का। यह 9 हुए, जबकि दसवाँ द्वार सिर के पिछले भाग में स्थित 'ब्रह्मरंध्र' को माना गया है, जिसे 7 चक्रों में सबसे ऊपरी चक्र यानी 'सहस्त्रार चक्र' कहा जाता है।

अध्यात्म की सारी खोज इसी दसवें द्वार तक पहुँचने की कोशिश से जुड़ी होती है। इस दसवें द्वार को देखने के लिए योगी को साधना करके अपनी दृष्टि को अंतर्मुखी तथा ऊर्जा को ऊर्ध्वमुखी करना होता है। जिसने इस दसवें द्वार की खोज कर ली, उसे उस नदी जैसा समझिए, जिसने खुद को समुद्र में मिला दिया और अब वह खुद भी समुद्र ही हो गई।

यानी दसवें द्वार की खोज का अर्थ खुद को परमात्मा में मिला देना है। जिसने यह खोज पूरी कर ली, वह फिर शरीर में रहकर भी खुद परमात्मा हो गया। उसके बाद करने को कुछ बाकी नहीं रह जाता। इसी को मोक्ष भी कहा जाता है।

7 चक्र की साधना इसी दसवें द्वार 'ब्रह्मरंध्र' यानी 'सहस्त्रार चक्र' तक अपनी ऊर्जा को ले जाने से संबंधित होती है। अब जरा सोचिए उन लोगों के विषय में, जो महज कुछ ही दिनों में यह काम करवाने का दावा करते हैं! यानी वे कुछ दिनों में

ही आपको परमात्मा तक पहुँचाने का या मोक्ष दिलाने का दावा करते हैं। और इसके बदले वे बड़ी मोटी फीस वसूलते हैं। क्या आपको यह जानकर हँसी नहीं आती? अमेरिका में तो बाकायदा 'Wheels Alignment' यानी चक्रों को एक सीध में करने के भी कुछ सेंटर खुले हुए हैं। आप वहाँ जाइए और आपका जो भी चक्र टेढ़ा-मेढ़ा हो गया हो, उसे ठीक करवा लीजिए! जैसे चक्र कोई कार के पहिए हों, जिनका अलाइनमेंट करवा सकते हो!

दरअसल, हम जिस समाज में रहते हैं, वहाँ हम दूसरों का अनुकरण करना चाहते हैं। यदि हमसे ज्यादा संपन्न, हमसे ज्यादा खूबसूरत, हमसे ज्यादा शक्तिशाली, हमसे ज्यादा प्रभावशाली किसी व्यक्ति को हम कुछ करते, देखते या सुनते हैं तो हमें लगता है कि जब वह कर रहा है तो हमें भी वैसा ही करना चाहिए। इसी को 'भेड़चाल' भी कहा जाता है। कुछ लोग ट्रेंड सेटर होते हैं और भीड़ ट्रेंड फॉलोवर होती है। लोगों को फॉलो करते समय हम जैसे सोचना, समझना या बुद्धि का इस्तेमाल करना भूल ही जाते हैं।

हमें लगता है कि जब बाकी के लोग ऐसा कर रहे हैं तो हम क्यों न करें? सभी फैशन इसी तरह हम तक पहुँचते हैं। लेकिन हमारी आपसे प्रार्थना है कि फैशन समझकर चक्र-साधना न करें। ऐसा करने से आपको नुकसान होने की बहुत संभावना है, लाभ का तो सवाल ही पैदा नहीं होता।

वास्तव में, चक्र-साधना बहुत उच्च कोटि की साधना है। इसे गंभीरता से ही लें। हम यहाँ चक्र-साधना की एक सरल विधि बता जरूर रहे हैं, लेकिन हमारा आग्रह है कि उसे करने से पहले आप किसी अच्छे योग शिक्षक से प्राणायाम के रेचक, पूरक और बाहरी व भीतरी कुंभक की विधि सीखकर उसका अभ्यास जरूर कर लें। उसके बिना यह साधना न करें। इसके अलावा इस साधना को करने के लिए ध्यान पर बैठने का भी अभ्यास जरूरी है। यदि आप ध्यान के लिए बैठते हैं तो उसके ठीक पहले या बाद में इस साधना को कर सकते हैं। अब थोड़ा चक्र के विषय में समझते हैं।

जैसे बिजली एक ही होती है, उसी से ए.सी. चलता है, उसी से हीटर, उसी से लाइट जलती है, उसी से पंखा आदि चलता है। उसी प्रकार हमारे शरीर में बस एक ही ऊर्जा होती है। वही ऊर्जा सभी कार्यों में हम इस्तेमाल करते हैं।

हम शरीर के कार्यों में जो ऊर्जा का प्रयोग करते हैं, वह हमारी वास्तविक ऊर्जा के बाल बराबर भी नहीं होती। वास्तविक ऊर्जा बहुत ही शक्तिशाली होती है, लेकिन वह सामान्य मनुष्य के शरीर में सक्रिय नहीं होती, बल्कि निष्क्रिय अवस्था में हमारी नाभि के नीचे स्वाधिष्ठान चक्र या उसके भी नीचे मूलाधार चक्र में सोई हुई अवस्था

में रहती है। इसी ऊर्जा को 'कुंडलिनी शक्ति' कहते हैं।

इस ऊर्जा की बहुत थोड़ी सी मात्रा का ही हमारे शरीर के बाकी चक्रों में प्रवाह होता रहता है। स्त्री और पुरुष की ऊर्जा विपरीत (ऋणात्मक और धनात्मक) होने से दोनों ऊर्जा आपस में मिलकर पूर्ण होती हैं। स्त्री और पुरुष के बीच प्रबल आकर्षण का कारण विपरीत ऊर्जा ही होता है। सामान्यत: इसका प्रवाह नीचे की ओर होता है। इसी ऊर्जा में जरा सा वेग उत्पन्न होने पर हमारे भीतर काम भाव उत्पन्न होता है। यह ऊर्जा अपनी सबसे अधिक शक्ति काम भाव में दिखाती है। चूँकि ऊर्जा का केंद्र नीचे के ही चक्रों में होता है और उसका प्रवाह भी नीचे की ओर होता है तो इसके प्रबल वेग के विस्फोट से मनुष्य संतान उत्पत्ति करता है।

संपूर्ण सृष्टि का क्रम इसी ऊर्जा से अनवरत चलता रहता है। पेड़-पौधे, जीव-जंतु से लेकर मनुष्य तक हर तरफ मूलत: एक ही कार्य तो चलता रहता है। हर ओर सिर्फ और सिर्फ बीज संरक्षण का ही कार्य हो रहा है। एक पेड़ में फूल, पत्ती और फल सभी आते हैं, लेकिन सोचकर देखिए कि पेड़ अनवरत किस कार्य में जुटा है? पेड़ की बस एक ही कोशिश है कि किसी तरह वह अपना बीज धरती तक पहुँचा सके। सभी जीव-जंतु भी यही करते हैं।

आप गौर करके देखिए तो पाएँगे कि सिर्फ मनुष्य ही है, जो इस ऊर्जा का इस्तेमाल संतान उत्पत्ति के अलावा भी आनंद (सेक्स) के लिए करने लगा। मनुष्य को छोड़कर बाकी कोई जीव-जंतु, बीज संरक्षण के अलावा इस ऊर्जा का प्रयोग नहीं करता। चूँकि मनुष्य के पास वह बुद्धि है, जो अन्य जीव-जंतुओं में नहीं, तो इसी ऊर्जा का काम में खर्च करके मनुष्य का पतन भी हुआ और इसी ऊर्जा को विपरीत दिशा में मोड़कर इसके रूपांतरण का अद्‌भुत कार्य भी मनुष्य ने ही किया।

वास्तव में, चक्र-साधना का उद्‌देश्य इस ऊर्जा के प्रवाह को नीचे की ओर बहने से रोककर इसे ऊर्ध्वमुखी यानी ऊपर की ओर करना है। इस ऊर्जा के रूपांतरण से क्रांति संभव है। क्या है यह क्रांति? बाहरी तौर पर स्त्री-पुरुष के मिलन से आनंद की अनुभूति होती है। लेकिन यह उस परमानंद की एक झलक भर होती है, जो हमारे भीतर के पुरुष और भीतर की स्त्री के मिलन से होता है।

हम चाहें स्त्री हों या पुरुष, हम सबके भीतर भी एक स्त्री और पुरुष दोनों छिपे होते हैं। जब हमारे भीतर के स्त्री-पुरुष का मिलन होता है, उसी को 'परमानंद' बोलते हैं। उसके लिए अगर हम पुरुष हैं तो हमें किसी स्त्री की या यदि हम स्त्री हैं तो हमें किसी पुरुष की आवश्यकता नहीं होती; क्योंकि स्त्री और पुरुष दोनों

हमारे ही भीतर होते हैं। यह ब्रह्मचर्य से संभव होता है। ब्रह्मचर्य का अर्थ ही होता है कि ऊर्जा का ऊर्ध्वगमन! जबकि ऊर्जा के नीचे की ओर बहने को 'नित्यचर्य' या 'परिचर्य' कहा जाता है।

इंद्र द्वारा विश्वामित्र ऋषि की तपस्या भंग करने के लिए अप्सरा मेनका को भेजने का किस्सा तो आपने सुना ही होगा। इसमें संदेश यह है कि ब्रह्मचर्य के बिना साधना का कोई अर्थ नहीं रह जाता। इसीलिए भारतीय योग-तंत्र सहित तमाम पद्धतियों की साधना में ब्रह्मचर्य को अति अनिवार्य माना गया है। यानी उच्च कोटि की साधना में सारा फोकस वीर्य के ऊर्ध्वगमन (ऊपर ले जाने) पर रहा है। इन साधनाओं में सारी कोशिश इंद्रियों पर नियंत्रण प्राप्त करके ऊर्जा को काम-केंद्र से ऊपर उठाकर उसे अंततः सहस्रार चक्र तक पहुँचाने की ही होती है।

परंतु यदि वैज्ञानिक ढ़ग से सोचें तो यह गलत हो जाता है। शरीर विज्ञान के अनुसार, वीर्य का ऊर्ध्वगमन नहीं हो सकता। उसका सिर्फ पतन ही हो सकता है, क्योंकि वीर्य का मार्ग नीचे जाने का ही है। शरीर में ऐसा कोई मार्ग नहीं होता, जिससे वीर्य ऊपर उठ सके। इसलिए आधुनिक विज्ञान के अनुसार, ऐसी किसी साधना पर भरोसा नहीं होता। यह स्वाभाविक बात है। विज्ञान की दृष्टि से जो, संभव ही नहीं, उसे विज्ञान कैसे मान सकता है। तो विज्ञान की दृष्टि से तंत्र और योग की यह सब धारणाएँ गलत हो जाती हैं।

लेकिन यहाँ गौर से एक महत्त्वपूर्ण बात ठीक से समझने की जरूरत है। असली बात कुछ और ही है। यह वह रहस्य है, जो विज्ञान की पकड़ में आना अभी बाकी है। जब तक इस रहस्य को न समझा जाए, तब तक वीर्य के ऊर्ध्वगमन की बात समझ में नहीं आ सकती। इसलिए इसे स्पष्ट करना बहुत जरूरी हो जाता है। अब देखिए, जैसे विज्ञान शरीर को स्वीकार करता है, लेकिन आत्मा को नहीं मानता। जबकि हम सिर्फ शरीर ही नहीं हैं। इसे हम पहले के अध्यायों में विस्तार से स्पष्ट कर चुके हैं कि बॉडी, माइंड और सोल, यानी शरीर, मन और आत्मा कैसे एक लगते हुए भी वास्तव में अलग हैं।

यही बात वीर्य के एक-एक कण पर भी लागू होती है। वीर्य-कण दो चीजों से बना है। एक है पदार्थ के रूप में वीर्य-कण, जो उसका शरीर है और जो दिखाई देता है। दूसरा है उस वीर्य-कण की आत्मा, जो दिखाई नहीं देती।

विज्ञान भले ही आत्मा को नहीं मानता हो, लेकिन खुद शरीर विज्ञान मानता भी है और कहता भी है कि वीर्य में कण (स्पर्म) एक-दो घंटे तक जीवित रहते हैं। इस अवधि में अगर किसी एक कण ने स्त्री के अंडे तक पहुँचने में सफलता प्राप्त

कर ली तो स्त्री गर्भवती हो जाती है, यानी जन्म हो जाता है।

शरीर विज्ञान यह भी मानता है कि वीर्य में लाखों कण होते हैं। उन लाखों वीर्य कणों को स्त्री के अंडे तक पहुँचने में प्रतिस्पर्धा करनी होती है। इस दौरान जो कण स्त्री के अंडे तक नहीं पहुँच पाए, वे नष्ट हो जाते हैं। इसलिए वे बहुत तेज गति से भागते हैं। लाखों कण अंडे की तरफ दौड़ते हैं, लेकिन वहाँ तक सिर्फ एक ही कण पहुँच पाता है, बाकी सब नष्ट हो जाते हैं; और वह एक भी हमेशा नहीं पहुँच पाता, कभी-कभार ही पहुँच पाता है। वरना वह भी नष्ट हो जाता है।

गौर करें, लगभग दो घंटे ही वीर्य-कण की आयु है। इसके बाद वह नष्ट हो जाता है। तो क्या इसका सीधा सा अर्थ यह नहीं हुआ कि वीर्य-कण जीवित भी होता है और मरता भी है। अगर कोई एक अवधि तक जीवित है, सक्रिय है और उसके बाद वह निष्क्रिय हो जाता है, नष्ट हो जाता है, तो उसमें क्या अंतर हो सकता है? कोई तो फर्क होना ही चाहिए! जीवित और मुर्दा वीर्य-कण में क्या अंतर है, यह रहस्य अभी विज्ञान की पकड़ से बाहर की चीज है।

लेकिन अध्यात्म इस फर्क को हजारों साल से जानता है। अध्यात्म की दृष्टि से यही अंतर वीर्य के दो अंग हैं। एक है उसका शरीर, जो पदार्थ रूपी है और दूसरी है उस पदार्थ में मौजूद ऊर्जा, यानी उसकी आत्मा। जब तक वीर्य-कण जीवित रहता है, तब तक उसकी देह भी होती है और ऊर्जा रूपी आत्मा भी। लेकिन दो घंटे में ऊर्जा समाप्त होते ही वीर्य-कण मृत होकर देह पदार्थ के रूप में पड़ा रह जाता है। इसे ऐसे भी समझा जा सकता है कि वीर्य की देह किसी वाहन जैसी है, जो उस ऊर्जा रूपी आत्मा को लेकर चलती है।

अंत: जब अध्यात्म में काम ऊर्जा के ऊर्ध्वगमन की बात होती है तो उसका अर्थ वास्तव में वीर्य की इसी ऊर्जा से होता है, जो उसे जीवित रखती है। माना कि वीर्य-कण की देह का तो ऊर्ध्वगमन नहीं हो सकता, उसका पतन तो हो ही सकता है। क्योंकि वह पदार्थ है। सभी पदार्थ पृथ्वी का ही हिस्सा हैं, उसी से उत्पन्न हुए हैं और गुरुत्वाकर्षण शक्ति के कारण सभी पदार्थ पृथ्वी की ओर यानी नीचे ही गिरते हैं। लेकिन सूक्ष्म वीर्य-कण में न दिखाई पड़नेवाली जो ऊर्जा है, यदि उसे जान लिया तो उस ऊर्जा को ऊपर की ओर भी बढ़ाया जा सकता है। ऊर्जा से उत्पन्न ऊष्मा (अग्नि) सदैव नीचे से ऊपर की ओर ही बढ़ती है। आध्यात्मिक दृष्टिकोण से यह ऊर्जा ही असली वीर्य है।

इस तरह वैज्ञानिक पहलू के साथ भी समझ सकते हैं कि कैसे ऊर्जा के ऊर्ध्वगमन के लिए किसी भौतिक मार्ग की आवश्यकता नहीं होती। ऊर्जा एक ही

है। यही ऊर्जा जब स्त्री-कण से मिलती है तो नया जन्म हो जाता है; और इसी ऊर्जा को यदि सहस्रार चक्र तक ले जाया जाए तो मनुष्य जीवन के परम लक्ष्य, यानी परम चैतन्य की प्राप्ति हो जाती है।

इस सूक्ष्म ऊर्जा के लिए शरीर में किसी स्थूल मार्ग की आवश्यकता नहीं होती। यह प्राण मार्ग, यानी नाड़ी से संचालित होती है; जैसा कि हम पहले बता चुके हैं कि जहाँ भी नाड़ियाँ आपस में जुड़ती हैं, वहाँ चक्र बन जाता है। चक्र-साधना में इस ऊर्जा को एक चक्र से दूसरे चक्र तक ले जाने की साधना की जाती है।

इस पुस्तक की शुरुआत में हमने इड़ा, पिंगला और सुषुम्ना नाड़ी के विषय में बहुत विस्तार से बताया है कि किस प्रकार हमारी साँसों के साथ ये तीनों नाड़ियाँ जुड़ी होती हैं। इड़ा हमारे भीतर की स्त्री है, इसलिए इसको स्त्री प्रधान और शक्ति भी कहा जाता है। जबकि पिंगला हमारे भीतर का पुरुष है, जिसे पुरुष प्रधान और शिव भी कहा जाता है। सुषुम्ना नाड़ी में ऊर्जा के ऊर्ध्वगमन होने पर हमारे आज्ञाचक्र पर जब इड़ा और पिंगला का पूर्ण मिलन होता है, तब परमानंद घटित होता है। इसी को 'तीसरे नेत्र का खुलना' भी कहते हैं। तीसरे नेत्र यानी आज्ञाचक्र तक ऊर्जा के पहुँचने के बाद ही ऊर्जा का प्रवाह 'ब्रह्मरंध्र' यानी 'सहस्त्रार चक्र' की ओर होता है। इस तरह योगी अपनी ऊर्जा को सहस्त्रार चक्र तक ले जाता है और उस दसवें द्वार को खोल लेता है, जिसके बाद उसकी चेतना का स्तर 'ब्रह्म स्वरूप' हो जाता है।

हमारे मस्तिष्क में 'पीनल ग्लैंड' नामक एक ग्रंथि होती है। जब ऊर्जा ब्रह्मरंध्र की ओर बढ़ती है तो इस ग्रंथि से एक द्रव्य टपकने लगता है, जिसको अध्यात्म जगत् में 'अमृत' कहा जाता है। इस द्रव्य की बूँद योगी के हलक में टपकती है, जिसे चखकर वह अपनी इच्छानुसार उसका उपयोग अपनी कायाकल्प के लिए कर सकता है, यानी उसके शरीर की आयु की गति उसके बाद बहुत धीमी हो जाती है। 250 साल तक जीवित रहे देवराहा बाबा ऐसे ही योगी थे। इसके अलावा, इस द्रव्य से योगी 'बुद्धत्व' को भी प्राप्त कर लेता है। 'बुद्धत्व' का अर्थ ऐसे बोध यानी ज्ञान की उपलब्धि है, जिसके बाद कुछ भी जानना शेष नहीं रह जाता।

यह तो चक्र-साधना की अंतिम अवस्था हुई। शुरुआत मूलाधार चक्र से होती है। जैसाकि नाम से ही स्पष्ट होता है कि मूलाधार चक्र का तात्पर्य हमारे मूल आधार से है, यानी वह बुनियाद, जिस पर बाकी का ढाँचा खड़ा है। इसका स्थान गुदा और अंडकोष के बीच होता है। इस चक्र का संबंध हमारे शरीर के पृथ्वी तत्त्व से होता है। पृथ्वी तत्त्व से ही हमारे शरीर का विकास आदि होता है।

इस चक्र की साधना से ही हम ऊर्जा का प्रवाह ऊपर की ओर करने की शुरुआत कर सकते हैं। इसके ऊपर स्वाधिष्ठान चक्र होता है, जिसका संबंध हमारे शरीर के जल तत्त्व से होता है। स्वाधिष्ठान चक्र की साधना आगे की साधना के लिए बहुत महत्त्वपूर्ण होती है।

ऊर्जा को जाग्रत् करने के लिए मूलाधार और स्वाधिष्ठान चक्र पर ही साधना करनी चाहिए। मूलाधार से स्वाधिष्ठान चक्र के बीच वैसे भी ऊर्जा का केंद्र होता है, इसलिए इन दो चक्रों पर साधना में उतनी कठिनाई नहीं होती। असली कार्य इसके ऊपर स्थित मणिपूरक चक्र की साधना से होता है, जो हमारी नाभि के स्थान पर होता है। नाभि से शरीर की सभी नाड़ियाँ जुड़ी होती हैं और यही प्रमुख 24 नाड़ियों का केंद्र होता है, जिसमें 10 अति महत्त्वपूर्ण नाड़ियाँ होती हैं, उनमें भी 3 सर्वाधिक महत्त्वपूर्ण नाड़ियाँ इड़ा, पिंगला और सुषुम्ना होती हैं। हमने सभी नाड़ियों के नाम पुस्तक की शुरुआत में बताए हैं।

चूँकि नाभि ही सभी नाड़ियों का केंद्र होती है, इसलिए वहाँ सभी नाड़ियों का एक झुंड-सा बन जाता है, जो ऊर्जा के उसके ऊपर जाने में एक अवरोध जैसा होता है। इसे किसी वॉल्व जैसा समझ सकते हैं, जो एक तरह से बंद हो, जहाँ से किसी रिसाव जैसे बहुत थोड़ी मात्रा में ही ऊर्जा ऊपर जा सकती हो। इस कारण से नाभि से ऊपर पूरी ऊर्जा का प्रवाह नहीं हो पाता। इसलिए साधारण मनुष्य के जीवन में ऊर्जा का प्रवाह सिर्फ नीचे की तरफ ही रहता है।

मणिपूरक चक्र अग्नि तत्त्व से संबंधित होता है। प्रतीकात्मक तौर पर देखें तो लंका दहन से पहले रावण की नाभि में ही तीर लगा था, तभी उसकी मृत्यु हुई थी। रावण को अहंकार का प्रतीक माना जाता है और परमात्मा की प्राप्ति में मनुष्य के अहंकार को ही एकमात्र बाधा बताया जाता है। जब तक ऊर्जा इस चक्र से ऊपर नहीं जाती, हम अपनी आत्मा के स्वरूप को जान ही नहीं पाते। इसलिए हमें अपने और परमात्मा के अलग होने का अहसास होता है। अपने अलग अस्तित्व का अहसास ही मनुष्य का अहंकार कहलाता है।

चक्र-साधना में साधक को सबसे अधिक परिश्रम इसी मणिपूरक चक्र की साधना में करना होता है; क्योंकि एक बार अगर थोड़ी सी भी ऊर्जा इस चक्र को पार करके उसके ऊपर स्थित अनाहत चक्र तक पहुँच जाए तो व्यक्ति भक्ति के ऐसे भाव से विभोर हो उठता है, जहाँ उसे परमात्मा की झलक मिलनी शुरू हो जाती है। उसकी सारी शंकाएँ मिटने लगती हैं। उसके भीतर एक अलग ही किस्म के आनंद का भाव पैदा हो जाता है। वह जानने लगता है कि उसका अपना कोई अस्तित्व

नहीं, वह जो भी है, बस परमात्मा का ही अंश है। उसके हृदय में संगीत की वीणा बजने लगती है।

'अनाहत' शब्द 'आहत' से बना है। आहत का अर्थ होता है—दो चीजों का आपस में टकराना। हम कोई भी ध्वनि सुनते हैं, वह किन्हीं दो चीजों के आपस में टकराने से उत्पन्न होती है। दो चीजों के आपस में टकराए बिना कोई ध्वनि उत्पन्न नहीं होती। लेकिन 'अनाहत' का अर्थ है, बगैर दो चीजों के टकराए।

दुनिया में बस एक ही ध्वनि है, जिसे अनाहत नाद या ओंकार यानी ओम् की ध्वनि कहते हैं, जो बगैर दो चीजों के टकराए उत्पन्न हो रही है। और यह अनाहत चक्र पर ही घटित होती है। इसे 'शाश्वत ध्वनि' कहते हैं। इसी के विषय में गुरु नानक देव ने बड़े ही साफ और सहज तौर पर कहा है—'एक नाम (ध्वनि) सतनाम, ओंकार'…यानी बस यही एकमात्र सच्चा नाम है, जिसे 'जो बोले सो निहाल, सत श्री अकाल।'

दरअसल, दुनिया के सभी प्रमुख धर्मों में और कोई समानता हो न हो, लेकिन ओम् ही एकमात्र ऐसी ध्वनि है, जिसे सभी ने किसी-न-किसी नाम से स्वीकार किया है। चूँकि ओम् कोई शब्द नहीं, बल्कि एक ध्वनि है और यह वह ध्वनि है, जिसकी उत्पत्ति सृष्टि के उत्पन्न होने से भी पहले से पूरे ब्रह्मांड में गूँज रही है। और जो ब्रह्मांड में गूँज रहा हो, उसका संबंध किसी एक धर्म या समुदाय से न होकर पूरे ब्रह्मांड से ही है। जाहिर सी बात है कि अगर कोई भी किसी ध्वनि को सुनता है तो वह उसे कोई-न-कोई नाम तो देगा ही।

हम सभी जानते हैं कि अलग-अलग देशों में, प्रांतों में लोगों का उच्चारण बदल जाता है। इसलिए ओम् को लेकर भी अलग-अलग धर्मों में इसके उच्चारण में तो थोड़ा-बहुत फर्क देखने को मिलता है, लेकिन इसको स्वीकार सभी ने किया है।

अंग्रेजी भाषा में दो शब्द हैं—एक है Omniscient, यानी सर्वज्ञ और दूसरा है Omnipotent, यानी सर्वशक्तिमान। सर्वज्ञ और सर्वशक्तिशाली ईश्वर के सिवा कौन हो सकता है? ईसाई लोग अपनी प्रार्थना के बाद 'आमीन' बोलते हैं। मुसलिम भी 'आमीन' बोलते हैं। सिख 'ओंकार' बोलते हैं, जबकि जैन, बौद्ध और हिंदू 'ओम्' बोलते हैं। चूँकि यह एक ध्वनि है, तो उसे जिसने भी सुना तो उसे उस ध्वनि को व्यक्त करने के लिए जो शब्द भी ठीक लगे, उसने उसे वही शब्द दे दिया।

अनाहत चक्र तक ऊर्जा का प्रवाह होने से जब यह चक्र जाग्रत् होता है तो ओंकार का नाद गूँज उठता है। आप बस कल्पना ही कर लीजिए कि अगर आपको अपने ही भीतर से कोई ऐसा संगीत सुनाई देने लगे, जिसे आपने पहले कभी नहीं

सुना तो उसकी सुनने के बाद क्या आप भौतिक जगत् की किसी भी चीज की तरफ आकर्षित हो सकेंगे? उसके बाद बाकी सब व्यर्थ लगना स्वाभाविक है। इसलिए जिसका अनाहत चक्र जाग्रत् हो गया, उसके लिए फिर बस एक ही लक्ष्य होता है कि आगे की यात्रा करके उस परमात्मा के दर्शन कर ले, जो उसे यहाँ तक ले आया।

चूँकि अनाहत चक्र तक ऊर्जा आती ही तब है, जब नाभि स्थान के मणिपूरक चक्र का अवरोध खत्म हो गया हो। उसके बाद हमारे जन्म-जन्मांतर के दबे हुए संस्कार चित्त से ऐसे साफ होने लग जाते हैं, जैसे किसी बंद नाली के खुल जाने से उसमें फँसा कचरा पानी के प्रवाह से बह जाता है।

इस तरह मनुष्य की चित्त शुद्धि होने लगती है। और ऐसे में जब ऊर्जा उसके ऊपर विशुद्ध चक्र (गले में स्थित) तक पहुँचती है तो व्यक्ति में अभूतपूर्व रूप से अद्भुत काव्य, लेखन और वाक्शक्ति उत्पन्न हो जाती है। हमें ऐसे-ऐसे संतों की महान् काव्य-कृतियाँ देखने को मिलती हैं, जो अपने जीवन में किसी स्कूल या विश्वविद्यालय तो कभी नहीं गए, लेकिन उन्हें जो भी भाषा बोलनी आती थी, उन्होंने उसी भाषा में वह कह डाला, जो उत्कृष्ट साहित्य बना और उसको लोग विश्वविद्यालयों में पढ़ने लगे। है न कमाल की बात! जैसे—कबीर, रहीम आदि।

जैसाकि नाम से ही स्पष्ट हो जाता है, विशुद्ध चक्र यानी इसके सक्रिय होने पर व्यक्ति की चेतना शुद्ध हो जाती है और वह उच्च कोटि के ज्ञान की ओर अग्रसर हो जाता है। उसकी कही बातों को कहने के लिए वाक्य और वाक्यों के लिए शब्दों का कोई अर्थ नहीं रह जाता। वह जो कहता है, जिस तरह भी कहता है, वह उसी तरह अनूठा संवाद बन जाता है। इसके आगे की यात्रा माथे पर दोनों भौंहों के बीचोबीच स्थित आज्ञा चक्र की होती है। आज्ञा चक्र पर ऊर्जा पहुँचने पर व्यक्ति योगी बन जाता है।

यही वह चक्र होता है, जहाँ इड़ा, पिंगला और सुषुम्ना तीनों नाड़ियों का मिलन होता है। यह 'संगम' कहलाता है। आज्ञाचक्र पर किसी गाँठ की तरह यह नाड़ियाँ आपस में जुड़ी होती हैं। सुषुम्ना नाड़ी में ऊर्जा के प्रबल वेग से जब वह गाँठ खुलती है तो मनुष्य की तीसरी आँख खुल जाती है, जिससे उसे अलौकिक शक्तियाँ प्राप्त होने लगती हैं और उसे भूत, वर्तमान और भविष्य का भास होने लगता है। तीसरी आँख को 'छठी इंद्री' भी कहते हैं। इसी तीसरी आँख की सहायता से वह आगे की यात्रा यानी 'ब्रह्मरंध्र' तक जाकर दसवें द्वार तक पहुँचता है, जिसका हमने पहले वर्णन किया था।

अब हम चक्र-साधना की एक सरल विधि बताते हैं, लेकिन फिर दोहरा दें

कि बगैर किसी अच्छे योग शिक्षक से प्राणायाम की पूरक, रेचक और बाहरी व भीतरी कुंभक विधि सीखे बगैर इसे न करें। यह साधना साँस के प्रयोग से की जाती है, इसलिए प्राणायाम की जानकारी होना आवश्यक है।

वज्रासन या सिद्धासन में बैठें। रीढ़ की हड्डी बिल्कुल सीधी रखें। गरदन हलकी सी आगे की ओर झुकी रखें। देखें साँस में कौन सी नाड़ी चल रही है ? इड़ा, पिंगला या सुषुम्ना किसी भी नाड़ी के चलने पर साधना की जा सकती है। 5 मिनट तक गहरी साँस लें और पूरी साँस बाहर निकालें।

इसके बाद एक-एक करके चक्र पर ध्यान केंद्रित करना है। शुरुआत मूलाधार चक्र से करनी है। उसके बाद क्रम से स्वाधिष्ठान, मणिपूरक, अनाहत, विशुद्ध और आज्ञा चक्र पर बारी-बारी से क्रिया दोहरानी है। हर चक्र पर कम-से-कम 5 मंत्र दोहराने हैं। इसे इस प्रकार करें—

पूरी साँस भीतर लें। ध्यान मूलाधार चक्र पर केंद्रित करें। फिर धीरे-धीरे साँस बाहर छोड़ते हुए लाम मंत्र का उच्चारण ऐसे करें कि लाऽऽ का उच्चारण पूरी साँस बाहर छोड़ते हुए करें और जैसे ही पूरी साँस बाहर निकलने को हो, उसी वक्त 'म' का उच्चारण हो। 'म' का उच्चारण करते समय ध्यान आज्ञा चक्र पर लाना है। यानी

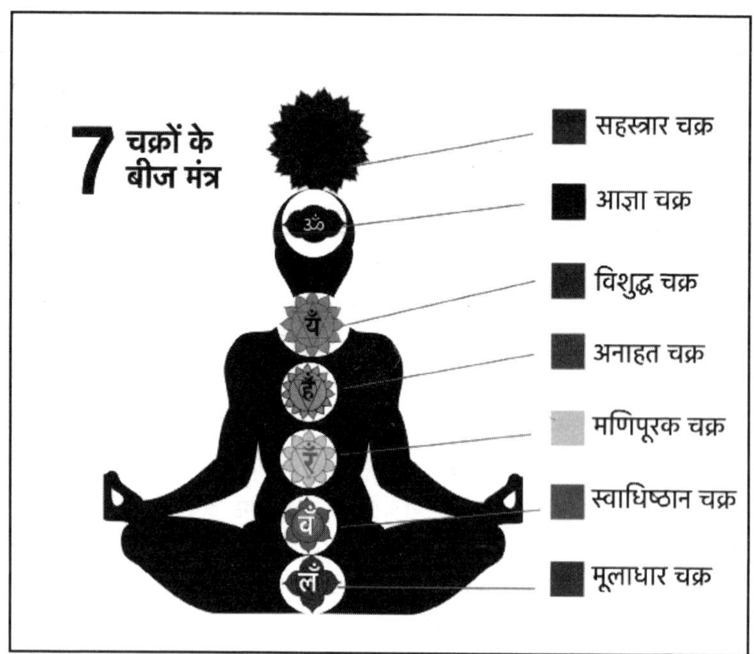

मंत्र की शुरुआत में ध्यान मूलाधार चक्र पर होगा, फिर साँस के पूरी बाहर निकलते वक्त जब मंत्र का आखिर अक्षर 'म' उच्चारित होगा, तब ध्यान आज्ञा चक्र पर लाना है। साँस के पूरी तरह बाहर निकलते ही गुदा को भीतर की ओर सिकोड़कर साँस रोक लेनी है।

साँस यथासंभव समय तक रोकें। जितनी देर साँस रुकी रहे, उतनी देर ध्यान आज्ञा चक्र पर ही रखना है। इस प्रकार 5 मंत्र 5 साँस में होंगे।

कुछ ही दिन ऐसा करने से आप मूलाधार चक्र से ऊर्जा का प्रवाह ऊपर की ओर बढ़ता अनुभव करेंगे। रीढ़ की हड्डी में हलचल होना या नाभि के आसपास कंपन अनुभव करना ऊर्जा के प्रवाह का सूचक है।

मूलाधार चक्र की भाँति ही आप अन्य चक्रों की भी साधना कर सकते हैं। बस मंत्र बदल जाएगा, बाकी पूरी प्रक्रिया वैसी ही रहेगी।

स्वाधिष्ठान का मंत्र वाम, मणिपूरक का राम, अनाहत का याम और विशुद्ध चक्र का मंत्र हाम है। जबकि आज्ञा चक्र का मंत्र ओम् है।

बस दो बातों का विशेष ध्यान रखना है—पहली, मंत्र की शुरुआत साँस बाहर छोड़ते वक्त करनी है, साँस लेते वक्त नहीं। दूसरी, मंत्र की शुरुआत करते समय ध्यान उस चक्र पर रखना है, जिस चक्र का मंत्र है और पूरी साँस बाहर छोड़ते समय जब मंत्र का अंतिम अक्षर यानी 'म' आए, तब ध्यान आज्ञाचक्र पर केंद्रित कर देना है और गुदा को भीतर सिकोड़े हुए यथासंभव साँस रोकना है। बाहरी कुंभक की भाँति साँस को पूरा बाहर निकालना है। उसके बाद आराम से गहरी साँस भीतर ले जाना है और दूसरे मंत्र की शुरुआत करनी है।

थोड़े दिनों के अभ्यास से आपको ऊर्जा का प्रवाह अनुभव होने लगेगा। आप जान सकेंगे कि आपकी ऊर्जा किस चक्र पर केंद्रित है! यह जानकारी होने पर उसके ऊपर के चक्र की साधना करके ऊर्जा को और ऊपर ले जाया जा सकता है।

जान लें कि इस विधि से साधना करने पर होता क्या है? जब हम पूरी साँस बाहर छोड़ देते हैं तो हमारे भीतर एक वैक्यूम-सा बन जाता है और फिर जब साँस भीतर जाती है तो वह एक प्रकार से उस चक्र पर चोट-सी करती है, जिसकी हम साधना कर रहे हैं। निरंतर ऐसा होने से उस चक्र की ग्रंथि एक प्रकार से खुल जाती है और उस दौरान सुषुम्ना नाड़ी चलने पर ऊर्जा का प्रवाह ऊपर की ओर होने लगता है। चूँकि सामान्य अवस्था में ऊर्जा का प्रवाह नीचे की ओर ही रहता है, इसलिए गुदा को सिकोड़कर भीतर की ओर भींचने से हम एक तरह से नीचे का द्वार बंद कर देते हैं। यह ऊर्जा के ऊर्ध्वमुखी होने में सहायक होता है।

जब भी चक्र-साधना करें, उसके बाद कुछ देर तक आँख बंद किए बैठकर अपनी साँसों पर ध्यान केंद्रित करें। आपको करना कुछ भी नहीं है, बस साँसों का निरीक्षण करना है। अपना पूरा फोकस यह अनुभव करने में रखना है कि आनेवाली साँस कब बाहर जानेवाली में साँस में बदल जाती है, यानी शरीर के भीतर किस बिंदु से साँस यू टर्न मारती है! उस स्थान को अनुभव करना है, उसकी पहचान करनी है। आप उसको बदलता हुआ पाएँगे।

साँस लेते समय अपने पेट को फुलाएँ और बाहर निकलते समय पूरा पेट पिचकना चाहिए। ऐसा करने से चक्र-साधना के साथ ध्यान भी घटित होने लगेगा। यदि आप इतना करने में सफल होते हैं तो यह निश्चित मानिए कि आपको कुछ ऐसी अनुभूति होने लगेगी, जिसको आप स्वयं अनुभव तो करने लगेंगे, लेकिन शब्दों में बयान नहीं कर सकेंगे।

अंत में, हमारा आपसे बस यही अनुरोध है कि ध्यान और साधना के विषय में यदि आपके मन में कोई धारणा पहले से है तो कुछ देर के लिए उसे छोड़ दें, स्वयं अनुभव करें और अपने अनुभव को ही अपने लिए यथार्थ मानें।

संक्षिप्त पुनरावलोकन (Recap)

√ हमारा शरीर किसी विशाल नगर की भाँति है, जिसके 10 द्वार होते हैं। भारतीय अध्यात्म तथा दर्शन परंपरा में यह दस द्वार शरीर के दस छिद्रों को कहते हैं।

√ ये दस द्वार हैं—एक द्वार मुँह का, दो द्वार नासिका के, दो आँखों के, दो कानों के, एक जननांग का और एक गुदा का। यह 9 हुए, जबकि दसवाँ द्वार सिर के पिछले भाग में स्थित 'ब्रह्मरंध्र' को माना गया है, जिसे 7 चक्रों में सबसे ऊपरी चक्र यानी 'सहस्त्रार' चक्र कहा जाता है।

√ अध्यात्म की सारी खोज इसी दसवें द्वार तक पहुँचने की कोशिश से जुड़ी होती है। दसवें द्वार की खोज का अर्थ खुद को परमात्मा में मिला देना है।

√ जैसे बिजली एक ही होती है, उसी से ए.सी., हीटर, लाइट, पंखा आदि चलते हैं, उसी प्रकार हमारे शरीर में बस एक ही ऊर्जा होती है, वही ऊर्जा हम सभी कार्यों में इस्तेमाल करते हैं। लेकिन यह हमारी वास्तविक ऊर्जा का एक प्रतिशत भी नहीं होती।

√ वास्तविक ऊर्जा बहुत ही शक्तिशाली होती है, लेकिन वह सामान्य मनुष्य के शरीर में सक्रिय नहीं होती, बल्कि निष्क्रिय अवस्था में हमारी नाभि के नीचे स्वाधिष्ठान चक्र या मूलाधार चक्र में सोई हुई अवस्था में रहती है। इसी ऊर्जा को 'कुंडलिनी शक्ति' कहते हैं।

√ चक्र-साधना का उद्‌देश्य इस ऊर्जा के प्रवाह को नीचे की ओर बहने से रोककर इसे ऊर्ध्वमुखी यानी ऊपर की ओर करना है। ऊर्जा के नीचे बहने पर स्त्री-पुरुष के मिलन से क्षणिक आनंद की अनुभूति होती है। यह उस परमानंद की एक झलक भर होती है, जो हमारे भीतर के स्त्री और पुरुष के मिलन से होता है।

√ इड़ा हमारे भीतर की स्त्री है, इसलिए इसको स्त्री प्रधान और शक्ति भी कहा जाता है, जबकि पिंगला हमारे भीतर का पुरुष है, जिसे पुरुष प्रधान और शिव भी कहा जाता है।

√ सुषुम्ना नाड़ी में ऊर्जा के ऊर्ध्वगमन होने पर हमारे आज्ञाचक्र पर जब इड़ा और पिंगला का पूर्ण मिलन होता है, तब परमानंद घटित होता है। इसी को 'तीसरे नेत्र का खुलना' भी कहते हैं।

√ इस तरह योगी अपनी ऊर्जा को सहस्त्रार चक्र तक ले जाता है और उस दसवें द्वार को खोल लेता है, जिसके बाद उसकी चेतना का स्तर ब्रह्म स्वरूप हो जाता है।

√ हमारे मस्तिष्क में 'पीनल ग्लैंड' नामक एक ग्रंथि होती है। जब ऊर्जा ब्रह्मरंध्र की ओर बढ़ती है तो इस ग्रंथि से एक द्रव्य टपकने लगता है, जिसको अध्यात्म जगत् में 'अमृत' कहा जाता है।

□

अब देर कैसी!

अब आप भी साँस के असीमित रहस्य और उसकी शक्ति को जान चुके हैं। आप समझ सकते हैं कि ऐसा कुछ भी नहीं, जो आप खोज रहे हों, जो आप चाहते हों, उसे पाया न जा सके।

सच पूछें तो इसी जन्म में हर कोई अपने लिए वह सब पा सकता है, जिसकी उसे तलाश है। बस पाने का तरीका आना चाहिए। प्यार, खुशियाँ, सुख, शांति से लेकर अध्यात्म के चरम तक, सबकुछ पाया जा सकता है। नामुमकिन कुछ भी नहीं।

हमें कोई भी काम तभी मुश्किल लगता है, जब उसे करने में अड़चन पैदा हो। आप जान चुके हैं कि किस नाड़ी के चलने पर क्या करना सही है और क्या करना गलत! आप यह भी जान चुके हैं कि आपके किस काम में किस वजह से अड़चन पैदा होती है और उससे कैसे बचा जा सकता है। तो क्या इस जानकारी के बाद भी आप चाहेंगे कि कोई भी काम आपको प्रतिकूल परिणाम दे? ऐसा कोई भी नहीं चाहेगा।

आपको बस इतना करना है कि नाड़ी और उसमें प्रवाहित होनेवाले तत्त्वों का ध्यान रखें। किस नाड़ी के प्रवाह में कौन सा काम करना चाहिए, बस इसे याद रखिए। और यह काम कितना सरल है, यह दोहराने की यहाँ आवश्यकता नहीं है। बस जरा से अभ्यास की जरूरत है।

हममें से बहुत से लोग खुद को महज एक शरीर समझ लेते हैं। लेकिन हम केवल शरीर नहीं हैं। वास्तव में, हम एक ऊर्जा हैं। आप किसी वैज्ञानिक से पूछें कि यह संसार, यह पूरी सृष्टि किस चीज से बनी? आपको यही जवाब मिलेगा, ऊर्जा से। हमारा शरीर भी इस सृष्टि का ही एक छोटा सा हिस्सा है। अब इसी बात को आध्यात्मिक दृष्टि से जानें तो भी जवाब यही है कि हम वास्तव में ऊर्जा ही हैं।

हमारे शरीर में इस ऊर्जा का नियंत्रण करनेवाली चीज कुछ और नहीं, बस एक ही है—हमारी साँस! यानी हमारा पूरा जीवन, उसमें किया जानेवाला हर कार्य बस साँस से ही नियंत्रित होता है। साँस के हर रहस्य को आप जान चुके हैं। यानी आप अपनी साँसों से अपने जीवन को अपनी इच्छानुसार नियंत्रित कर सकते हैं।

आप यह भी जान चुके हैं कि सुख-दुःख या किसी भी चीज का अहसास हमें कैसे होता है, हमारा मन क्या है, यह कैसे चलता है, कैसे मन का निर्माण होता है और कैसे हमारे नौकर के समान मन हमारा मालिक बनकर पूरे जीवन हमको अपने इशारे पर नचाता रहता है!

अब, जबकि आप इस पुस्तक को पढ़कर अपने मन की असीमित शक्ति को जान और समझ चुके हैं, तो उस शक्ति का प्रयोग करके एक बार जरूर आजमाएँ और नतीजे देखकर आप चौंक जाएँगे। जरूरत बस थोड़े से अभ्यास की है, जो बिल्कुल भी मुश्किल नहीं।

फिर देर किस बात की? शुरू कीजिए साँस का वह अभ्यास, जो आपने इस पुस्तक में जाना है। और हमेशा याद रखिए कि इस जीवन में सबसे कीमती, सबसे असरदार, सबसे शक्तिशाली और सबसे कारगर अगर कुछ है, तो वह है आपकी साँस। इस दुनिया में ऐसा कोई काम नहीं, जो साँस और मन के रहस्य को जानकर आसान और सफल न बनाया जा सके।

ईश्वर आपको सफलता प्रदान करें! कृपया आपसे अनुरोध है कि अगर आपको यह पुस्तक अच्छी लगी हो, तो कृपया स्टार देकर या 'रिव्यु' लिखकर अपनी राय जरूर दें। इसके लिए हम आपके आभारी रहेंगे।